教育権をめぐる第2次大戦後の国際的合意

教育内容は誰がどう決めるのか

八木英二 著

三学出版

目　次

序章　本書の目的と課題設定 ……………………………… 1

はじめに ― 目的と方法　1

第1節　4つの課題設定　4

1）教育権規定の教育論的意義　4
2）大戦後における教育権論の諸段階　10
3）教育内容・方法の編成と教育権の実質的保障　14
4）教師の役割変化と教育権の新段階　17

第2節　諸研究の状況　19

第1部　教育権の起点と展開　　26

第1章　大戦直後の教育権の成立 ……………………………… 26

第1節　世界人権宣言の教育権条項　29

1）教育目的の性格について（教育目的の自由）　30
2）非差別の理由、宗教教育、マイノリティでの対立　31
3）親の教育選択権（教育選択の自由）　33
4）無償義務教育をめぐる論議　34
5）基礎教育の問題　35
6）「発達の遅れ（backward）」に対応する条件整備　37

第2節　世界人権宣言成立期の教育権と年限延長論　39

第3節　世界人権宣言成立期の障害者の教育権論　42

1）対象の複合的性格と「特別なニーズ」　42
2）障害者教育の重視とWallon　44
3）両義性をもつ「障害」への対応　46

第4節　「特別なニーズ」論と教育差別論の発展　48

1）児童権利宣言起草過程と「特別なニーズ」　48

2）優先された教育差別論（小委員会でも教育を重視）　51

第2章　教育における自由と基準性に関する国際的合意の成立
　　　　― 教育差別待遇反対条約と国際人権規約 ……………… **58**

第1節　世界人権宣言の条約化
　　　　― ユネスコ教育差別待遇反対条約と国際人権規約　63

第2節　1960年教育条約と1966年社会権規約第13条の比較　68

第3節　Ammoun による国際条約の提言　71

第4節　国際的合意のための諸原則　75

第5節　ユネスコへの委託と機関の教育基準論　78

第6節　専門家委員会・作業部会での到達点と条約の採択　82

第3章　障害者権利宣言と障害児教育投資論 …………… **102**

第1節　障害者権利宣言から障害者権利条約へ　103

第2節　D. Braddock の障害者教育投資論にみる教育目標としての「自足」　109
　　1）D. Braddock 報告の位置　110
　　2）D. Braddock の出発点　112
　　3）「自足」概念について　115
　　4）コスト計算に見られる教育観　118
　　5）教育目的としての「自足」　121

第4章　教育の内的事項と「子どもの権利条約」 ……… **125**

第1節　「子どもの権利条約」の成立と教育のあり方　127
　　1）条約の国内における適用　128
　　2）教育権規定による国家義務（国家に対する規制）　128
　　3）「条約」における教育内容・方法論の位置　131
　　4）教育法学の領域で　133

第2節　教育実践の諸条件、基準、主体にかかわる国際的合意形成
　　　　　　　135
　　　1）「条約」の成立経緯における教育内容の位置づけ　136
　　　2）親の内容選択権と指導の権利　140

第2部　教育権と公教育制度原理　　148

第5章　年限延長論と条件整備論　……………………　149
　　第1節　義務教育年限論の展開　152
　　　1）共通の教育コア　152
　　　2）就労期への接続ギャップ　154
　　第2節　無償初等義務教育の危機　155
　　第3節　市場万能主義と教育権放棄　157
　　第4節　無償初等義務教育における条件整備義務　160
　　第5節　実質的保障の仕掛け（"4Aスキーム"）と基準評価　162
　　第6節　「権利としての保障」が覆される論理　166
　　　1）親（及び法定保護者）の教育選択権と子どもの権利　166
　　　2）教育権保障と教育内容基準化　168

第6章　機会均等と論争的な問題　……………………　175
　　第1節　「教育機会均等」原則の新展開　176
　　第2節　「包括原則」の実効性　178
　　　1）「包括原則」(an overarching principle)　178
　　　2）「非差別・平等」　180
　　　3）「インクルーシブ（包摂）次元（inclusive dimensions）」　181
　　第3節　論争的な問題　182
　　　1）人的投資論の経緯　183
　　　① 前世紀の人的投資論　183
　　　② 人的投資論の現段階　185

　　　　2）教育ニード論について　187
　　　　　① 教育機会均等と「特別な教育ニード」　187
　　　　　② 学力や能力の制約　189
　　　　3）教育条約に対する評価　192

第7章　教育内容はだれがどのように決めるのか
　　　　── 子ども・教職員・保護者・住民・研究機関など ……… **198**
　　第1節　教育権と「教育の質」　198
　　　　1）教育到達度評価論に対する疑念　198
　　　　2）「教育の質」のための規範　203
　　第2節　教育目的と基準作成「主体」　207
　　　　1）「人格の全面発達」(the full development of personality) 規定　208
　　　　2）主体（間）による教育内容編成の基準化　211
　　　　3）学力（調査）テストをめぐる攻防 ── McCowanの論議　212
　　第3節　基準作成「主体」と手続き：主体（間）対話と価値形成　213

第3部　教師の専門職性の関与について　　　　224

第8章　「地位勧告」の成立と展開 ……………………… **224**
　　第1節　「地位勧告」成立の意義　225
　　第2節　大戦直後の専門職性論議　226
　　　　1）「教員憲章」作成と教員調査　226
　　　　2）大戦直後の教育権保障と専門職性　228
　　第3節　「地位勧告」採択と性格　231
　　第4節　90年代までのフォローアップ　236
　　　　1）地位勧告の適用・実施状況と更新・条約化の期待　236
　　　　2）教職ストレス問題の浮上　239
　　第5節　90年代以降の専門職性論議の新段階（構造調整）　242
　　第6節　教員評価システムの新展開　246

第9章　教員評価基準をめぐる国際的合意形成にあらわれた二律背反 …………………………………… **255**

第1節　勧告にみる教員評価基準の二律背反　256
第2節　「基準－評価」論議と二律背反　259
第3節　二律背反を超えて（公共圏の構築）　260
第4節　二項対立を動的に捉える評価論の国際論議　264
　1）成果主義「客観性」の問題性　264
　2）国際競争と「主観性」基準　266
　3）動的基準化の動向　268

あとがき―まとめにかえて ……………………………… **277**

序章　目的・方法と課題設定

はじめに
――本書の目的と方法

　本書の目的は、「教育内容（課程）・方法は誰がどのように決定するのか」といった内容編成や条件整備にかかわる教育権規定の意義を明らかにすることである。そこで、第2次世界大戦後の国連機構（総会・人権理事会その他）・ユネスコ・ILO などの関係諸機関等における「教育権」論議と関連動向を素材に、[1] 法源をめぐる立案、成立、実施、展開等を含め経過の全体を追跡し総合的に分析する。

　「国際的合意の形成」とは、国際関連機関における条約、規約、勧告、宣言、決議、報告その他の多様な法源をめぐる合意形成過程の全体を指している。[2] 本書では、これらの正文資料の吟味とともに、第1章と第2章では、大戦後の教育権をめぐる法源の基盤を形成する取り決めの準備作業（travaux preparatoires）や背景の分析を重視し、他章では、それらのフォローアップ活動の展開も加え、グローバル化した教育政策の今日までの展開と日本における教育実態を視野に入れつつ、様々な視点から検討する。

　本書が扱う論議のキーワード「自由と基準性」のうち「自由」は世界人権宣言の規定に淵源がある（第1章）。つまり、同宣言の教育権規定第26条2項の「基本的自由（fundamental freedoms）」は「人格の発達」という教育目的と共に規定されており、同3項の「教育の種類を選択する優先的権利（a prior right to choose the kind of education）」は「教育選択の自由」に近似する規定がなされている。後年の1960年教育差別待遇反対条約第5条や1966年社会権規約第13条では、目的規定としての「自由（freedom）」と教育の種類を選択する「自由（liberty）」の2つの異なる原語で同じ日本語の「自由」が規定された（第2章）。

また、世界人権宣言第 26 条の精神は、同第 29 条第 1 項「その人格の自由かつ全面的な発達がその中にあってのみ可能である社会に対してすべて人は義務を負う」、第 2 項「すべて人は、自己の権利及び自由を行使するに当っては、他人の権利及び自由の正当な承認及び尊重を保障すること（securing due recognition and respect for the rights and freedoms of others）」というように、他人の自由をも尊重すべき義務規定と重ねられる。

　以上のような「自由（の価値）」と「価値（に対する義務）」の緊密な関係は、後年に成立する 1960 年教育差別待遇反対条約の教育権審議ではいっそう自覚的に深められることになった（第 1 章と第 2 章）。

　さらに、これらの「自由」（freedom や liberty）に含まれる「精神的自由」としての「表現の自由」は、法規範にとどまらず教育学的な価値論としても見過ごすことができない。

　世界人権宣言第 26 条（教育権）を検討した Pentti Arajarvi は、この「教育の自由」と「表現の自由」の意義について、「教育の自由（freedom of education）とは、教育内容・方法の教育学的な自由（pedagogic freedom of content and methods）並びに関心ある領域の情報を学習し習得する自由を意味する」、あるいは「教育の自由は、公的機関の運営する教育施設でも実施されるものであり、とりわけ表現の自由、宗教の自由、良心の自由などと密接な連関がある」と述べている。[3]

　芦部信喜（編）の日本国憲法論を借りるなら、これらの「自由」論とかかわる精神的自由としての「表現の自由」を支える価値の一つは「個人が言論活動を通じて自己の人格を発展させるという、個人的な価値（自己実現の価値）」であり、もう一つは「個人が言論活動によって国民が政治的意思決定に関与するという、民主政に資する社会的な価値（自己統治の価値）」という。また、その「表現の自由は個人の人格形成にとっても重要な権利であるが、とりわけ、国民が自ら政治に参加するために不可欠の前提をなす権利である」とある。[4] こうした指摘は、「知る権利」の意義と合わせ憲法レベルの規範論としてだけでなく教育論にとってもきわめて重要な観点となろう。

これらの「表現の自由」「精神的自由」とも連関する「学問の自由」も、社会権規約13号（教育権）に関する社会権規約委員会による1999年「教育権に関する一般的意見」や、1966年ILO/ユネスコ「教員の地位に関する勧告」で定められている（第1部第2章、第3部第8章と第9章）。

　それゆえ、国際教育権が規定する目的の「freedom」と選択の「liberty」の両者の「教育の自由」規定（第1章、第2章）も、「精神的自由」を貫く哲学的な視点から統一的に考察することが求められる。そのことは、「国家からの自由」（自由権）と「国家への自由」（社会権）を「（人格）発達への権利」の視点から統一的に捉える作業にもつながるであろう（第7章）。

　本論の表題「自由と基準性」のうち、もう一つのキーワードの「基準性」は、英語のスタンダード（standard or standardization）に近似する日本語であるが、文脈のレベルによっては含意が大きく違ってくる。よって、本論では「基準」（論）のレベルを次のように区別する。

　第1に、各国憲法と連関をもちうる条約、規約、勧告、宣言、決議、報告その他の規範レベルの取り決め自体を意味する。国際機関ではごく普通に「基準設定 standard settings」の用語で説明されてきたものであり、何よりも起点となる世界人権宣言が「共通の基準（standard）」（前文）であると定めている。こうした事情が本論全体の論述の前提となる。条約「基準」の場合は批准国への何らかの「規制（あるいは批准国の義務）」をも含意するが、教育差別待遇反対条約や社会権規約はそれぞれの実施状況の報告を批准国に求め実効性の検証を行うシステムをとっている（第2部）。[5]

　第2は、第1のレベルの規範と無関係ではないが、学校規則など「運営基準」のレベルがある。たとえば教育差別待遇反対条約第4条(b)の「教育の基準（the standards of education）が同じ段階のすべての公立教育機関において同等であることを確保すること」という規定や、国際人権規約第13条で示される「最低限度の教育基準」といった教育諸条件など様々な「基準」化がある（第2部で詳述）。また、第8章と第9章で、1966年ILO/ユネスコ「教員の地位に関する勧告」における教師評価の「基準」の扱いを少し詳しく検討するが、日本

においても「教員の指導力不足」の「基準」等における「教育の自由」や「教職の困難」にかかわる多くの取り決めがある。

第3には、教育実践に密着した教育内容や方法の編成上の基準のレベルがある。「現場に」直接の影響を与え、「現場で」多彩に駆使され、「現場から」も生成される教育実践レベルの何らかの「基準」化がある。第1レベルの規範や第2レベルの管理運営基準、あるいは教職の基準性などとの関連の下ではあるが、学校を基礎とする学習指導要領の「編成基準」等の用法ともかかわりをもつ「学校スタンダード」「教職スタンダード」「授業スタンダード」その他多くの基準化が試みられている。

それらの意味理解や運用に際しては、以上の第1から第3のレベルまでの相互の区別や複雑な関連性を視野に入れる必要があり、教育権論からも教育の内的事項・外的事項区別論（キャンデルほか）等を含む教育学的な考察が求められる（第7章）。こうして、「教育の自由」が組み込まれるべき「教育権」論議を多面的に検討することでスタンダード概念を相対化し、教育内容編成にかかわる「動態としての基準性」や主体形成の在り方を分析しようとするものである。

第1節　4つの課題設定

1）教育権規定の教育論的意義

第一の課題は、1948年世界人権宣言を起点とする教育権をめぐる言説に焦点をあて、教育現象との連関を明らかにすることである。それは教育実践をすべて法的に論じることではない。教育権法理の領域では確かに研究上も法学的視点からの叙述は避けられないが、本書で法学の専門領域に深入りすることはできない。逆に、教育実践論を基盤に教育権論との関連を重視する方法で論じようとする点に本書の特色はある。

この「教育現象と法」にまたがる境界線上の研究方法について、Annamagriet de Wet はコインの表裏にあるチャレンジングな課題だとし、双

方に異なる専門領域でありながら一点で交差する問題群をそれぞれの立場で論究する学問的意義を語っている。本書もこの言葉に後押しされながら叙述を進めることになる。[6]

　教育学領域においては、教育が本質的に人格形成（成長・発達）をめざすものであるだけに、対象主体（子ども・教師・親その他）の複雑系に関与するあらゆる要因を視野に入れなくてはならない。研究上の困難が常につきまとうが、教育学的な枠組みを保持する努力は教育権論の論究においても求められるはずでる。したがって、教育権の意味を分析する際の「目的・内容・方法・評価」等の単位群で構成される教育実践過程と、その構成に関与する人格（人権）主体や各主体「間」の関係性を本論では重視する。

　教育実践のプロセスにかかわる「教育権」概念は「人権」においてどういう位置をしめることになるのか。教育権、生存権その他の権利カタログはまず「人格主体」の「内包」の一側面として表わされよう。他方、それぞれの個別権利（教育権その他）を有する人権主体に視点を移せば、「子どもの教育権」、「障害者の教育権」というように「それが誰の権利か」という人格主体の「外延」（労働者、男女、障害者、子ども、若者、外国人その他）としても捉えられる。

　基本的人権のいずれの権利カタログ（教育権その他）も結局は人格主体の「自由・尊厳・価値」の全体性に基礎づけられる権利である。その教育権が侵害される歴史的社会的経緯と教育権概念の歴史的展開において「何（誰）が、何（誰）に対して、なぜ、どのように」教育権の保障を守り発展させてきたかが問われる。こうして、教育実践の構成単位（主体）としての人格の統一構造体による関係者間の実践事実として、一見バラバラにみえる諸権利間の相互関連性を組み込む「教育権」規定の総合的な探求が求められる。[7]

　そこで、人格主体（間）の関係性に由来する「教育的価値」の生成・基準化プロセスの手続きや制度システムのあり方が課題となる。かつての1976年旭川学テ最高裁判決も「子どもの教育が、教師と子どもとの間の直接の人格的接触」とする人格主体（間）の意義を示唆したように、「人格」は教育学と教育法学を接続する概念である。

Piagetが大戦後の早い時期から「世界人権宣言」第26条解釈で重視した「人格」の意味づけとそれは重なり合う。つまり、同26条が規定する教育権の教育目的について「人格の開花と他人の人格の尊重とをむすびつける必然的な連帯性を指示している」とPiagetが述べた点である。[8] その記述は、①教育目的としての「人格の開花（原語はdevelopmentで「発達」の訳語も一般的）」という規定があり、②その教育目的が必然的に「人格と人格の（連帯の）関係性」を指示するとの読み取りもできる。

しかし、教育権法理で「人格の発達」まで扱う方法上の難点が指摘されることも多い。それは、①「人格」という概念に関するきわめて包括的で曖昧な法規定上の疑念が生じかねないこと、②「人格主義」的な教育実践への法的な価値規制になれば、内的事項への「不当な支配」として「教育の自由」に抵触しかねないこと、などにある。これらは「教育における自由と基準性のあり方」とかかわって本書でも論究していくが、関連する問題群について、かつて兼子仁が次のように述べたことに注意を払っておきたい。

「『教育権』などの教育法的概念が、厳密な法論理としてよりは、はるかに多様に、思想・教育原理・・（略）などの諸次元にわたる存在として、捉えられていることが多いようである。教育法が、がんらい人類の豊かな文化活動である教育にかかわる法である以上、かような広い存在次元を持つことは当然といえよう」と述べ、「他の次元、とくに"教育運動のなかの教育法"などにも、なるべく論究していくつもりである。」と、方法論上のスタンスを表明した点である。[9]

兼子仁が70年代にかけて分析した日本の教育裁判事例にかかわる研究をふまえ、「教育実践条理」の視点から法理の意義を追求した方法上の意義はなお失われるものではない。1971年『国民の教育権』の執筆時、兼子は、「法論理としての国民の教育権は、わが子の幸福を考える親をはじめ、全体として文化を担っていく国民ひとりひとりの教育の自由（国民の教育の自由）にほかならない」と述べた。その一面を含みつつも、「子どもたちの学習権を専門的に保障していく責任をもつ集団的自治の権限（各学校での教育自治権）なのではな

いか」と考えるようになったとも 1976 年時点で記している。また、教育条理と教育法則の関係については兼子による次の指摘がある。

「教育条理は特殊条理として、教育という事物の性質に即した特殊具体的な内容のものであるはずである。そこで教育条理の内容的素材になるのは、教育学が究明した教育法則（教育にかんする法則や原理）にほかならない。・・・中略・・・教育の自主性の法的保障を条理上根拠づける主な教育法則としては、・・・第一に、伝統的に語られてきた教育の人間的自主性（人間教育論）、第二に、現代教育学が説いている子どもの人間的『発達の法則』にかかわる教育の専門的自律性（発達教育論）、が挙げられる。それに加えて、現代公教育にかんする教育制度論というレヴェルにおける教育法則としては、すでに教育条理と一体的に論じられたとおり、教育と政治の相対的区別、教育の内的・外的事項の区別、指導助言行政の実効性、などが有ると言える」[10]

ところで、佐貫浩によれば、教育実践における「目的」規定の構図には、「労働と社会参加への要請を提示する目的①」、「公教育を管理する国家・教育行政自らの目的②」、「学校自体が設定する教育＝学習活動の目的③」、「子ども自身が抱く目的④」などがあげられるという。続けて教育価値の形成に関する次の指摘もある。ここには、現代の教育権侵害に関する佐貫の省察が示されている。

「教育実践は・・目的を個々の子どもの中に創造し、自分の外の文化という価値と社会からの要請を、学習者の自己実現の目的に統合し、教育＝学習を学習者自身の人格から意欲された目的実現の過程へと作りかえる」「その教育実践の課程に介入して、教師や子どもへの強権的、競争的評価で権力の教育目的の達成を子どもに強制し、・・子どもの固有の目的の形成・発達を阻害することは、子どもの主体性の剥奪、教育破壊をもたらす」[11]

こうした「教育目的」強制の背景には前世期以来のグローバルな資本移動と成果主義的な国際的労働力再編成があり、2014 年人権理事会「教育権」報告―子どもの到達度評価と教育権の実施報告と勧告」（第 7 章）の対応に至るま

での「改革」動向（標準テスト体制など）に関わっている。[12] それは、2000年以来のPISAを支えるコンピテンシー概念とも重なり教育「基準化」の撹乱要因となってきた。その概念についてAnneke Westerhuisは、「アングロサクソンがもたらした教育への成果主義アプローチである職業教育訓練が今日の革新に多大な影響を与えたのであり、コンピテンス・アプローチはその傾向の表現」だと分析した。[13] その「新自由主義的改革」を支える「理論」の背景には「人的資本論」の世界展開がある。

そもそも「人的資本論」とは、「資本」本来の増殖過程では貨幣換算可能な人間の「労働力」を取引対象にするが、しかし「人格」（人権）としての「労働」は取引できない本質的な問題への留意が必要である。

労働力の発達には教育的な成長・発達にかかわる課題があるが、本源的労働（労働力とは異なるもの）の生み出す「人格的価値」の貨幣換算はできない（データ算出は可能だが教育論としては意味をもたない）。ソーシャル・キャピタル論も同じで「ネットワークのつながり」などを財として計算しようするのだが、「労働力」の関係性・組織性が生み出す貨幣換算は可能であるものの、「人格」と「人格」の関係性が学校・地域・職場その他で生み出す人間的価値（連帯）を貨幣換算することはできない。

教育とは人間的な「労働能力形成」と共同性を育む人格の成長・発達をめざす営みである。教育で「精神の自由」が本質的に重要となる根拠はその「人格」の尊厳性・主体性・関係性・人間的価値などにある。したがって、本書が「人間・人格・人権・価値」の主体の全体性を国際教育権論議で重視する論拠には、こうしたコンピテンス・アプローチにかかわってグローバル資本が求める売買可能とする「労働力」の養成（本来の人間的労働能力の形成とは異なるもの）に応えるだけの教育「改革」で本当に良いのか、という問いが含まれている。「本来の労働主体」に関する養成であれば、人類の到達した「技術と生産」の共同の在り方こそ課題ではないのかといった本質的な問いを捨て去ることはできない。

これらの論議を念頭に、本書ではやや曖昧な響きを与えかねない上記の「人

格」などにかかわる「教育条理」のうち、含意される「教育実践」の構成単位群（目的・内容・方法・評価など）からなる人格発達上の教育価値をより重視する。そして、慣習法・判例法・制定法などとも異なる文脈で援用しうる教育論の視点を教育権論にとり入れるものである。

具体的には、教育権にかかわる「目的」概念では「人格発達」の位置づけが問題となり（第3章その他）、「内容」にかかわる編成論（第7章その他）、「方法」では近年の国際文書にみられる関心の高まりの意味（終章など）、「評価」では教育評価や教員評価をめぐる国際諸機関の論議の推移などを検討の対象にする（第9章など）。また、「問題となっている事柄の性質に即してあるべき法的しくみを考える『条理解釈』（条理にかなった解釈の方法）」（兼子仁）を参考にしつつ、[14] その後の論議の経過にたって、集団的自治あるいは教育自治権（兼子仁）を構成する「子ども・親・教師・地域」の相互関係性をふまえた権利保障と教育学的文脈を重視する。

教育実践プロセスは、本来、①教師（同士）と子ども（同士）の関係、②子ども（同士）と父母（同士）との関係、③教師（同士）と父母（同士）との関係、のそれぞれ3つの複雑な諸関係を前提にする人間活動（個人や集団の生活の場も含む）の総体的な展開であると捉える。教育権論についてもまたそれぞれの歴史的社会的な連関の下で、①教師の権利の展開、②子どもの権利の展開、③親と市民一般の権利の展開といった主体別・主体間の交差する諸関係においてその人権保障の意味を捉えるものである。それは、教育課程づくりその他の内的事項の編成や教育実践を基礎づける全体性（学校の組織その他地域の単位など）の模索でもある。

以上のような視点で本書の叙述は行う。国内法規の解釈や教育裁判でこれまで蓄積されてきた積極面をも視野に入れ、教育実態の多様性をふまえつつ国際動向の全貌を概括する試みはきわめて困難な作業であり、本書ではごく限られた論述にとどめざるをえない。

２）大戦後における教育権論の諸段階

　第二の課題は国際的合意形成の時代区分の中で教育権論議の時代的性格を明らかにすることである。その作業は筆者の守備範囲を超え国際法学領域に依拠する点が多いため、次の松井芳郎の４期区分の枠組みをふまえる。[15]

　第１期（世界人権宣言の教育権規定）について ── 教育権の出自がどのようなものかが課題である。かつて国際的合意の規律の対象外と考えられた「人権としての教育」の国際的保障が、大戦後次第に現実的なものとして意識されるようになった。その起点は松井のいう第１期の1948年第３回国連総会が採択した「世界人権宣言」である。それは、「社会権規定をプログラム規定とみなすドイツ・ワイマール憲法の系譜に属する」（松井）が、自由権的色彩の強い法的拘束力をもたない宣言であった。しかし、後年の国際人権法規で必ず参照される位置を占め、歴史的経緯において慣習法的意義を獲得した。その意味で「すべての加盟国に適用される共通の基準として国連憲章自体と並ぶ権威が認められて」おり、「未来を先取りするような規定も含んでいた」（松井）という。[16]

　今日からみれば、自由権と社会権を統一的に含めた世界人権宣言は、後年の両者を分離した二つの国際人権規約（自由権規約と社会権規約）よりも積極面があると評価されることがある。人権カタログの全体性という意味では、国際人権法体系に統一的なシステムが未だ構築されない今、同宣言を想起する意義はなお大きい。その世界人権宣言作成の準備作業は、経済社会理事会から委託された1947年１月時点の人権委員会（Human Rights Commission）第１回会合に始まる（第１章）。[17] 大戦直後の第一義的な関心が戦争と平和にあったことから、それが委員会の討議にも反映され、大戦の惨禍に対応すべき難題が共有されたのである。同委員会には当初からILOとユネスコの担当者が参加した。

　人権論領域の国際法学者 Peter R. Baehr による「ドイツにおける国家社会主義が1933年から1945年の間に行なった人間性に対する狂暴な犯罪への反作用として国連のドキュメントに人権が組み込まれた」との指摘がある。[18]

教育権規定に至る背景には第 2 次大戦における対ファシズムの未曾有の歴史的経験があった。後に、障害者問題の国際的合意形成に関心を持つ Aart Hendriks が述べたように、国連でみられた障害児者問題への関与もドイツなどの残虐行為に由来するものであった。人権問題一般や障害者問題の領域からも、[19] 同じ歴史的事情は指摘され続けてきた（第 1 部第 1 章と第 3 章）。[20]

第 2 期（教育差別待遇反対条約・国際人権規約・ILO/ユネスコ「教員の地位に関する勧告」）について ── 松井のいう国際人権保障の展開の第 2 期は、自決権が台頭する歴史的段階にあたる。1960 年植民地独立付与宣言は 50 年代から 60 年代にかけ諸国の独立が達成された世界史的転換を特徴づけている。その痕跡が 1966 年国際人権規約の自決権規定にも示された。同規約の起草作業はすでに 50 年代から行われた「過渡期の産物」であるが、「世界人権宣言と違って法的拘束力を持つ多数国間条約として、締約国にそこに規定された広範な人権を尊重・確保し、促進する義務を課した」（松井）ものである。[21]

国際人権規約は自由権規約と社会権規約の 2 つに分かれるが、どちらも世界人権宣言の統一的規定の延長上にあって、全体として国際人権章典を構成する。そして、同宣言の規約（条約）化の過程の中で、同宣言の教育権規定を特化させ独自の条約としてユネスコ 1960 年教育差別待遇反対条約が成立した。1960 年植民地独立付与宣言に象徴される脱植民地化の動きと共に、第 2 期の進展をよく表す教育差別待遇反対条約や自決権を規定する規約など一連の合意形成が生まれ、教育差別待遇反対条約は「教育（権）条約」の中軸となったのである（第 2 章）。国際人権規約と同年の 1966 年には教員の専門職性に関する「ILO/ユネスコ「教員の地位に関する勧告」が定められた（第 8 章）。

第 3 期（新たな権利侵害への対抗軸の萌芽）について ── 60 年代から 80 年代にかけた新たな人権に関する合意形成期にあたる。途上国の国連加盟増に伴う国連機構の構成と性格の変化や社会権を視野に入れた国際経済秩序の構築の動きを反映し、教育の規定を含む 1967 年女性差別撤廃宣言、1969 年社会進歩と発展に関する宣言、1971 年精神薄弱者権利宣言（当時の用語の直訳──筆者）なども採択された。1969 年社会進歩と発展に関する宣言などを契機とする新

段階を松井は「社会権と新しい人権」の第3期と区分している。

　70年代以降は無差別平等の権利規定の改善と拡大が各分野で行われた1974年新国際経済秩序樹立宣言・行動計画、1975年の障害者権利宣言、1979年の女性差別撤廃条約などが結実する（障害者権利宣言の条約化の経緯における教育権論議は第3章）。「自由権と社会権の相互依存性」（1977年総会決議）や「人権の第3世代」である「発展の権利」も新たに主張され始めた。そして80年代以降、1985年ユネスコ国際成人教育会議採択の学習権宣言、1986年の国連総会決議「発展の権利に関する決議」や1989年子どもの権利条約へと続くように国際教育権規定にインパクトを与えた90年代の転換につながる前史となっている。

　第4期以降（構造改革・新自由主義／市場主義と「評価管理」）について――　松井によれば90年代は「人権・民主主義・市場経済」をキーワードとする第4期である。旧ソ連や東欧諸国の崩壊とともに国際社会の構成に変化が生まれ、国際機関の活動も質的転換がはかられる。1993年のウィーン宣言にその特徴があらわれており、第2期の自決権、第3期の「人権の相互依存性」や「発展の権利」なども継承する対応が求められた。

　教育人権の領域では新たな困難が派生し始めた。Kate Halvorsenは、1990年の「教育人権の実現に関するノート」で、「国家の発達という文脈で教育に共通する様々な理論は人的投資理論と意識啓発（consciousness－raising）理論に区別できる」と述べている。[22]　人的投資理論が教育目的に与える悪影響は、D．Braddockの70年代の論議にすでに典型がみられ（第3章）、60年代から70年代にかけて進展した人的投資理論は90年代以降、教育への影響を強めた。第2部と第3部で述べる社会的困難が随所にあらわれ始めたのである。

　1994年12月国連総会決議「国連人権教育の10年」を契機に次第に活発化する「人権教育」活動は、Kate Halvorsenのいう意識啓発論の事例に位置づけてよいであろう（終章）。国家が様々に関与する90年代以後の合意形成の転換の中で、1993年世界人権会議で採択されたウィーン宣言の人権論における①自決権、②人権の相互依存性、③発達の権利、などの継承発展や、「発達

の権利が個人の社会権の一種と見なされる」動きも生まれた。しかし一方で、「市場経済化と民営化、それに伴う社会分野での政府支出の大幅な削減の結果、社会権自体の実現がますます困難」(松井)となる劇的な構造変革が進行し始め、教育権論の領域では社会権規約の具体化としてTomasevskiの"4A枠組み"なる教育権解釈が提起されて格差貧困とそれに対峙する条件整備義務の新たな論議が始まる (第5章)。[23]

　1989年子どもの権利条約の起草過程と採択は、(旧)ソ連や東欧諸国崩壊後の松井がいう第4期の本格的な展開に至る直前 (第3期末期の過渡期) の段階にあたる (第4章)。人権の国際的合意形成に関する90年代以降の新たな情勢変化と義務教育危機、それに対抗すべき「社会権と自由権の相互依存性」、あるいは社会権と自由権の両者の分裂と統一の課題は、Fons Coomans (1998年) が1966年の社会権規約について述べた次の指摘にも示された。

「 教育権が経済的社会的文化的諸権利のカテゴリーであることは、一般に認められている。食料や適切な住居への権利などの他の諸権利と比べて、教育権は常に、露出不足 (underexpose) にされてきた。教育権の主な特徴は、その複合的な性格である。一方で、それは、人々にとって教育を受けるという点で国に対する要求となる。この権利の実現は、教育を利用できアクセスできるよう国側の努力を求める。それは積極的な国の義務を意味している。このことは、教育権の社会的次元とよばれるだろう。他方、教育権は、自由の次元を含んでいる。国が組織するものと私的教育のあいだを選択する人々の自由がある。それは、例えば、両親の信念にしたがって子どもの道徳的宗教的教育を保障する両親の権利のなかに翻訳されうる。このことからまた、自身の教育施設を設置する自然人や法的存在の自由が生まれる。この自由の次元は、国家に対し、私的問題への不干渉の政策の実行を要求する。それは、消極的な国の義務を意味する。その社会的次元と自由の次元の2つは、経済的社会的文化的諸権利の国際規約 (以下、規約) 13、14条と、子どもの権利条約 (以下、条約) 28、29条にみられる」[24]

　90年代以降の人権規定の段階的発展と「危機への対応」、あるいは国連シス

テムの改革が予定される環境変化において、第2部でふれる教育権規定の進展が期待されることになる。[25] その動向は第2部の各章でみていくことにする。

3）教育内容・方法の編成と教育権の実質的保障

　第三の課題は、教育権の就学アクセスの権利保障にとどまらない実質的保障のための動向を整理し、実現の方途を明らかにすることである。社会状況激変の下で展開するその実質的保障の模索は、教育の内的事項と外的事項の区別と統一の意義にかかわる課題でもある。自由権規約と社会権規約の統一的把握も問われている。

　近年の教育権論議は形式的な機会均等と平等だけでなく（外的事項のみならず）、教育内容・方法など内的事項に関する編成システムをどうするか、専断としてでない教師の専門職性に基づく教育権限や自律的関与はどう保障されるのか、子どもの参加はどのようであるか、地域や学校を基盤とする教育内容の教育的価値はどういうシステムで決定されるか、など古くて新しい教育権の実質的保障の課題が改めて提起され始めた。一方で、現下の日本をみると特定の教科書採択や教材選択など内的事項への首長や行政による介入の動きが目立っており、「教育の自由」に対する無感覚と思える状況が生まれている。OECD/PISA等よる学力テスト（調査）の広がりも内容価値をめぐる相克を拡大させた。当事者が関与せず民間業者や政治の介入する出来合いテスト問題の作成と実施は、国内のみならず国際的な教育権論議でもさし迫った問題となっている。「教育の自由」を担保しうる教育価値の模索は、かつていわれた「私事の組織化」（堀尾輝久）をより発展的に捉える編成システムを要請するものであるが、[26] それは重層的で「ローカルな公共圏」（勝野正章）の模索を含むものとなろう。[27]

　その際、今日の段階で1970年杉本判決、1974年高津判決、1976年旭川学テ最高裁判決など学力テストや教科書検定をめぐる教育裁判の到達点を継承発展させる必要もあろう。これらの判示では次の諸点に留意する。

　1つ目は、憲法上の「人権としての教育」とかかわって「教育の自由」が「教

育の本質」から展開されたことである。その1970年杉本判決に結実した論旨と共に、当時の教科書裁判や学テ裁判などの専門家証人であった堀尾輝久らの論議を発展させる基準論的な論点（「私事の組織化」など）を含んでいる。[28]

2つ目は、いずれもすでに古い教育裁判事例であるにもかかわらず、[29] 1976年旭川学テ最高裁判決の論点には常に振り返るべき積極面と課題もある点である。同判決で教育権や「地位勧告」の積極面が参照されたことも本研究の問題意識と重なるが、[30] 成嶋隆の判例研究が示すように、その後の教育裁判における判例法として課題を残した一面もある。同判決は1961年の古い事件についてであったが、学テや教科書等の教育内容の扱いで首長による教育内容への介入や国家の統制などの干渉が再び目立ち始めた現下の状況にも影響するところがある。

すなわち、同判決は国家による教育内容統制に関し「強制するようなことは憲法26条、13条の規定からも許されない」としつつも、「必要かつ相当と認められる範囲において、教育内容についてもこれを決定する権利を有する」と述べ、学習指導要領は「必要かつ合理的な基準の設定として是認できる」と判示した。この国家基準性の問題点はなお克服しうる状況に至ってない。[31]

また、杉本判決を受け継いで憲法第26条「教育を受ける権利」から「子どもの学習権」を読み取り、憲法第23条で教師による一定の範囲における教授の自由を認めても、「教師に完全な教授の自由を認めることは、とうてい許されない」とする一方で、「教育内容に対する右のごとき国家的介入についてはできるだけ抑制的であることが要請される」と積極的な判示を行った。この判決は今どう読むべきか。「認められる一定の範囲」の教育内容については誰がどのように決定するのかが問題とならざるをえないであろう。この「一定の範囲」に関する教師間や親の相互の合意形成過程について1976年学テ最高裁の判示は次のように述べた。つまり、「教師間における討議や親を含む第三者からの批判によって、教授の自由にもおのずから抑制が加わることは確かであり、これに期待すべきところも少なくないけれども」と教師間や親との合意形成の作用を認めつつ、「憲法が専ら右のような社会的自浄作用による抑制のみに期

待していると解すべき合理的根拠は、まったく存しない」と述べ、教育価値の形成に参加する当事者間の内容基準編成プロセスへの関心は消極的である。。

　教育内容編成に関するこうした基準化プロセス（あるいは編成システム）はきわめて今後に残された検討課題でもあった。つまり、判決は現実には国家介入が抑制的とはいえない、拘束力も強い「と公権解釈される」学習指導要領の内容範囲は詳細にわたるものであり、判決自体の矛盾に留意しなくてはならない。内面的価値への国家介入に対する批判的なスタンスをもちながら、判決が「必要かつ合理的な基準の設定」という基準論を介し指導要領を是認する問題性について検討を深めなくてはならない。「本来人間の内面的価値に関する文化的な営みとして、党派的な政治的観念や利害によって支配されるべきでない」と内容介入の危険を判決はひとまず説いた。しかしまた、詳細な教育内容を記述する指導要領の問題性が等閑視されたまま、内容の価値に対する国の直接的統制に含みをもたせた判示は、抑制すべき旨の判決との整合性と内容編成のあり方に課題を残したのである。

　その意味で、兼子仁が次に指摘した論点はなお示唆に富む。「教育内容を法的権力的に決定していくときには、・・略・全国の教育を一せいに誤らせる危険を防ぎきれない。法的権力的決定でない場合には、教育界における教育専門的調整によって誤った教育はおのずから限定されるが、国の教育内容決定となると全国の教育現場に強制力を持っているのだからである」。[32]

　この危険がまさに今日いっそう強まっているともいえ、兼子が述べていた「教育界における教育専門的調整」に関する論点を発展させていかねばならない。例えば、世界人権宣言その他の教育目的規定に対して積極的な理解が判決にあることを評価しつつ、他方でその人格「主義的」理解もあり、そこに「発達の専門的保障性」を欠如させる弱点がある、と兼子はかつて述べていた。本書は、その「教師の役割」や「内容編成と指導性に関する基準性」における教師の「教育の自由」に関心を寄せるものである。[33] 教育権論の枠組みでこのことを論じる文献資料は多くないが、基準化システムに関する教師問題を扱う第３部第８章と第９章の問題意識はその点にある。

4）教師の役割変化と教育権論の新段階

本書の第四の課題は上記の問題意識に関連する教師の役割変化についてである。教師の権利保障と教育権の関連を深める課題は山積している（第3部第8章と第9章）。

吉岡真佐樹・八木英二らの共同研究は、共著論文を含め国際動向にてらした日本の状況を分析し、①教師ストレスなどの困難と新たな国際基準化、②教員評価と人事考課問題の要因、③国際基準とフォローアップ経緯による合意の実効性、④大学・大学院における教員養成のインパクト、といった教師専門職の役割変化にかかわる要因群を明らかにしてきた。[34]

関連して、国際諸機関における「教職の役割変化と教員評価に関する国際的合意形成」についての最新の状況を具体的に調査すること、特に教員評価問題に焦点をあてて論点の推移を正確に把握すること、さらに、日本の教員政策動向もふまえ、問題群の所在の整理と比較考察、分析・検討などを進めことなど、国際的合意形成の意義をまとめた研究が他にもいくつかある。

今世紀に入り日本教育学会紀要や日本教師教育学会年報その他の文献において、国際動向からみた教職論や教員養成論など専門職性の役割が度々論じられてきた。筆者も加わる2007年共同研究報告書は、7カ国の個別動向と全体的傾向をまとめるなど成果のひとつとなっている。[35]

90年代以降は共通する「教員評価」の政策動向の下で各国に対する国際機関の調査研究が盛んになった。国際的合意レベルと国毎の調査成果を結合させる（つまり国際基準の意義にてらして実態が吟味できる）など、「教員評価」のあり方に関して各国毎の教育施策の特徴を明らかにできる状況が生まれつつあるように思われる。教職の役割変化や教員評価の多様なあり方については次の論点に整理できよう。

第1に、「地位勧告」フォローアップ活動において教員の新たな困難（ストレス・バーンアウトなど）が教職の実態及び役割の変化を促す大きな要因となる事実が確認され始めたことである（第8章）。それは国際的合意形成論議の転換点をなしており、論点は継続的に更新されている。第2に、大学・大学院

における教師養成の必要性から、教職の力量形成を生涯にわたってサポートするあり方も国際的合意レベルで新たに整理されなければならない段階に到達しつつあることである。[36] 第3に、現下の国民国家による教員の資質向上策と教員評価インパクトが基準化に関する合意形成のあり方を左右する共通の特徴を持ち始めたこと等である。勝野正章は、かねて標榜されてきた教育の「政治的中立性」問題の多くが「実質的には教育に対する権力統制の問題として捉えられる」が、「教育の質に関わる」問題もある旨、次のように指摘している。

「政治的支配からの自律性を擁護し、教育への明示的な権力統制を批判する際には、それらが教育をいかに歪めるかを論じることで対抗的な立場がある程度は成立する。しかるに、『柔らかな統治』に対しては、スタンダードや到達目標と切り結ぶ教育的価値を意識せずには十分に対応することができない」[37]

現下の日本では、関係当事者の内容編成（基準化システム）を国家・自治体の権力的な干渉・介入から防ぐという元の「政治的中立性」の意味を転倒させ、まったく逆に「政治的中立性」の名で「日本国憲法の自由の体系、価値の自由、思想信条の自由、国家に『中立』を強制する規範」（佐貫浩）を剥奪する動きがある。[38]

勝野のいう基準性（到達目標）論議にかかわる教員評価と教職の「役割変化」は、前世期末から今日まで国際文書で取り上げられてきた新たなテーマである。その「基準」概念の相対化を試みる本書では、これまであまり表面化してこなかった1966年「地位勧告」の規定をめぐる勤務評定論議に注目しておきたい。同勧告の規定では給与につながる勤務評定「一般」を禁止していないが、教師の基準評価をめぐる新たな課題が提起されていると思われる（第8章）。

近年は日本でも教員評価問題に焦点化させた著作（2005年堀尾輝久・浦野東洋一編著『日本の教員評価に対するILO・ユネスコ勧告』その他）など量的質的な研究活動が次第に増えつつある。そのすべてに言及はできないが、現場の提訴に対応すべくセアートの調査団が2008年に来日し報告書作成と勧告

が行われた事実をふまえ、教員評価論が抱える矛盾と方法論上の問題点に限り第9章で分析検討した。

第2節　諸研究の状況

　Douglas Hodgson は、国際教育権に関する主要な国際的合意について、①世界人権宣言（1948年）、[39] ②教育差別待遇反対条約（1960年）、[40] ③国際人権規約（1966年）、④子どもの権利条約（1989年）の4つをあげている。[41] 本書では国際的合意形成の全体像を把握するために、⑤大戦直後以来の担当機関である国連経済社会理事会・人権委員会（今日の人権理事会）の「教育権」報告や、⑥1966年ILO/ユネスコ「教員の地位に関する勧告」（以下、「地位勧告」と略）などの関連動向も研究の対象に加えた。関連する膨大な数の先行研究すべてを本書でとりあげることは不可能だが、管見の限りいくつかの論文や概説に言及する。

　最初に無差別平等や機会均等原則を含むすべての子どもの国際的な教育権保障がめざされた背景には当時の世界大戦の悲惨な人類的体験があることを理解する必要がある。大戦後の教育権論の歴史的特質は世界大戦の惨禍の被害者となった「戦争障害者」への緊急の対応によく示されており、第1章では発端のひとつを権利侵害のケース研究として検討した。[42]

　50年代の世界人権宣言の条約化（後の人権規約）過程でユネスコは1960年「教育差別待遇反対条約」を成立させた（第2章）。その注釈書が後年の2005年段階で出版され、同条約は今なお国際教育権保障の中核的位置にある。[43] 日本では同条約を批准しておらず国内で論じられることはこれまであまりなかった。

　また、1959年国連児童権利宣言については70年代末のポーランドによる提起から条約化（1989「子どもの権利条約」）の作業が次第に本格化し国内外とも新たな研究成果が散見され始める。1975年障害者権利宣言の条約化（2006年「障害者権利条約」）に至る30年に及ぶ経過の中では日本の制度改革にも

強い影響力を発揮するなど、次第に国際的合意形成は次第に量的質的な進展をみせる（第3章）。[44]

日本では70年代の障害者に対する国際教育権保障への関心の高まりが後年の研究状況全体を押し上げる歴史的端緒のひとつとなった。関連する問題意識から1960年教育差別待遇反対条約についても初めて教育現場から注意が向けられたのである。[45] 清水寛も1972年日本教育法学会年報第1号に論文を掲載し、世界人権宣言第22条（社会保障の権利）や第26条（教育権）に則して障害者の「発達権保障」に関する「国際的な保障の方向」を示している。[46] こうして比較的早期の段階で国内で国際教育権に対する関心が障害児教育領域において示された背景には重度障害児への教育の場が確保されず、戦後長く養護学校義務制が実施されてこなかった事情がある。教育運動の広がりによって1979年義務制実施に至る経緯は教育権の実効性を考える上で貴重な経験となった。

しかし国際的合意レベルの教育権全般については、1983年段階で小林哲也が研究報告で「この課題（教育における国際的合意のこと ─ 筆者）についての研究はまだいわばその端緒についたばかりというべきである」と述べたように、国際的合意形成の関連研究が見当たらない状況はしばらく続いた。[47] 同報告書や教育差別待遇反対条約をテーマとする筆者の1983年論文（第2章）など萌芽的な試みもあったが、[48] 教育権それ自体を扱う総合的な研究は国内ではあまりみられない。

障害者以外の領域で、それまで教育権に対する研究的関心がまったくなかったわけではない。教師の教育権限に関する国際的合意形成の領域では、50年代末から70年代にかけての「勤務評定問題、学力テスト裁判、教科書裁判」などの教育裁判をめぐり、法廷の内外で国際教育権（世界人権宣言）や1966年「地位勧告」が注目されてきた事実を強調しておく。[49]

同勧告成立後の間もない時期のまとまった研究としては、宗像誠也らの1968年の共同研究をあげることができる。[50] 同勧告の背景や制定過程をはじめ、勧告規定にある教師の「専門者性」「労働者性」「市民的権利」「教育上の

自由」「自主性」「給与・労働・生活条件」など、教師の専門［職］性を軸に教職の特殊性等について多面的な論究が行われた事実は特筆に値する。教職の実態からみれば、教師専門職性（例えば地位勧告の「責任、創意、自律性」など）の公証が日本社会に十全に確立している状況とは言えないことから、「地位勧告」はなお死文書としてでない研究の必要性を提起している。

　また、国内外共に教育権の総合的研究がそれほど活発でなかった状況は80年代末の1989年「子どもの権利条約」の成立を契機に一変する。関連分野の研究成果が急増し、同条約についての研究文献や資料集なども出版され始めた。

　本書でそれらすべての先行研究を検討する余裕はないが、教育の内的事項に関する国内の論議について第4章で検討を行った。[51] その後、教育の国際的合意全般を網羅的に見渡す訳文紹介や本格的な翻訳資料集の出版が活発となり、日本では子どもの権利条約採択直前に発行された『教育条約集』（1987年：永井憲一監修）をはじめ、1989年の採択後の喜多明人等による同条約関連の盛んな研究活動、永井憲一編『子どもの権利条約の研究』法政大学出版局（1992年）など政策展開の紹介にとどまらない研究が広がり始めた。また、『教育国際資料集』（1998年：堀尾輝久・河内徳子編）などの出版も続く。

　欧文でも同様の状況が広くみられる。Sharon Detrick 編集による子どもの権利条約形成過程の1992年資料集をはじめ、[52] 子どもの権利条約関連の出版は今日まで枚挙にいとまがない。教育権全般にかかわる体系的な資料集や研究書の出版も行われ、Douglas Hodgson の1998年『教育権』、[53] Asbjorn Eide 編集による論文集である1999年『世界人権宣言』（第26条「教育権」の執筆は Pentti Arajarui）、[54] など代表的な著作物をあげることができる。子どもの権利に特化させた雑誌『子どもの権利の国際ジャーナル』の1993年創刊も関連動向のひとつである。[55]

　今世紀に入り、邦文では単著の深山正光『国際教育の研究』（2007年）などの出版、欧文では Klaus Dieter Beiter による研究書の2006年『国際法による教育権保障』が注目される。[56] また、Joel Spring による2000年『普遍的な教育権』、[57] Joe Karmel による2009年『教育権』、[58] などの著作は教育実践

のあり方にまで言及している。Tristan McCowanによる2013年『人権としての教育』は、教育実践（プロセス）の内的事項を重視する労作である。本論の問題意識とも重なるいくつかの論点についての批判的検討を第7章で行うことにしたい。[59]

注

1 「教育権」の用語は、国連諸機関における国際人権法及び他の宣言、勧告などを含むより広い国際的合意（international agreements）において使用される教育権（the right to education）や「人権としての教育（教育それ自体が人権であること）」（education as a human right）に関する語句として用いる。「教育における人権」「人権のための教育」「人権についての教育」（human rights in/through education, education for/about human rights）などの多様な用語は、本書で使用する「教育権」と意味上の異同がある。さらに学習主体の意義を強調する学習権（the right to learn）の用語、逆に受け身の響きがある国内法（憲法・教育基本法）の規定する「教育を受ける権利」（the right to receive the education ― 日本国憲法の公定英訳）など、用法をめぐっては検討すべき重要な論争課題がある。関連する用語の「発達権（right to development）」についても同様に議論すべき論点は多い。最も一般的な「教育権」の英語表記（the right to education）に従うなら、相当する日本語も「教育への権利」とすることが本来はより正しい表記ともいえる。しかし、語義の形式は基本的にほぼ同じ場合が多く、本論では断らない限り、叙述の便宜上、汎用性のある多義的で包括的な概念として、ひとまず「教育権」という簡潔な日本語表記を用い、不都合のある場合のみ個々の文脈に即してその説明を加えることにしたい。

2 UN Doc., E/CN.4/2001/52, p7.

3 Pentti Arajarvi, ARTICLE 26, in *The Universal Declaration of Human Rights – A Common Standard of Achievement*, Edited by Gudmundur Alfredsson and Asbjorn Eide, Martinus Nijhoff Publishers, 1999, p.574.

4 芦部信喜・髙橋和之（補訂）『憲法』第六版、岩波書店、2015年、175頁～176頁。

5 UNESCO, *Comparative analysis, UNESCO Convention against Discrimination in Education(1960) and Article 13 and 14 (Right to Education) of the International Covenant on Economic, Social and Cultural Rights: A comparative analysis*, UNESCO. 2006, pp.37.

6 Annamagarit de Wet, "Education Law Research: Two Sides of a Coin", in *Education* Law Journal, 2014.

7 Tristan McCowan, *Education as a Human Right*, Bloomsbury, 2013, p.82.

8 ワロン・ピアジェ、竹内良和訳『ワロン・ピアジェ教育論』、1968年．150頁-151頁。

9　兼子仁『教育法（新版）』法律学全集16－1、1978年。
10　兼子仁『教育権の理論』勁草書房、1976年、301～302頁。
11　佐貫浩「人間の尊厳を実現する教育目的のあり方」『教育』2015年8月号。
12　UN Doc., A/HRC/26/27, Report of the Rapporteur on the right to education, Kishore Singh – Assessment of the educational attainment of students and the implementation of the right to education, 2 May 2014.
13　Anneke Westerhuis, "the meaning of competence", in Michaela Brockmann, Linda Clarke and Christopher Winch with Georg Hanf, Philippw Mehaut and Anneke Westerhuis, Knowledge,Skill and Competence in the European Labour Market-What's in a vocational qualification?, 2011.
14　兼子仁「最高裁学テ判決（北海道学テ事件）の読み取り方」季刊教育法21号、1976年、78頁。
15　松井芳郎『国際法から世界を見る』東信堂、2001年、100－109頁
16　前掲、松井芳郎。
17　UN Doc., E/CN.4/SR.1
18　Peter R. Baehr, *Human Rights － universal in practice*, Macmillan press ltd.,1999,p.2.
19　W. Wolfensberger, "The examination of handicapped people in World War Ⅱ Germany", *Mental Retardation*, Vol. 19, No. 1, 1981, pp. 1－7
20　Aart Hendriks, "UN Standards and Dutch Practice － The Rights of Disabled Peaople in the Labour Market", in *SIM special No. 21*, Utrecht University, 1998.
21　前掲、松井芳郎。
22　Kate Halvorsen, "Notes on the Realization of the Human Right to Education", *Human Rights Quarterly 12*(1990), p341-364,The John Hopkins University Press, p343.
23　八木英二「国際的合意形成からみた教育権と義務教育の危機」『京都橘大学紀要』第37号、2011。
24　Fons Coomans, "Identifying Violations of the Right to Education", *The Maastricht Guidelines on Violations of Economic, Social and Cultural Rights*（1998）125－146 Netherlands Institute of Human Rights, p125
25　前掲、松井芳郎。
26　堀尾輝久『新版　教育の自由と権利』青木書店、2002年。
27　勝野正章「『政治的中立』と教育の公正」『教育』2015年9月号。
28　佐貫浩「国家権力と『教育の自由』」『戦後日本の教育と教育学』別巻、かもがわ出版、2014年。
29　成嶋隆「最高裁学テ判決以後の教育判例の展開」市川ほか編『教育法学と子どもの人権』1998年。

30 宗像誠也ほか『教師の自由と権利 ― ILO・ユネスコ勧告を中心に』労旬新書、1967年。相良惟一『教員の地位勧告と教職の専門性』明治図書、1969年。その他、堀尾輝久、兼子仁の著作は数多い。
31 兼子仁「最高裁学テ判決（北海道学テ事件）の読み取り方」季刊教育法21号、1976年。
32 前掲、兼子仁、86頁。
33 同上、81頁。
34 吉岡真佐樹・八木英二「教員免許・資格の原理的検討―『実践的指導力』と専門性基準をめぐって」日本教師教育学会年報第16号、2007年10月、所収。
35 科研費基盤研究B（研究代表者は吉岡真佐樹）「教師教育の資質向上策とその評価に関する国際比較研究」（平成19年3月の最終報告書）
36 「教員免許・資格の原理的検討―『実践的指導力』と専門性基準をめぐって」日本教師教育学会年報、第16号、2007年10月、17－24頁、計8頁
37 勝野正章「『政治的中立』と教育の公正」『教育』2015年9月号。
38 佐貫浩「教育に浸透する国家」『教育』2015年9月号。
39 Gudmundur Alfredsson and Asbjorn Eide ed., *The Universal Declaration of Human Rights*, Martinus Nijhoff Publishers, 1999.)
40 条約の英文は Convention again Discrimination in Education であるが、これまで「教育における差別待遇の防止に関する条約」「教育差別撤廃条約」「教育差別禁止条約」「教育の差別待遇に反対する条約」などの邦訳が試みられてきた。本研究では、相対的に直訳に近い「教育の差別待遇に反対する条約」（三上昭彦）を簡略化した「教育差別待遇反対条約」を使用した。参照は三上昭彦「『勧告』の背景とその制定過程」『共同研究：教師の地位に関する勧告と日本の教育行政』東京大学教育学部紀要第10巻、1968年、所収。
41 Douglas Hodgson, *The Human Right to Education*, Ashgate, 1998. P.39.
42 文脈上無理がある場合を除き障害児を含む「障害者」の用語を総称として用いる。また現在は「障がい者」の表記が使われることも多いが、本研究では当時の用法を残す表記とする。
43 Yves Daudet & Pierre Michel Eisemann, *Right to Education, Commentary on the Convention against Discrimination in Education*, UNESCO, 2005.
44 出版は数が多い。一部のみ列挙すれば、八木英二『国際障害者年』青木書店、1980年。中野善達編『国際連合と障害者問題』1997年。長瀬修・川島聡編著『障害者の権利条約－国連作業部会草案』明石書店、2004年。玉村公二彦、中村尚子『障害者権利条約と教育』全障研出版部、2008年など。
45 田中昌人『発達保障への道②』全国障害者問題研究会出版、1974年、45頁。
46 清水寛「障害者の『生存と教育』の権利」日本教育法学会年報第1号、1972年。
47 小林哲也「教育における国際的合意に関する総合的研究」研究記録集所収の序文、京都

大学教育学部比較教育学研究室、1983 年 3 月
48 八木英二「教育における自由と基準性をめぐる国際的合意の形成」日本教育学会『教育学研究』第 50 巻第 3 号、1983 年所収（本研究第 2 章収録）。
49 宗像誠也ほか『教師の自由と権利―ILO・ユネスコ勧告を中心に』労旬新書、1967 年。
50 「教師の地位に関する勧告と日本の教育行政」東京大学教育学部紀要第 10 巻、1968 年、所収。
51 Sharon Detrick (ed.), *The United Nations Convention on the Rights of the Child, 1992.* Mieke Verheyde, *A Commentary on the United Nations Convention on the Rights of the Child, Article28, The right to Education,* 2006.（邦訳は、国際人権法政策研究所編『注釈・子どもの権利条約 28 条：教育についての権利』平野裕二訳、現代人文社、2007 年）その他、多数。
52 Sharon Detrick, *The United Nations Convention on the Rights of the Child*, Martinus Nijhoff Publishers, 1992.
53 Douglas Hodgson, *The Right to Eduation*, Ashgate, 1998.
54 Asbjorn Eide, *The Universal Declaration of Human Rights*, Martinus Nijhoff Publishers, 1999.
55 *International Journal of Children Rights*, Martinus Nijhoff Publishers.
56 Klaus Dieter Beiter, *The Protection of the Right to Education by International Law*, Martinus Nijhoff Publishers, 2006.
57 Joel Spring, *The Universal Right to Education*, Lawrence Erlbaum Association, 2000.
58 Joe Karmel, *The Right to Education*, VDM. 2009.
59 McCowan, op cit.

第1部　教育権をめぐる国際的合意形成の起点

第1章　大戦直後の教育権の成立

　1948年12月の国連総会は、「世界人権宣言」(Universal Declaration on Human Rights) を採択し、人権に関する基本理念を提示した。国際的合意の規律の対象外にあると考えられていた教育権保障の課題は同宣言によって現実的なものとして意識されるようになってきた。[1] 未曾有の第2次世界大戦の惨禍に対し、その深い反省に立ち、ふたたび侵略戦争を許さないとの決意の下、その精神を共同のものとしていく努力が払われるなかで、教育権も位置づくことになる。

　国際的合意形成レベルの教育権保障の形成と展開を課題とする場合、この世界人権宣言の教育権規定を国際的合意形成における展開の起点とみることができる。この規定は、まだ旧植民地が多く残存した段階で成立したもので、同宣言成立後の教育権規定に照らした信託統治国（たとえば当時の非独立国で国連の信託を受けた今日のトーゴ共和国）などの教育制度充実が1951年人権委員会の段階で審議課題となっていた。[2] その後、旧植民地諸国の独立を経験する中で採択された1960年ユネスコ教育差別待遇反対条約や人民の自決権を定めた1966年規約教育権の時代背景とは異なっていたのである（第2章）。

　ところで、世界人権宣言の起草は1947年の人権委に始まり、国連経済社会理事会（Economic and Social Council—以下、経社理と略）内の主に人権委員会（Commission of Human Rights—以下、人権委と略）で行われ、人権委内の宣言起草委員会が作成する素案が1947年7月第2回人権委で初めて提示され、国際人権規約草案、実施案を合わせ、以後の審議が人権委で続く。論点が次第に出揃うなか、後年の国際人権規約や選択議定書と共に構成される「国際人権章典（International Bill of Rights）」の基盤となる世界人権宣言は、第3委員会審議での修正後、国連総会で採択されるに至った。

採択正文のすべては列挙できないが、重要な教育権草稿のみ次に仮訳しており、[3] その審議過程における論点を以下の第１節でまとめた（草案の条文番号は固定的でない）。

資料

- 1947年7月　国際人権章典の起草委員会報告—国際人権章典草案のアウトライン（事務局の人権担当部局—条項の番号は採択正文と異なる）

第21条　すべて人は、法律の規定する諸条件に合致した教育施設を設置する権利を有する。[4]

第36条　すべて人は、教育への権利(the right to education) を有する。国は、管轄地域のすべての子どもが初等教育を受けることができるようにする義務がある。初等教育のための無償で適切な施設の運営は国家が行うものとする。国は、人種、性、言語、宗教、階級、財産などの区別なく、利用することのできる人々のための高等教育施設についても利用できるものとする。[5]

第46条

国の大多数の人々と異なる人種、言語、宗教の人々が生活する国において、その民族、言語、宗教上の少数者に所属する人々は、その目的に相当する公的資金によって、学校、文化、宗教の施設を設置し維持する権利、及び、国の諸機関や法的機関、集会などの施設で自身の言語を使用する権利を有するものとする。[6]

- 1947年12月第２回人権委員会（起草委員会）への草案27条

すべて人は、教育への権利を有する。基礎教育(fundamental education)は無償で義務とする。人種、性、言語、宗教、社会的地位、財産または政治的所属の区別なく、能力（merit）に基づいて国や地域社会が設ける高等教育へのアクセスを平等なものとする。[7]

- 同上草案28条

教育は、人格の全面的な身体的、知的、道徳的、精神的な発達(the full physical, intellectual, moral and spiritual development of the human personality) を目的とし、すべての国又は人種的若しくは宗教的集団に対する不寛容や憎悪の精神への闘争、並びに人権と基本的自由の尊重を強化するものとする。[8]

- 同上草案31条（人権委員会ではこの２つのテクストは決議されなかったが、検討素材

として記録されたもの)

・起草委員会による提案テキスト

(大多数の人々と異なる人種、言語、宗教の人々が生活する諸国において、その民族、言語、宗教の少数者に属する人々は、公共の秩序に合致する限り、学校、文化、宗教の諸施設を設置し、新聞や公共の場あるいは法廷や国家の公的機関で自身の言語を使用する権利を有するものとする。)

・(「少数者差別の防止と保護に関する小委員会」による提案テキスト)

(大多数の人々と明確に区別され、異なる扱いを求める人種、言語、宗教の人々の生活する諸国において、公共の秩序と安全に合致する限り、もし彼らがそれを選択するのであれば、その少数者に属する人々は、学校、文化、宗教の諸施設を設置し、新聞や公共の場あるいは法廷や国家の公的機関で自身の言語を使用する権利を有するものとする) [9]

- 1947年12月第2回人権委員会採択の「国際ユダヤ人会議」草案31条(a)

教育は、人格の全面的な身体的、精神的、道徳的な発達と、他のすべての諸国又は人種的若しくは宗教的な集団に対する不寛容や憎悪の精神への闘争、並びに人権と基本的自由の尊重を強化することを目的とする。[10]

- 1948年6月経済社会理事会草案23条 → 第3委員会での審議へ

1　すべて人は、教育への権利を有する。初等教育と基礎教育は無償で義務的でなければならない。また、高等教育は、能力に基づいて、ひとしいアクセスがなければならない。

2　教育は、人格の全面発達並びに人権及び基本的自由 (human rights and fundamental freedoms) の尊重の強化、及び、あらゆる人種的若しくは宗教的集団への不寛容や憎悪の精神と戦うことを目的としなければならない。[11]

- 1948年：世界人権宣言(第3委員会草案と総会採択文の変更なし―外務省仮訳を一部修正)

第26条

1　すべて人は、教育への権利(the right to education)を有する。教育は、少なくとも初等教育と基礎教育の段階では (in the elementary and fundamental stages) 無償でなければならない。初等教育は、義務的でなければならない。技術教育及び職業教育は、一般に利用できるものでなければならず、また、高等教育は、能力に応じ、すべての者にひとしく開放され

ていなければならない。 2 教育は、人格の全面発達（the full development of the human personality）並びに人権及び基本的自由（human rights and fundamental freedoms）の尊重の強化を目的としなければならない。教育は、すべての国又は人種的若しくは宗教的集団の相互間の理解、寛容及び友好関係を増進し、かつ、平和の維持のため、国際連合の活動を促進するものでなければならない。 3 親は、子に与える教育の種類を選択する優先的権利（a prior right to choose the kind of education）を有する。

第1節　世界人権宣言の教育権条項

　採択正文は「人格の全面発達並びに人権及び基本的自由の尊重の強化」という教育目的を定めている。上記の第26条第2項は、前文の「すべての人民とすべての国とが達成すべき共通の基準（standard）」、第1条の「生れながらにして自由であり（born free）、かつ、尊厳と権利とについて平等である」、第2条の「すべての権利と自由（all the rights and freedoms）」などとする宣言文全体にかかわる「自由」規定を受けたものである。

　つまり、前文で「基準（スタンダード）」とする「自由（free, freedoms）」に、第26条第2項の教育における「全面発達」と「基本的自由（fundamental freedoms）」の目的規定をつなげ、さらに同3項の「教育の種類を選択する優先的権利（a prior right to choose ）」という「教育選択の自由」を追加して、「自由と基準性」の在り方を同時に示しているのである。

　ここには、教育権規定における「目的規定としての自由」と教育の種類を選択する「選択の自由」の2つの異なる自由論が混在している。宣言では後者の自由が「選択する優先的権利」と規定され、「自由」の言葉を使わなかったが、後年の1960年教育差別待遇反対条約第5条や社会権規約では、同じ規定で「子どものために選択する自由（the liberty of parents・・・to choose for their children）」とあるように、「選択する優先的権利」から「選択の自由（liberty）」のフレーズに変えたのであり、明確に「自由」が使わることになった（第2章）。

1）教育目的の性格について（教育目的の自由）

　前掲宣言正文第26条第2項「人格の全面発達並びに人権及び基本的自由の尊重の強化」はきわめて重要な目的規定である。その歴史的教育的意義を理解するためには、まず教育目的の性格についての検討が必要となる。教育権規定の起草過程には反ファシズムという戦勝国側の歴史的事情が背景にあり、成立過程を通じて反ファシズムの精神が貫かれた。

　たとえば、1947年12月人権委作業部会には、宗教組織や労働組合の7つのNGOが参加していたが、そのうち世界ユダヤ人会議（World Jewish Congress）は「2つの大戦の主な原因となった本質的な要素である、ドイツにおけるこの原則（教育の精神）の無視についての記述がまったくない」ことを問題視して、次のような提案をしている。それは、「この教育は、人格の全面的な発達（this education should be directed to the full development of the human personality）と、他のすべての諸国又は人種的若しくは宗教的な集団に対する不寛容や憎悪の精神への闘争、並びに人権と基本的自由の尊重を強化することを目的とする」というものであった。[12] この規定の前半部分の教育目的規定は草案に反映され、採択正文まで受け継がれることとなる。

　こうして、1947年7月段階から12月第2回人権委（起草委員会）に至る審議では、たとえば草案28条の「人格の道徳的な発達」や「人種的若しくは宗教的集団に対する不寛容や憎悪の精神への闘争」といった「教育内容に関する道徳的な原則」（Pentti Arajarve）をめぐる論議がしばらく活発に展開されたのである。[13]

　宣言の12月総会採択前の1948年6月の第3回人権委でも、教育目的の価値的な論議は継続された。パナマ代表は、第27～28条草案への追加として「すべて人は、教育への権利及び無償の初等教育への権利を有する。教育は人間の自由、道徳性、連帯の原則を有するものとする。性、人種、言語、宗教または政治的見解の区別なく、すべての人々に与えられるものであり、人々の精神的、知的、身体的な発達を促進させるものとする」旨の提案を行うなど、教育目的の価値的な規定に熱心であった。[14]

ユネスコ代表もまたこうしたパナマ代表の提案を支持し、「ヒットラーの時代に教育が称賛されて組織化されたが、それにもかかわらず破滅的結果をもたらしたドイツの事例をひいて、すべての人々が受ける資格のある教育は宣言で定められた諸権利の尊重を強化し、不寛容と戦うことを明確にすることが絶対に必要である」と教育振興策のみならず、その内容的な価値論を強調している。[15]

　そして、1948年11月の第3委員会審議では「不寛容や憎悪の精神への闘争」の目的が重ねて提案されるなか、「この規定は、あまりにペシミスティックかつネガティブであり、‥すべての人々の理解と友情といったポジティブな考え」を望むメキシコ代表などの意見などもあり、[16] 結局、前掲資料1948年6月経社理草案第23条について第3委員会では、「教育は、すべての国又は人種的若しくは宗教的集団の相互間の理解、寛容及び友好関係を増進し」に変更している。

　同年12月の国連総会は、その第3委員会における修正案を採択文としたのである。そのことで、より「積極的」な条項になっているとの研究者の評価もある（Pentti Arajarve, 1999）。[17]

２）非差別の理由、宗教教育、マイノリティでの対立

　「全面発達」の教育目的規定が提起された時と同じ1947年12月第2回人権委作業部会の段階では、もう一つ、「宗教教育」や「マイノリティのための学校設置」、あるいは「非差別になる理由の列挙」などをめぐる論争的な問題群があった。[18] いずれも決裂するほどの深刻さはなかったが、対立的な見解を課題として残し、合意形成が優先された。

　「宗教教育」については、後年のAmmounによる整理によれば、「それが宣言の中で取り上げられるべき」とするNGOカトリック女性団体、宗教教授への権利の意義を強調したパナマ代表、宗教的な背景をもたない教育は単なる職業訓練のひとつの形態にすぎないと考える諸国、私立の学校で宗教教育が認められる諸国、私学教育への権利が認められることには理解を示すが条約で扱う

必要はないと考える米国など論議は錯綜している。[19] ソビエト代表は、「教会は国家と区別されるもので、非宗教、非宗派の教育に限定すべきである。教育は民主主義的な方向において、ファシズムと戦争の恐怖に反対する精神で実施されるよう、この義務を明確に条項で規定すべき」とした。[20] パナマ代表は、「不寛容に対する闘争と宗教の２つについては、異なる論点の和解が大切である」とも述べている。[21]

1947年12月第２回人権委作業部会では、結局、起草委員会作成の第31条の２行目にある「primary」に「fundamental」を加えた草案を４対１、棄権１で承認し、「私立教育の権利を尊重するものとし、要求のある国では宗教教育が学校で認められる」旨をコンメンタリーとして４対１、棄権１で承認した。また、世界ユダヤ人会議の草案（第１節冒頭資料）を５対０、棄権１で採択した。[22]

さらに、「非差別になる理由」に関する見解の違いもある。翌年1948年6月段階の経社理草案23条では前年の人権委員会草案27条から差別要件の列挙が削除されてしまったが、再び「教育へのアクセスは、人種、性、言語、宗教、社会的地位、財産、その他の政治的立場に関するいかなる差別をも受けることがない」とする要件の追加提案などをソビエト代表やポーランド代表などが求めた。他方で、エジプトや米国など、「すべての人々」という用語は一般的で区別のないすべての人々を含むので、同じ規定のある第２条を弱めることにならないかと、追加を不必要としている。[23]

「マイノリティのための学校設置」についても、「マイノリティの言語での教授が認められるべきと規定する修正」案の提起（デンマーク代表、フランス代表支持）に対し、「特定のマイノリティの学校を設置する権利授与は統一を危険にさらす」（チリ代表）といった対立論議となった。[24]

最終段階の1948年11月国連第３委員会でもデンマークその他の代表は、自身の学校を設置し、母語で教育が受けられる権利を認める追加条項の提案まで行った。しかし結局、国連総会の審議では、「特別な規定としては扱わない」措置をとり、世界人権宣言を成立させる合意形成が優先されたのである。[25]

3）親の教育選択権（教育選択の自由）

　上記の論点では、親（家族）の教育や価値への自由と、国家による保障の条件の折り合いをどうつけるかが問題視されたといえるが、それは、新規の採択正文第26条3項「親は、子に与える教育の種類を選択する優先的権利を有する」という、教育選択権の規定と重なるであろう。

　前掲草案資料のように、1948年12月国連総会採択直前までの1948年6月経社理の草案にもなかった条文であり、総会に提出される草案を作成した11月の第3委員会の審議で追加されたものであった。その経緯を以下にみておくことにする。

　まず、最終段階の国連第3委員会審議でオランダ代表が親の教育責任に関する次のような発言をしている。「子どもは生活する方法を地域で最初に学ぶのは家族においてなので、家族にまず第1義的な教育の責任がなくてはならない」、「子どもの権利は子ども自身が行使できないので神聖化される（sacred）」「子どもの教育の種類を子どもが選ぶことが出来ないのなら、親はその第1義的責任を負うこともできない」「ヒットラー青年団が両親から子どものコントロールを奪ったナチスは、再発が許されない経験を提供している」などと述べた。親によっては子どもの権利を制限することもありうるのでは、といった反論に対して、それは稀なケースであり、いずれの場合でも教員と教育組織で危険を防ぐことが出来るなどとも応答している。[26]

　こうして、親の教育選択権規定（教育の自由）は独自に強調すべき論点となり始め、採択正文第3パラグラフに「子に与える教育の種類を選択する親の権利」が最終的に追加されことになった。[27]

　この教育選択権は、国家・政府の不干渉の遵守として保障されうる自由権「宗教教育への選択の自由」に軸足があった事実に注目する研究もあるように、[28] その後は、上記の教育目的規定との関係においてどういう内容の編成が子どもの発達につながるのかという当初の選択権から次第に教育内容への権利が自覚され始める端緒となり、教育価値にかかわる「自由論」に道を開いた。

　さらに、後年の年教育差別待遇反対条約（第2章）の起草作業においてこの

選択権と目的価値にかかわる「自由論」の両者の関係が「権限のある機関」の文言の追加をもたらし、改めて発展的に深められていくことになるのである。

4）無償義務教育をめぐる論議

上記の諸点に比べて、「無償義務教育」は、錯綜する文脈を抱えたが、基本点については一定の合意を得るに至った。

1948年6月の人権委では、「無償（free）」と「義務(compulsory)」に関する意見が様々に交わされている。ソビエト代表は「義務」の重要性を強調し教育権の概念と結びつけた。それに対し、イギリス（UK）代表は、「国家教育という概念を受け入れると解釈される可能性があるとの理由で、宣言草案に義務を書き入れることは危険とするインドやオーストラリアの代表に賛意を示した。イギリスは、無償の義務教育を享受していたけれども、その教育の義務的な性質の観念と教育権の主張を調和させることは難しいと考えた」と述べている。[29]

また、ユネスコ代表は、「無償かつ義務的な教育のフレーズはすべての国の伝統であり、それを人権宣言から除外することは逆行となることに留意し、義務の用語の使用をめぐる混乱の排除を望んでいる。教育の独占を国家が行うことを意味せず、親が子どもに臨む学校施設を選択する権利の侵害でもない。」とし、「義務」の削除に関する選択を投票で求めた結果、人権委では削除が8対7で否決された。[30]

これに続く、1948年7月の最終段階の人権委員会内の起草委員会では、フランス代表が「社会的地位ないし財政手段を理由とする差別に関する規定をもつ重要性を示唆」しており、ソビエト代表は「教育が無償であるべきと感じ、ソビエト憲法の諸規定にふれ、差別にかかわる全体の条項があることに強く賛成」すると述べている。イギリス代表も、「フランスとソビエトの代表に原則的に同意を述べる」とするなど、無償性に関する明確な対立はなかったようである。[31]

5）基礎教育の問題

　採択宣言第26条第1項の正文には、「教育は、少なくとも初等教育と基礎教育の段階では無償でなければならない」と、「基礎的 fundamental」（な段階の教育）の規定がある。大戦中に教育を受ける機会を失った者の再教育を意味する「基礎的 fundamental」（な段階の教育）の提起は世界人権宣言の教育権規定から引き継ぐ今なお重要な論点となっている。

　宣言の採択正文に基礎教育の文言が挿入される背景には、数年にわたるユネスコ独自の事業による蓄積があった。初代事務局長ジュリアン・ハックスリーの下で開かれる1946年第1回ユネスコ総会に向けた報告書「基礎教育―すべての人々のための共通基盤」はきわめて重要な役割を果たしている（出版は1947年）。[32] また、同出版をめぐり1947年執行委員会で論議された内容には、この基礎教育の位置づけに関する機関側の理解もうかがえる。

　つまり、基礎教育の用語は基本的には「不識字との闘い（attack on illiteracy）」を主に指す教育内容に関連する用語であったが、1947年時の執行委員会では諸国家や地域別の多様性、あるいは現代世界の人々の相互理解に必要な「無知との闘い（attack on ignorance）」でもあると事務局長は提起した。同会合では問題の繊細さも取り上げられ、用語の意味を確定するための実態調査の必要も提起されたのである。[33]

　そもそも「基礎的 fundamental」（な教育）の定義の難しさはユネスコ機関発足時から論議されてきたテーマである。世界人権宣言採択（1948年12月）の同年7月段階でもなお、「基礎教育」の位置づけは多様である。

　つまり、当時の人権委員会の教育権規定に関する審議で、子ども・青年のみならず成人まで対象を広くする起草委員会の「基礎教育」の是非が提起され、フランス代表は「基礎教育は無償で義務的である」とし、ソビエトの代表は「基礎」の用語をめぐる論争は緊張をはらむことから、その定義は混乱をまねくと述べている。

　これに対し、ユネスコ代表は義務教育と基礎教育の概念を結び付けることが可能かは疑問であり、「基礎」とは近年の成人教育を指すもので、「基礎」の

用語を「初等 elementary」に変えることを提案した。また、イギリス代表は、「基礎」と「初等 elementary」の両者に意味の違いがないとしつつも後者の使用には賛成したのである。人権委の投票でこの選択を求めた結果、7対5、棄権3で草案文は「この権利は、無償で、義務的な初等教育を含む（this right includes free, compulsory elementary education）」とした。しかし、中国代表は「初等 elementary」の後に「及び基礎の（and fundamental）」を加える修正案を出し、これが結局10対0、棄権5で採択正文により近い新たな草案となっている。[34] 最終段階の第3委員会の審議では、「子どもの初等教育の学習を成人に義務的に適応することは不可能で、基礎教育が義務的に捉えられる恐れのある条文は問題である」などとオーストラリア代表による表記をやわらげる1項修正案（「無償の初等教育と基礎教育、及び能力に基づいて高等教育を受ける資格がある」）が出されたが、これは否決された。[35]

後の Pentti Arajarve の研究によれば、基礎教育の用法については、「教育の＜基礎的＞な段階は諸国家自身によって定義されるが、社会で機能させるための重要な基礎的知識や技能を含む。初等教育は義務であり、教育を受けてない大人についても教育が与えられなくてはならない。初等教育と基礎教育の間に固定的な境界は存在しない」と整理している。[36]

Douglas Hodgson の研究もまた、ほぼ同様の趣旨を次のように指摘した。「宣言26条（1）のいう基礎教育と初等教育には明確な区別がない。議論の余地はあるが、教育は社会で機能するために重要な読み書き、計算、基礎的な知識・技能の教授、などの基礎的な教育の要素を含む。基礎教育という概念は社会によって異なるのであり、個々の国で定義されるのがおそらく望ましい」と。[37]

以上のように、大戦直後の当時、基礎教育の概念は厳密に定義づけて使われたわけではなく、戦争中勉強ができなかった成人も対象とする初等教育（primary ないし elementary）とパラレルな内容（社会で生きていくうえで必要な基礎的知識・技能）の教育機会の保障を含む用語であったとする解釈が一般的といえよう。

本書では基礎教育の論議がその後どのように推移したのかを詳細に論じる余

裕がないが、1966年社会権規約の第13条第2項(d)に受け継がれ、1999年段階の一般的意見13号で公権解釈が行われたので、資料として次に付記しておく。[38]

> 資料 1966年社会権規約
>
> 第13条第2項(d)：基礎教育への権利（1999年一般的意見13号）
> 21 基礎教育には、すべての形態及び段階における教育に共通の利用可能性、アクセス可能性、受容可能性及び適合可能性の要素が含まれる13)。
> 22 一般的にいえば、基礎教育(fundamental education)はすべての者のための教育に関する世界宣言に掲げられた基礎教育(basic education)に対応するものである14)。第13条2項(d)により、「初等教育を受けなかった者又はその全課程を修了しなかった者」は、基礎教育、又はすべての者のための教育に関する世界宣言で定義されている基礎教育への権利を有する。
> 23 世界宣言により理解されるようにすべての者は「基本的な学習ニーズ」を満たす権利を有しているので、基礎教育に対する権利は「初等教育を受けなかった者又はその全課程を修了しなかった者」に限られるものではない。基礎教育に対する権利は、その「基本的な学習ニーズ」をまだ満たしていないすべての者に及ぶ。
> 24 基礎教育の権利の享受は年齢又は性別によって制限されないことを強調しておかなければならない。それは、子ども、青少年、及び高齢者を含む成人に及ぶ。従って、基礎教育は、成人教育及び生涯学習の不可欠な構成要素である。基礎教育はあらゆる年齢手段の権利であるから、あらゆる年齢の生徒にふさわしいカリキュラム及び提供システムが考案されなければならない。

6）「発達の遅れ（backward）」に対応する条件整備

宣言の教育権規定が提起する課題の中で、ユネスコ発足時の前記1946年報告書「基礎教育」に記された「発達の遅れ（backward）」の論点が重要である。[39] 実は審議の当初から、「発達の遅れた子ども（backward children）」と題する作業部会の報告書が1947年第2回ユネスコ総会に提出されたのである。

同報告では、まず「発達の遅れた子どもの問題は、社会に対する重荷である

のみならず、危険をもたらす可能性もあり、非常に数を増している大戦後の発達の遅れ（backward）、不適応（misfit）の子どもの教育的諸問題を緊急課題とすべきでことを第1回総会のプログラムとした」と記している。[40] ここにある「重荷」とか「危険」などの用語は、当時の社会防衛的な響きを与えるが、すべての子どもの教育権保障にかかわる現実的対応が含意されたことを看過してはならない。もともと総会決議のために事務局が行った予備的調査が戦争による子どもの被害者が抱える教育課題についてであった背景もある。

　同報告では「身体的、心理学的な結果を列挙したあと、教育の領域に与えた影響を詳細に扱っている。教師と教授の数の減少、学校施設の閉鎖、教材の破壊などである。その結果、不識字、半識字が危険ラインに達し、同時に知的な基準（intellectual standards）の危険な低下を招いてきた」と記し、この「危険に留意する公立、私立、国家的、国際的な諸機関の対応は鈍く、間に合わせの武器としての再生（reclamation）と再教育（re-education）のキャンペーンをユネスコは素早く立ち上げた」のであると述べた。[42]

　戦争後遺症として対応すべき教育方法には「放送教育の利用、通信教育、失われた時間を埋めるための教室の開設、チームワークへの依拠、野外の教室、見習いのセンター、教授スタッフ養成期間の短縮であり、夜間学校、学校共同組合、成人や若者のクラブの運動」などがあげられている。[43]

　以上の記述にも明らかなように、大戦中の被害者の身体的・心理的な困難を抱える子どもの「基礎教育」と「再教育」が当時の最優先の課題であったことがわかるであろう。

　ここでいう「基礎教育」については、後年になって「初等教育は義務であり、その教育を受けてない大人についても教育がなされなくてはならない」（Pentti Arajarve, 1999）と、「再教育（re-education）」と重ねて定義する解釈も行われている。[44]

　世界人権宣言採択にさしかかった当時の国連第3委員会の審議でも、フランス代表Mr.Cassinの「教育が無償であるという点に関して、トルコとオーストラリアの修正案は興味深く、幼い時に受ける機会のなかった成人の基礎教

育（fundamental education）は無償にすべきである」という意見が出されるなど、[45] 宣言草案の教育権規定にある「基礎教育」の含意を傍証するものである。その意味で、大戦により様々なハンディを負った者（war-handicapped）の「再教育」がそこに含まれたのは当然であり、「再教育」と「発達の遅れ（backward）」の両義性を含意するという解釈は可能である。

　宣言起草に向けた各国の提案には、戦禍によって四肢（体）に障害を受けた者だけでなく様々な要因で心理的・精神的な障害まで受けた障害者全体への配慮が前提にあり、当時の国際機関における最重要課題のひとつであった。次節でさらに詳述するが、総じて障害の有無にかかわらない教育権の実質的保障という、再教育の課題もまた同時に権利の問題として急務となっていたことも明らかである。なお、当時とまったく状況が異なる現代でも基礎段階の課題が迫られる事実があることにも留意する必要があろう（その後の国際状況の一端は第5章でもふれるが、日本の2008年日本弁護士連合会「学齢期に修学することのできなかった人々の教育を受ける権利の保障に関する意見書」、あるいは2016年基礎教育保障学会設立の動向は近年の一例である）。

第2節　世界人権宣言成立期の教育権と年限延長論

　世界人権宣言成立期の「基礎教育」論議は、制度論上の初等無償義務教育の権利性と中等教育以降への年限延長論（中等段階への接続）の関係においても示されている。この「義務教育延長」論は「すべての子ども」を対象とする統一的な民主的教育制度の構築を志向するもので、今日の日本における小中一貫や中高一貫の「複線化」とは意味内容が異なる。

　上記のように、条約（規約）教育権の起草はすでに同宣言直後から開始している。それは世界人権宣言の教育権規定に対応する実態調査をふまえたものであった。そこで、教育権に定める「無償制」と制度論上の「年限延長」の両者を当初から明確に関連づけた事実がある。[46] 年限延長（接続）の方針は国連機関論議としても大戦直後から重視されることになったのである。

当時の「年限延長問題」とは、義務教育終了時からの勤労者の「労働権と教育権」の区別と関連（接続）として論議を呼んだテーマであった。[47] 興味深いことに、ILO では 1950 年 33 回総会で義務教育年限延長問題に関する決議をすでに行っており、「両性の子どもに対する無償義務教育への ILO の緊密かつ継続的な関心を再確認」し、「成人のための市民的・社会的・経済的課題での基礎的教授の発展についての関心を強調」している。

当時のユネスコの要請に対して、「義務教育にかかわる法制にてらし、産業・農業・非産業労働・海運業などへの就労の最低年齢に関連して、様々な諸国に存在する諸条件についての報告」が用意されたこともある。たとえば、1950 年成人職業訓練の勧告では、「訓練の原則、手段、方法は、医療条件が許す限り、すべての障害者に適用される」と述べるなど、規約教育権審議では障害者問題まで自覚されたのである。[48]

ところが、世界人権宣言の規約化第 1 次草案の段階では経済的社会的文化的諸権利の規定は含まれなかった。本来の教育権が社会権として重要だという意味では、自由権だけが強調されがちな当時の論議の傾向を推測できるが、その後、社会権を強調すべき旨の論議が 1950 年 8 月の経済社会理事会社会委員会、[49] 10 月の第 5 回国連総会などで繰り返されていくことになる。[50]

1950 年 12 月の国連総会決議 421（v）では、市民的政治的自由の享受と経済的社会的文化的諸権利保護の相互関連性が指摘され、最終的には社会権と自由権の両者が別個の規約草案として採択され、翌年 1951 年の人権委で審議された社会権としての教育権が原案となった。これを元にユネスコ資料もふまえた結果、[51] 次の国際人権規約の教育権条項が整えられるまでに至った。[52]

「1、すべての教育権　2、本規約第 1 条 1 項の非差別原則・・3、無償初等義務教育・・4、技術的専門的中等教育を含む様々な形態の中等教育の漸進的無償化・・5、学力（merit）に基づく高等教育の漸進的無償化・・略」（1951 年「国際人権規約草案、第 3 部、28 条」）

そして、次の草案審議資料では、経済的社会的文化的諸権利としての教育権

が以上の年限延長論議の観点と共に重視されることになったのである。教育権の規約（草案）化過程は世界人権宣言の教育権規定を敷衍するものであり、「無償義務教育をより一般的にすることと、その年限を延長（extending its duration）することである」というように、社会権規約にある中等・高等教育までの漸進的無償化規定を成立経緯からみると、義務教育年限延長論が含意された事実は留意すべきことといえよう。

資料

1951年「国際人権規約草案審議、第3部、28条」[53]

「ユネスコの情報センター（Clearing House of Information）は、今日、3つの部門で構成されている。：一般資料、調査、情報伝達（circulation of information）である。調査に関する部門の範囲内で研究を要するひとつの問題は、無償義務教育をより一般的にすることと、その年限を延長（extending its duration）することである。別のもうひとつの問題は、女性への教育機会の問題である。・・略」（パラグラフ58）

「ILO会議の第33回（1950）で、義務教育の拡大と成人教育施設の用意（the Extension of Compulsory Education and the Provision of Facilities for Adult Education）に関する決議が採択された。この決議で、国際労働会議は、とりわけ、適切に労働組合や関連する諸機能を実現し、様々な労働者の諸運動に有効に参加できるようにするために、労働者が教育を受ける機会を促進させるためのすべての適切な措置をILOがとるよう、希望を表明した。；世界人権宣言の諸原則にしたがって、職業・家族・市民的責任に結び付ける見地から、両性の子どもに対する無償義務教育へのILOの緊密かつ継続的な関心を再確認した。・・略」（パラグラフ67）

「ユネスコの要請に基づき、ILOは、義務教育にかかわる法制にてらして、産業・農業・非産業労働・海運業などへの就労の最低年齢に関連して、様々な諸国に存在する諸条件についての報告の用意をしている。・・略」（パラグラフ68）

第3節　世界人権宣言成立期の障害者の教育権論

ところで、世界大戦によって被った惨禍は膨大な人種差別、女性差別、障害者差別その他の人権侵害を併せ持ったが、第1節で述べたように、世界人権宣言の起草がその権利侵害への国際的な対応であったことは明らかである。それ故に、宣言成立後の経緯で、1960年教育差別待遇反対条約、1966年人種差別撤廃条約、1979年女性差別撤廃条約など一連の差別（撤廃）条約が成立したことも大戦後の国際的合意形成の特徴となった。

本書でこれらの条約すべての教育権規定を追跡する余裕がないため、これらの3つの差別反対条約の中から教育権規定を主題とする1960年教育差別待遇反対条約についてのみ詳述するが（第2章）、数多い差別と権利侵害の事例の中から障害者の権利侵害に限り国連機関が対応を始めた事実をケース研究として後述しておく（本章第3節と第4章）。

1）対象の複合的性格と「特別なニーズ」

世界人権宣言第26条は、対応すべき課題のなかで「基礎教育」を位置づけたことを第1節でみたが、ユネスコによる「発達の遅れた子ども」の対応だけでなく、国連・経社理・社会委員会も重視した障害児者への対応など、当時の国際機関が設立直後から多方面から教育関連事業の緊急対策を行っていた。そこで多用された当時のキイワードが「特別な教育ニーズ Special Needs Education」（SNE）である。

このSNEは、今日の特別支援教育の領域で使用されるフレーズの含意とまったく異なるが、困難をもつすべての子どもと若者のニーズ（成人を含むこともある）を対象にするSNEとして、当時の国連で多用されたのである。しかも、当時のそれは第1節でふれた「再教育（re-education）」の意味を併せ持つ「基礎教育」の課題でもあった。そこで、障害児・者に対する教育権侵害と教育上の差別について、世界人権宣言第26条（教育権保障）成立期にかかわるひと

つの事例としてみておきたい。

　世界人権宣言の形成過程に立ち戻れば、その教育権規定に「障害」の用語はないが、同宣言採択に至る論議ですでに障害者の問題が積極的にとりあげられていた事実が重要である。後の国連社会委員会の前身となった 1946 年 1 月経社理によって設立される臨時社会委員会の段階では、すでに障害児の問題が次のように提起されている。

　「とくに 2 つの世界大戦の荒廃を考えると、身体的・精神的・心理的（spiritually）障害児の福祉は、すべての第一義的な関心事でなくてはならない。…例えば、ILO は若者の雇用に、ユネスコは教育に、保健機構は健康に関心をよせている。子どもと家族や地域との関係、通常の家族生活を剥奪された子どものケア、ネグレクトや残虐（cruelty）に対する子どもの保護、身体的精神的障害児（盲、ろう、肢体不自由、てんかんを含む）の福祉（医療面以外）など、国際連盟の諮問機関が主に調査していたもので諸機関の権限外にあるものもあった」[54]

　様々な障害種別や虐待など子どものすべての困難に対して、対象の複合的性格に応じる体制づくりが当時求められていた。すなわち、教育面では戦争状態下におかれていた子どもの「再教育（re-education）」が緊急の課題であること、「国連救済リハビリテーション担当部」の業務は身体障害者のリハビリテーションを含めること、などの臨時社会委員会の方向づけなども示された。同担当部は 1946 年解散時に同部から有益な助力を得ていた数多くの諸国で後に生じると予測される大戦後の障害者の困難を強調していた。そこで、大戦前の国際連盟のジュネーヴ宣言（1924 年）から積極面を継承する旨、臨時社会委員会は活動の最初から求めたのである。[55]

　1946 年 5 月の臨時社会委員会の討議では、社会政策のひとつに「子どもの福祉、障害・ハンディをもつ子どものケア、等の特別な集団の社会サービス」[56] をあげたが、同年 6 月の社会委員会発足により障害児問題がもつ複合的性格に応じて専門諸機関の協同重視の方針化が定められ、経社理の業務に位置づけられた。

続く第1回社会委員会（1947年）では、国連憲章やフィラデルフィア宣言との関連で問題の整理が行われ、教育機会の保障は重視された課題のひとつとして、次のように子どもの教育についての特別なニーズ（Special Needs）がとりあげられている。「(b)諸目的のなかでもとくに次に示す、子どもと青年の実際のニーズを満たすような指導（instruction）と、一人一人の子どもが年齢と資質（aptitudes）に最もよく合致した教育（education）を受けることができるよう設備の配慮を行うこと。①人々についての様々な要素である特別な環境、②学校教育（schooling）の遅れや中断のある子どもの特別なニード、③よき生活を送るためのリハビリテーションを必要とする身体的・精神的障害のある子どもの特別な問題」。[57] 障害のある子どもの教育を重視することと、戦争中に教育を受けられなかったハンディをもつ子どもの再教育（教育権のひとつの具体化）をあわせて、子ども・青年の教育ニーズに位置づけ、緊急の取り組みを開始していたのである。すでに現在の用法に近い「特別なニーズ」の含意もあり、本論文では歴史的制約を前提としつつSNEの用語をあてながら、次にその後の経緯を追ってみる。

国連機関におけるこれらの初期の活動が世界人権宣言草案や児童権利宣言草案作成の作業の基盤となったことは、その後の合意形成の経緯からみても重要な問題である。社会委員会の前身である臨時社会委員会（1946年）は最初の段階からジュネーヴ宣言への留意をすでに求め、第2回社会委員会（1947年）では児童福祉に関する決議を行った。そこで、第1次大戦後の国際連盟で採択されたジュネーヴ宣言の名称で知られる「子どもの権利宣言」の資料が配布されたのである。新たに国連児童権利憲章[58]として「受け入れる見地から必要な変更・追加」の作業を行うためであった。[59]

2）障害者教育の重視とWallon

大戦直後の復興活動に、前記の国連諸機関とともにユネスコが教育専門機関として戦争障害児（war handicapped）あるいは遅進児（backward children）への教育活動を集中させる時期があった。発足間もないユネスコは世界人権宣

言や同規約の教育権条項の討議に協力するなかで、障害児と戦争でハンディを負った子どもたちへの特別な「教育ニーズ」への対応を重視していたのである。

ユネスコは1946年第1回総会のプログラムから「戦争で荒廃した諸国の障害児の研究が事務局と関係機関で行われるべき」とし、障害児の研究プロジェクトに着手した。以来1947年から数年間、緊急課題のひとつとして重視することになった。[60] この方針が決定される背景にはユネスコ機関を立ち上げる準備会の段階ですでに障害児問題がとりあげられていた事実がある。

「障害」を含む対象児の困難には当時3つのカテゴリーが考えられていた。1つには「病理学的先天性か子どもの病気に起因する精神的欠陥」である。2つには「環境に対する身体の対応も知的にも通常」であるが、「孤児と難民、国外追放・迫害・国籍喪失・ホームレス・法的保護のない等」の戦争による被害児童のすべて、あるいは「家族や学校内での争い、性格や行動上の問題など、すべての子どもの発達状況」について。3つには「事故や病気、肢体不自由や負傷で身体的に不適応になった」が知的には健常な子ども等、である（「欠陥」その他不適切な用語については当時の歴史的制約からくる原語の直訳である──筆者）。この3つのカテゴリーについて、「共通の問題をもつが異なる解決をもとめて」いるとした。

そこでは、「障害児はどのような制度で教育を受けるのか、どのような種類の教育を彼らは受けるのか（内容と方法）、教育者はどのように養成されるのか（略）」などの問いかけもなされている。プロジェクト・リストの第一は基礎教育におかれ、第二は保健教育の方法改善である。[61]

ところで、こうして機関設立の初めから障害児の研究調査を重視することになったユネスコの活動方針の下で、当時、障害児教育の意義を最も強く主張していた者のひとりに、フランス代表としてユネスコで活動したWallonがいる。心理学者としても著名なWallonは教育政策上の業績でも知られるが、大戦直後のユネスコにおけるSNEの取り組みに関与した事実がある。委員会の討議におけるWallonの次の発言はインパクトを与えたという意味で貴重であった。長文だが紹介しておこう。

「Pr. Wallon（フランス）：このことは最も緊急の問題と思われる。ヨーロッパ全体、そして特に占領された諸国では、子ども達は極度に困難な時を過ごし、そのことが彼らの知的・道徳的発達に影響を与えた。まず、占領期の多くの子どもで学校にいくことができないがあまり深刻でないケースをとりあげてみよう。ここでも知識の欠如だけでなく、学校生活への適応、地域生活への準備にも欠けている。知的発達に影響する病理学的障害（pathological disturbances）にも苦しんでいる。家族がしばしば分散したり破壊されたりした事実によって、極度に不正常な生活習慣を身につけた子どもがいる。両親が隠れて生活しなくてはならなかった子どもがいる。ドイツの強制労働のために去ることを余儀なくされ、国外追放・発砲・殺戮が行われた。こうして、何年も教育に必要な援助を得られない、きわめて数多くの孤児が生まれている。様々なカテゴリーの子どもを分類するために、すなわち、彼らの苦しみの性格に応じて心理的医療的課題の集計を行なうため、占領地域で苦しむすべての諸国で調査を実施することは緊急事項であると考える。その一つひとつについて、いかに子ども達を再適応・再教育できるか検討すべきである。ユネスコがただちにこの緊急問題に取り組み、調査を開始し、出来るだけ早く戦争や占領による混乱・苦悩の除去の措置をとることを提案する。Mr. Chu Shih − Ying（中国）：私は問題の重要性を認識しており、戦争後の教育の一般的研究に問題を拡大したいと思う。・・・M. Vernters（ベルギー）：私はWallonの提案に賛成する。略・・。議長：委員会は承認する」[62]

3）両義性をもつ「障害」への対応

　経緯からみて、Wallonらの発言の趣旨は以後の活動の方向性を定める契機になったと思われる。用いられた「障害」の言葉は、いわゆる「病理学的」な障害児を含意する概念（ハンディ）と、戦争による子どもの様々な「ハンディ」をも包括する両義性をもつもので、それらすべてに対応する教育権論の視点をSNEで強調する点は、現下のSNE論議と共通性をもっている。

　障害一般と戦争によるハンディの両義をもつ戦争障害児の位置づけは、以後のユネスコの実際の教育的対応においていっそう明らかになっていった。すなわち、前掲の作業部会は彼らの教育ニーズ調査に努力を払ったのであり、両義

性をもつどちらの「障害」であっても、「すべての戦争障害児」への再教育が重視された宣言採択後の1949年時点の報告冊子（ユネスコ）に継続する取組み事例を次にあげておこう。

　「ポーランドでは、・・300万の遅進児（backward pupils）は、1万7000人の新任教員を必要としている。どこでも、最も基礎的な設備が不足している。科学の授業では、器具を自分達で不完全な状態で用意しなくてはならない・・・これらの困難は、孤児であろうと精神的障害児（mentally deficient）であろうと、すべての戦争障害児に共通である。最も基礎的な学校教育や教員養成を行なうには必要な手段が足りない。障害（deficient）や手足の損傷を受けた（mutilated）者だけでなく、2, 3年ないしそれ以上、教育の遅れをきたした者に、完全な再教育を必要としている」[63]

　このように、「再教育」の対象に障害を受けた者を含めたことは明らかである。同年のCarloton Washburneによる1949年ユネスコの報告冊子「戦争犠牲児童 ― 障害児の教育」や、[64] Dr. Therese Brosseによる1950年ユネスコの報告書「戦争障害児」[65] においても、いわゆる「障害」と「戦争によるハンディ」の両義性をもつすべての戦争障害児に対する当時のSNEが展開された。

　これらの文書では、対象児の「困難」一般を含む「障害」の複雑なカテゴリーとして、「難民の子ども」「孤児とホームレスの子ども」「学校教育を剥奪された子ども」「身体的障害」「心理的障害」などを列挙し、それらの障害（deficiency）が「身体的、知的、情動的であろうと、個人の全体にかかわり、常に完全かつ多面的な再教育を必要とする」とした。そこで、「子どものもっとも深く最低限の明白なニードと、それらを満たすのに必要な教育的対応を吟味することがきわめて重要」という当時のSNEの観点の重要性を指摘している。

　障害の定義では、戦争に起因するハンディと、戦争に直接関連しない障害を厳密に区別する一方で、戦争により後者の障害によるニードが「10倍にもなり、新しい研究が要請されている」とも述べている（前記報告冊子）。慢性病が戦争によって悪化させられただけでなく、「飢餓につながる栄養不良が抹殺手段

に用いられたこと」、「ただ教育の遅れだけでない、健康と知識の二重の遅れによる心理的障害に苦しむこと」など諸困難の加重性が指摘された。

　子どもの非行についても、両親や保護者を失うなど、大人との教育的関係や生活が奪われた事態として対応の緊急性を強調している。心理面での対応が求められる子どもについてはフラストレーションへの補償が大切だとし、「個々のケースに応じた環境と方法を決定するために、観察センターで子ども達の身体的、心理的、教育的ニードの詳細な調査を行なうことが非常に重要である。この調査は、質的量的に、特殊教育に関連するニードが何であるかを正確に決定することを可能にする」と述べて、SNEに焦点をあてた研究の重要性を示唆したのである。

　戦争障害児の両義性とかかわるこうした取り組みは、社会的「障害」を含め、対応すべき対象の幅を広げたという意味で、1949年のWHO母子保健委員会による3つのカテゴリー（身体的・精神的・社会的障害）の障害分類とも重なっており、経済社会理事会・社会委員会の作業の前提ともなっていた。[66]

第4節　「特別なニーズ」論と教育差別論の展開

1）児童権利宣言起草過程と「特別なニーズ」

　世界人権宣言の成立と条約化の経緯に比べて、共に推移した児童権利宣言の合意形成過程では障害児の「特別なニーズ」論がより明確である。ジュネーヴ宣言が討議資料として配布された第2回社会委員会（1947年）では、第1次大戦後と第2次大戦後の環境の類似性が指摘され、凝縮された一般原則として何らかの児童憲章の必要性が論じられた。そこでジュネーヴ宣言が全面的に採用され、いくつかの追加修正がなされるなかで、障害児（飢餓、病気、犯罪、孤児）の「特別なニーズ」などへの援助が位置づけられたのである。[67]

　ジュネーヴ宣言だけではない。大戦中、イギリスのロンドンで開かれた諸国連合教育専門家会議、米国のワシントンにおける第8回汎アメリカ児童会議、戦争終結後のILO戦後第1回会議では「児童に関する限り、状況の深刻さを

考え、児童青年の保護に関する総合計画の決議を採択し、児童福祉の基準作成の問題が再び取り上げられる」など、大戦終了直前のいくつかの動きとの関連をみておく必要もある。詳細な内容は分からないが、the International Council of Women 団体による児童の権利憲章構想では、その基本原則に「身体的道徳的精神的に通常の発達を保障するための」諸条件へのすべての子どもの「譲り渡すことのできない権利」を保護するためのコミュニティの責任を含めていたという。これらの状況下で社会委員会が直面した課題は、①若干の訂正でジュネーヴ原案の再確認か、②宣言の形態、構造、内容の重要な変更・修正を加えるか、③完全な新しい憲章の用意にするか、といった選択肢であった。[68]

そこで、1948年の第3回社会委員会では次のような障害児教育を含む研究課題を提起し、「国連児童権利憲章」の作成・採択の勧告決議を行っている。[69]

検討すべき問題群は、「身体的精神的道徳的障害児の再教育など、子どもの戦争犠牲者の福祉の研究」と、「予防的・リハビリ的家族社会サービスの研究；子どもと障害者集団へのスペシャルな社会サービス」の課題に大きく区分けされた。その第1プロジェクトは、「ホームレスの子ども、何らかの理由で家族から離れ孤児となった子ども、養父母家庭、その他のグループケア施設のケアを必要とする子どもなどのニードへの対応に焦点」をあてた「ホームレスの子どものケアの問題、及びケアの最も有効なタイプと方法に関する情報」の収集である。第2プロジェクトは、「社会保障や給付補充といったニードのある家族と子どもへの行政援助と社会サービスの方法」についてであった。[70]

「児童憲章」の起草もユネスコの戦争障害児の報告等が参照され、関連専門機関との協同のもとで作業が行われた。各国政府と22件のNGOに問い合わせた結果は、一般的性格にかかわるものと、特別なテーマにかかわるものの2群に整理され、1949年第4回会合では「国連子どもの権利憲章」の作成につながる提案を入れた報告書がまとめられた。

「特別なニーズ」に関しては、「障害児のための特別な配慮」が彼らの「全面発達のために」必要であり、「原因の如何にかかわらず道徳的危機にある子ど

ものための特別なケアの必要性について特別な規定がなされる」としている。「困難な時代の子どもの保護」としては、「ニードをいつも優先すべきことが憲章で強調されるべきで、緊急時の特別な配慮がとくに重要」とされた。[71] 後の第5回会合では宣言前文と諸原則草案を用意し、「幼い障害児はハンディの治療や軽減のために現代科学のすべてのリソースを必要とするだけでなく、その全面的な情動の発達には理解のためのケアのニードが他の同一年齢児よりも大きい。年長の子どもは障害に対する専門的技術的ケアに加え、長期にわたるなら同一年齢児と違うサポートや援助のニードがある」などと記された。[72]

これらの社会委員会における「特別なニーズ」への取り組みは国連専門機関全体にまたがる規模の協同作業でもあった。戦争障害児の教育的ニーズを扱ってきたユネスコは、「一般の障害児や不適応の子ども」全般を対象とする「複雑な性格をもつ教育学的ニーズ」に関する問題の検討に1950年頃から重点を移し始めている。そして、建物・設備・教材から教員養成までの条件整備の提言もなされたのである。[73]

「児童権利宣言草案」(1950年の第6回社会委員会決議) の扱いは、このような合意形成過程のなかにあった。この事実はきわめて重要である。すなわち、「世界人権宣言の外になぜ児童権利宣言も必要なのか」という動きに対して、「子どものニーズを正当化するものである」と考えたこと、経緯の中で変化しつつあった「憲章か宣言か」のネーミングについても「児童権利宣言」に落ち着いたこと、世界の人々がその達成に努力しなくてはならない一般原則であること、などがある。とりわけ「未熟さゆえの教育その他にかかわる特別なケアのニードという子どもの権利」が強調され、国連総会決議を要請する委員会採択にまでつなげたのである。

その後の社会委員会と経社理の論議は、もっぱら世界人権宣言とは別個の特別な宣言がなぜ必要であるかについての論議に移っていき、子どもの宣言が必要なら高齢者や盲人、母親などの個別の宣言も必要ではないかといった異議がある中、まず「子どもの特別なニーズが特別な宣言を正当化する」との見解が保持されたのである。[74]

2）優先された教育差別論（小委員会でも教育を重視）

「少数者差別の防止と保護に関する小委員会」（小委員会）が専門家集団によって構成される機関として1946年に設立された。小委員会でも教育論議は重視されるが、経社理人権委員会の下部機関として、政治的決議機関ではない協議機関としての活動が期待された。この小委員会のユニークな研究調査活動を通して50年代以降に継承される国際的合意形成レベルの教育権論議は推移することとなる。

Warwick Mckean が指摘するように、小委員会の初期の活動は1946年から1951年、1952年から1961年、1961年以降、の3つに区分される。[75] 発足時から世界人権宣言第2条（「差別の防止」と「マイノリティの保護」の定義にかかわる）等をめぐる起草作業に加わったが、国連諸機関の調整の欠如、業務の重複、その他機関の性格の曖昧さのため数年もたたないうちに存続が難しくなっていた。ところで、本章のテーマとの関連でふれておかなくてはならないことは、小委員会の教育分野への独自の関与についてである。

小委員会は、1947年第1回会合から教育問題に強い関心を寄せている。教育の基準性にかかわる討議では「世界の教育理論の指導者から構成され、ユネスコにその結果を示しうる委員会が国連管理下で創設されるべき」との要望があった。世界人権宣言以後の1949年には「教育によって多くの差別が予防されるであろう。この目的をもつ教育の主要な目標は、正しい情報を広め、誤った信念と闘い・・・略。科学的真実は差別の除去に大きく貢献する力である」との主張も記録されており、国際規制としての教育の力にきわめて楽観的かつ過度な期待や見通しをもっていたことがうかがえる。

1952年小委員会活動停止の経社理方針が変更され、新たな転機が訪れたのも教育問題への独自の取り組み（調査研究活動）を通じてである。1953年の人権委員会と経社理は前年の第5回小委員会が行った提案を受けて、「教育上の差別の研究」を行うことを承認したのである。そして、1954年に小委員会は研究の範囲と方法などについての合意を採択している。

こうして、50年代初頭以来の論議をみると、小委員会が一連の差別の調査

研究を行うに際し次第に教育問題を最優先し始め、それがユネスコなどとの協同のもとで障害者教育を含む教育権の一定の到達点となる 1960 年教育差別待遇反対条約の採択に結実した流れがわかる。人権委員会に対する 1954 年 2 月第 6 回小委員会報告では、Mr.Charles D. Ammoun、Mr.Philip Halpern、Mr.C. Richard Hiscocks、Mr.Hernan Santa Cruz、の諸氏など、すでに後年の教育差別待遇反対条約成立にかかわる同じメンバーが小委員会で活動することとなったのである。[76]

教育問題を重視する小委員会のこうした論議には、「意識啓発重視の意図」と「条件整備（特に教育機会）にかかわる差別の克服」の相異なるスタンスが当初から混在していたようである。[77]

前者については、Warwick Mckean によれば「人権条約・規約などの〈強制〉による人権と基本的自由の国際的な促進努力には反対であり、〈教育〉が憲章の義務を国連が遂行するためのより適切な手段である」とする米国の政策（1953 年）によって強められたこともあったという。[78] しかし、その後の過程では植民地の教育分野（人種やマイノリティにかかわった）の制度的不備にみられる差別的実態が論じられ条件整備の法制化にも焦点があてられるようになった。

小括

後年の 1989 年「子どもの権利条約」第 23 条第 1 項「障害児の特別なケアへの権利（the right of the disabled child to special care）」、あるいは 3 項「障害児のスペシャルニーズを認め（Recognizing the special needs of a disabled child）」の文言は、ハードローとしては後年の 1989 年時点で決議されたものである。初めて「障害」の用語が挿入されたのも同条約の無差別平等条項であった。しかし、それが 1947 年に始まる世界人権宣言の起草過程や 1959 年の国連児童権利宣言の条約化の経緯を前提とするものであったという意味では、子どもの権利条約も合意形成過程における大戦直後からの論議（第 1 章）を継承するものである。

その点で、子どもの権利条約の「特別のニーズ」論も、「最初の一撃」としての大戦直後の世界人権宣言の基準化に起点をもっている。1948年の世界人権宣言の教育権には障害者の直接の明示がないものの、社会保障条項における「障害 disability」の規定と合わせ、前記の両義性をもつ戦争障害者への教育的対応を含意させたユネスコなどのSNEの合意形成過程とともに評価されるべきであろう。

　ところで、当時の論議と今のSNE論は当然ながら同一視（当時の論議に対する過大評価）ができない。当時のIBE事務局長Piagetも参加した1950年の「障害児に関するユネスコ専門家会議」では「教育（不）可能」を前提とする論議があったように、合意原則と取り組みの実態に乖離がみられた点も当時の論議の歴史的制約をよく表しているとみることができる。[79] LDやADHDその他に対するきめこまかな対応が当時イメージされていたわけではない。しかし、現下の到達点からみて当時の論議に格段の違いがあるとしても、なお注目されるのは本章で見たようなSNEの権利論的側面についてである。あくまで大綱的な国際基準化による方向づけとしての教育内容・方法の具体的な在り方は「教育における自由と基準性」にかかわる実践と理論の後年の発展に委ねられた。

　以上のように、世界人権宣言の国際教育権をめぐる起草を主導したのは国連の「人権委員会」と小委員会であり、大戦の戦禍に深くかかわる権利侵害と教育差別への対応にかかわる論議がそこで優先され、人権委員会と小委員会における教育重視の論点にも反映したといえよう。

注

1　国際連合という日本語訳は、本来「United Nations」という第2次大戦における戦勝国側の連合諸国を指す用語であり、今日では国連機構の在り方や諸活動の評価に関して改めて今後の役割を再検討すべき段階にあることも留意せねばならない。世界人権宣言の採択は、日本が国連加盟をしていないときのことであった（1956年に80番目で国連加盟）。

2　UN Doc., E/CN.4/364/Add.3., pp.16-20.

3　Pentti Arajarvi, ARTICLE 26, in *The Universal Declaration of Human Rights – A Common*

Standard of Achievement, Edited by Gudmundur Alfredsson and Asbjorn Eide,Martinus Nijhoff Publishers, p.551,1999.
4 UN Doc., E/CN.4/21, p.15
5 Ibid, p.19.
6 ibid, p.23.
7 UN Doc., E/600, pp.20-21.
8 Ibid, p.21.
9 ibid.
10 UN Doc., E/CN.4/AC.2/SR.8., p.6.
11 UN Doc., E/800., p.13.
12 Ibid., E/CN.4/AC.2/SR.8., p.4.
13 Pentti Arajarvi, op.cit., p553.
14 UN Doc., E/CN.4/SR.67, p.10.
15 Ibid.,pp.11-12.
16 UN Doc., E/C.3/SR.146, p.582.
17 Pentti Arajarvi, op.cit.
18 UN Doc., E/CN.4/Sub.2/163., paras.24-30., p.7-8.
19 Ibid., para.24., p.7.
20 E/CN.4/AC.2/SR.8., p.4.
21 Ibid.p.5.
22 ibid.p.6.
23 UN Doc., E/CN.4/Sub.2/163., para.22., p.6.
24 Ibid., para.27., p.7.
25 ibid., paras.,27-30. pp.7-8.
26 UN Doc., E/C.3/SR.146, op.cit.
27 Ibid., p.554.
28 Douglas Hodgson, op.cit., p.9 ; M.Nowak "The Right to Education. in A.Eide, C.Krause and A.Rosas,in eds., Economic,Social and Cultural Rights,1995, p.191.
29 UN Doc., E/CN.4/SR.68, pp.3-4.
30 Ibid., pp.6-7.
31 UN Doc., E/CN.4/AC.1/SR.14, 3 July 1947.
32 UNESCO, Fundamental Education – common ground for all peoples, report of a special committee to the preparatory commission fo the THE UNITED NATIONS EDUCATIONAL, SCIENTIFIC AND CULTURAL ORGANISATION, PARIS,1947.
33 UNESCO Doc.,UNESCO/Cons.Exec./2e. Sess./S.R.3./1947(rev.), Paris, May 7th,

1947.pp.7-13.
34 UN Doc., E/CN.4/SR.68, p.7.
35 UN Doc., A/C.3/257, E/C.3/SR.146, p.583.
36 Pentti Arajarvi, op.cit., p554.
37 Douglas Hodgson,The Human Right to Education,Ashgate, 1998, p.40.
38 UN.Doc., E/C.12/1999/10, 8 December 1999, General Comment No. 13, *The Right to education* (article 13 of the Covenant), Committee on Economic, Social and Cultural Rights, Twenty-first session, 15 November-3 December 1999,Implementation of the international covenant on economic, social and cultural rights.
39 UNESCO, *Fundamental Education*, op. cit.
40 UNESCO Doc.,2C/74, p.1.
41 Ibid.
42 ibid.
43 ibid.,p.2.
44 Pentti Arajarvi, op.cit.
45 UN Doc., E/C.3/SR.147, p.586.
46 Ibid.
47 UNESCO Doc., An ILO Report, Child in Relation to Compulsory Education, 1951.; I.L.Kandel., Raising the School-leaving Age, UNESCO, 1951.
48 UN Doc.,E/CN.4/364/Add. 1.
49 UN Doc.,E/AC.7/SR.151, 10 August 1950
50 UN Doc.,UN, General Assembly, Fifth session, Official Records, Thursday, October 1950, Lake Success, New York.
51 UN Doc.,E/CN.4/640, 24 May 1951
52 UN Doc.,Yearbook on Human Rights for 1951. 1960年ユネスコ教育差別待遇反対条約は宣言にある教育権の規約化の過程から派生したものである。規約採択は66年であるにもかかわらず、教育差別撤廃条約よりも規約の教育権規定は量的に少なく、規約教育権の骨子が人権宣言成立後の早い段階でほぼ決まっていた事実も重要である。。これらのユネスコ条約と社会権規約の2つの異同については第2章で詳述する。
53 UN Doc.,E/CN.4/364/Add.1, 1 March 1951, Survey of the activities of bodies of the United Nations other than the commission on human rights, and of the specialized agencies, in matters within the scope of articles 22－27 of the Universal declaration of human rights, ——reports of the Secretary－General.
54 UN Doc., E/41/21, May 1946.
55 Ibid., pp.24－25.

56 UN Doc., *Summary record of the fourth meeting of the second session of the economic and social council" Journal of the Economic and social council*, First Year, No.20, 1946, p.308.
57 UN Doc., E/CN.5/4,1947.
58 UN Doc., E/578, par., 25.
59 UN Doc., E/CN.5/44,19 February 1948,5-23 April 1948,par., 99.
60 UNESCO Doc., UNESCO/C/Prog.,Com./S.C.Educ./7, 1946, p.4.
61 UNESCO Doc., Preparatory commission of the Unesco.,Report on the programme of the Unesco, 1946, pp.44 − 45.
62 UNESCO,Doc.,UNESCO/C/Prog.Com./S.C.Educ./V.R.4,Paris, December 11th., 1946, UNESCO Doc.,General Conference,First Session,programme commission sub-commission on education,1946, pp.21-23.
63 UNESCO, *Children of Europe*, 1949, p.9.
64 Elisabeth Rotten, *Children War's Victims-The Education of the Handicapped*, Text prepared for UNESCO by Elisabeth Rotten Edited by Carloton, Washburne28 February 1949,
65 UNESCO,*War-handicapped Children*,Report on the European Situation by Dr.Therese Brosse, 1950.
66 UN Doc., E/CN.5/165、26 October 1949.
67 UN Doc., E/CN. 5/44, Social Commission,Third session, Lake Success, 5-23 April 1948, Division of Social Activities Prepared by the Secretariat, 19 February 1948
68 UN Doc., E/CN.5/44、1948.
69 UN Doc., E/779, UN. Economic and Social Council, Official Records, third year： seventh session, supplement No. 8, report of the social commission. 6 May 1948,
70 UN Doc., Social Commission, Third session, Report of the Advisory on Planning and Co − ordination, E/CN. 5/46 , 23 March 1948.
71 UN Doc., E/CN. 5/111、p10. 8 March 1949.
72 UN Doc., E/CN.5/165、26 October 1949, par., 10.
73 UN Doc., E/CN.5/177/Add.1, Annex ⅩⅠ.
74 UN Doc., E/CN.5/512、par.,8.
75 Warwick Mckean, *Equality and Discrimination under International Law*, Clarendon Press, Oxford,1983.
76 UN Doc., Report of the Sixth Session of the Sub-commission of Discrimination and Protection of Minorities to the Commission on Human Rights,:New York, 4 to 29 January 1954, Rapporteur: Mr.Jose D.Ingles, E/CN.4/703, E/CN.4/Sub.2/157, 5 February 1954.

77 UN Doc., E/CN.4/Sub.2/40/Rev.1, UN, Commission on Human Rights Sub − Commission on Prevention of Discrimination and Protection of Minorities, 'The main types and causes of discrimination − Memorandum submitted by the Secretary − General', Lake Success, New York, 1949.
78 Warwick Mckean, op.cit., 77 − 89.
79 Unesco, *Disabled Children, Report of the proceedings of the International Conference of Experts of Geneva*, UNESCO, 1950.

第2章　教育における自由と基準性に関する国際的合意の成立
── 教育差別待遇反対条約と国際人権規約

> 資料

- 1960年：教育差別待遇反対条約

第1条

1 この条約の適用上、「差別」には、何らかの区別、除外、制限又は優遇であって、人種皮膚の色、性、言語、宗教、政治上その他の意見、国民的若しくは社会的出身、経済的条件又は門地に基づき、教育における待遇の平等を無効にし又は害すること、及び、特に次に掲げることを目的又は結果として有するものを含む。

(a) いずれかの種類又は段階の教育を受ける機会を個人又は個人の集団から奪うこと。(b) 個人又は個人の集団を水準の低い教育に限定すること。(c) 次条の規定に従うことを条件として、個人又は個人の集団のための別個の教育制度又は教育機関を設け又は維持すること。(d) 人間の尊厳と両立しない条件を個人又は個人の集団に課すること。

2 この条約の適用上、「教育」とは、すべての種類及び段階の教育をいい、かつ、教育を受ける機会、教育の水準及び質、並びに教育が与えられる条件を含む。

第2条

次に掲げる状態は、一国において許されている場合は、前条の意味における差別を構成するものとはみなさない。

(a) 両性のための別個の教育制度又は教育機関の設置又は維持。ただし、その制度又は機関が、教育の均等な機会を提供し、同じ水準の資格を有する教育職員及び同質の校舎と設備を提供し、かつ、同一又は同等の教育課程を履修する機会を与える場合に限る。

(b) 宗教上又は言語上の理由により、生徒の両親又は法定後見人の希望に応じた教育を提供する別個の教育制度又は教育機関の設置又は維持。ただし、その制度への参加又はその機関への通学が任意であり、かつ、与えられる教育は権限のある当局（the competent authorities）が、特に同じ水準の教育のため、定め又は承認することのある基準に適合する

場合に限る。

(c) 私立の教育機関の設置又は維持。ただし、その機関の目的が、いずれかの集団の排除を確保するためではなく、公共当局が提供する教育施設のほかに教育施設を提供することにあり、その機関がこの目的にそって運営され、かつ、与えられる教育は権限のある当局（the competent authorities）が、特に同じ水準の教育のため、定め又は承認することのある基準に適合する場合に限る。

第4条

締約国は、さらに、実情及び国民的慣習に適合した方法を講ずれば教育に関する機会の平等と待遇の平等の促進に資し、並びに特に次のことに資する国内政策を策定し、発展させ及び実施することを約束する。

(a) 初等教育を、無償で、かつ、義務制とすること。種々の形態の中等教育を、広く行なわれ、かつ、すべての人が受ける権利を持つものとすること。高等教育を、個人の能力を基礎としてすべての人がひとしく受ける権利を持つものとすること。法律に規定された就学の義務のすべての人による履行を確保すること。

(b) 教育の基準（the standards of education）が同じ段階のすべての公立教育機関において同等であることを確保すること、及び、与えられる教育の質に関する条件も同等であることを確保すること。

(c) 初等教育を受けなかった者又は初等教育の全課程を修了しなかった者の教育と、個人の能力を基礎としたこれらの者の教育の継続とを、適当な方法によって奨励し及び強化すること。

(d) 教職の養成を差別なしに提供すること。

第5条

1 締約国は、次のことに同意する。

(a) 教育は、人格の全面発達（the full development of human personality）並びに人権及び基本的自由（human rights and fundamental freedoms）の尊重の念の強化に向けられなければならないものであること。教育は、すべての国の国民、人種的集団又は宗教的集団相互の間における理解、寛容及び友情を促進し、かつ、平和維持のための国際連合の諸活動を助長しなければならないものであること。

(b) 両親及び該当する場合は法定後見人の自由（the liberty）、すなわち、第1には、公的機関（the public authorities）が維持する機関以外の機関であって権限のある当局（the competent authorities）が定め又は承認することのある最低限の教育水準に適合するものを子弟のために選択する自由（the liberty of parents…to choose for their children）、並びに、第2には、その国の法令の適用のために国内でとられる手続にそった方式により、自己の信念に一致した子弟の宗教教育及び道徳教育を確保する自由（the liberty）を尊重することが肝要であること。また、いかなる個人又は個人の集団も、自己の信念と両立しない宗教教育を受けることを強要されてはならないこと。

(c) 次に掲げる条件が整う場合は、少数民族の構成員が自己の教育活動（学校の維持及び、当該国の教育政策のいかんによっては、少数民族の言語の使用又は教授を含む。）を行なう権利を認めることが肝要であること。

(i) この権利が、当該少数民族の構成員による共同社会全体の文化と言語との理解及び共同社会全体の活動への参加を妨げるような方式又は国家主権を害するような方式で行使されないこと。(ii) 教育の基準（the standard of education）が、権限のある当局（the competent authorities）が定め又は承認した一般的水準よりも低くないこと。

(iii) このような学校への就学が、任意であること。

2　締約国は、前項の諸原則の適用を確保するために必要ないっさいの対策を講ずることを約束する。

第6条　略。　　　（日本ユネスコ国内委員会ホームページ掲載：引用者が一部修正）

- 1966年：国際人権規約（経済的、社会的及び文化的権利に関する国際規約）

第13条

1　この規約の締約国は、教育についてのすべての者の権利を認める。締約国は、教育が人格の全面発達（the full development of human personality）及び人格の尊厳についての意識の十分な発達を指向し並びに人権及び基本的自由（human rights and fundamental freedoms）の尊重を強化すべきことに同意する。更に、締約国は、教育が、すべての者に対し、自由な社会に効果的に参加すること、諸国民の間及び人種的、種族的又は宗教的集団の間の理解、寛容及び友好を促進すること並びに平和の維持のための国際連合の活動を助長することを可

能にすべきことに同意する。

2 この規約の締約国は、1の権利の完全な実現を達成するため、次のことを認める。

(a) 初等教育は、義務的なものとし、すべての者に対して無償のものとすること。

(b) 種々の形態の中等教育（技術的及び職業的中等教育を含む。）は、すべての適当な方法により、特に、無償教育の漸進的な導入により、一般的に利用可能であり、かつ、すべての者に対して機会が与えられるものとすること。

(c) 高等教育は、すべての適当な方法により、特に、無償教育の漸進的な導入により、能力に応じ、すべての者に対して均等に機会が与えられるものとすること。

(d) 基礎教育は、初等教育を受けなかった者又はその全課程を修了しなかった者のため、できる限り奨励され又は強化されること。

(e) すべての段階にわたる学校制度の発展を積極的に追求し、適当な奨学金制度を設立し及び教育職員の物質的条件を不断に改善すること。

3 この規約の締約国は、父母及び場合により法定保護者が、公の機関によって設置される学校以外の学校であって国によって（by the State）定められ又は承認される最低限度の教育上の基準（minimum educational standards）に適合するものを児童のために選択する自由（the liberty）並びに自己の信念に従って児童の宗教的及び道徳的教育を確保する自由（the liberty）を有することを尊重することを約束する。

4 この条のいかなる規定も、個人及び団体が教育機関を設置し及び管理する自由（the liberty）を妨げるものと解してはならない。ただし、常に、1に定める原則が遵守されること及び当該教育機関において行なわれる教育が国によって（by the State）定められる最低限度の基準（minimum standards）に適合することを条件とする。

第14条

この規約の締約国となる時にその本土地域又はその管轄の下にある他の地域において無償の初等義務教育を確保するに至っていない各締約国は、すべての者に対する無償の義務教育の原則をその計画中に定める合理的な期間内に漸進的に実施するための詳細な行動計画を二年以内に作成しかつ採用することを約束する。

- 1966年：自由権規約（市民的及び政治的権利に関する国際規約）

第18条

1 すべての者は、思想、良心及び宗教の自由 (freedom) についての権利を有する。この権利には、自ら選択する宗教又は信念を受け入れ又は有する自由 (freedom) 並びに、単独で又は他の者と共同して及び公に又は私的に、礼拝、儀式、行事及び教導によってその宗教又は信念を表明する自由 (freedom) を含む。
2 何人も、自ら選択する宗教又は信念を受け入れ又は有する自由 (freedom) を侵害するおそれのある強制を受けない。
3 宗教又は信念を表明する自由 (freedom) については、法律で定める制限であって公共の安全、公の秩序、公衆の健康若しくは道徳又は他の者の基本的な権利及び自由 (freedom) を保護するために必要なもののみを課することができる。
4 この規約の締約国は父母及び場合により法定保護者が、自己の信念に従って児童の宗教的及び道徳的教育を確保する自由 (the liberty) を有することを尊重することを約束する。

(外務省仮訳：引用者が一部修正)

　上に示す 1960 年教育差別待遇反対条約（以下、「教育条約」と略）[1] と 1966 年国際人権規約（以下、社会権規約第 13 条のみ「規約教育権」と略）の両者の教育権規定は第 1 章でみた 1948 年世界人権宣言第 26 条の教育権条項を淵源としている。これらは教育における自由と基準性に関する国際的合意の基盤となっており、その「自由」や「基準性」の仮説的な枠組みは序章で提示したとおりである。本章ではこれらの規定をめぐる論議の経緯と問題点を明らかにしておきたい。
　上記の教育条約は研究調査活動に労力を費やし、1960 年のユネスコ総会採択から 1962 年の発効に至るが、規約教育権は世界人権宣言採択の同時期から起草作業が開始され、1966 年段階の国連総会採択から発効（1976 年）まで長きにわたる年数が費やされることになった。このように両者の経緯は異なるが、規約教育権の起草にもユネスコ事務局長が関与するなど、規定内容には重なるところが多い。しかし両者の違いも大きい。[2]
　そもそも国連機関内では両規範の関係を整理すべきことが長年の懸案となっており、2003 年段階で国連経済社会理事会とユネスコの両機関による合同専

門家会議が開かれることになった。

　そこで、担当者 Kishore Singh による 2006 年ユネスコ資料（『教育権―教育条約と規約第 13 条、第 14 条』―以下、「2006 年文書」と略）は、以上の教育条約と規約教育権の異同を比較考量している。[3] また Y.Daudet と P.M.Eisemann による教育条約のコンメンタリー（条約解釈書）が 2005 年に出版された（以下、「2005 年コンメンタリー」と略）。[4] 教育条約の成立経緯は後述するが（第 2 節）、以下の第 1 節では、これらの文書に依拠しつつ教育条約と規約教育権の異同に関する関係者の理解を整理し、本書のテーマにかかわる要点を確認しておきたい。

第1節　世界人権宣言の条約化 ― ユネスコ教育差別待遇反対条約と国際人権規約

　宣言の条約化過程について検討すべき第 1 の課題は、教育条約と規約教育権の 2 つが国際規範としての教育権の基盤となったことについてである。両者とも成立から半世紀以上を経過した今なお、いずれの条文改正もなく批准国に対して法的拘束力をもつ有力な規範であり続けている（選択議定書の追加を除く）。すでに慣習法化した世界人権宣言の教育権規定の意義と共にこの事実を念頭におかなければならない。

　一方で、前世期末以降の社会構造変化の下で、規約教育権をめぐる「解釈上の発展」が一般的意見にまとめられるなど状況の変化も著しい。また、日本では 1948 年世界人権宣言・1959 年児童権利宣言・1966 年国際人権規約・1966 年 ILO/ ユネスコ「教員の地位に関する勧告」・1989 年子どもの権利条約などの教育権に関連する諸規定が国際動向の証左として参照されてきたが、1960 年教育条約は日本が批准しなかったこともあり、規約教育権に比しても注目されてこなかったことは否めない。[5]

　前掲 2006 年文書における教育条約の位置づけにも特徴がある。それはユネスコ機関の運営を支える基本条約であるのみならず、規約教育権と共に他の国

際的合意の全体像を考察する上でも欠かせない。成立経緯や名称から教育条約は「差別」に反対する単なる条約にすぎないのではとの見方があるが、現実には教育上の無差別平等の民主的原則を拘束力のある教育権の条約規範（第1条）として初めて定めるエポックメーキングなものであった。

第2に、「基準設定 standard-setting」のキーワードが2006年文書の冒頭で次のように明記されたことがある。ここでいう「基準」とは条約、勧告、宣言その他の法的規範一般のレベルの取り決めを指すものであり、憲章上の権限であることを強調している。[6]「基準設定による規範（standard-setting instruments）は、ユネスコ活動における重要な役割を果たす。ユネスコによる教育領域の規範は教育権（the right to education）に対するユネスコ憲章の権限に起源を有する。それらのうち、教育機会平等の基本原則が最も重要な位置を占める教育差別待遇反対条約は、その基本原則を国際規範にまで高めたのである」[7]

こうした「基準」として、最初の「教育権」条約となった教育条約第5条(a)は、「教育は、人格の全面発達（the full development of human personality）並びに人権及び基本的自由（human rights and fundamental freedoms）」を規定している。これも、世界人権宣言の前文にある「共通の基準（standard）」や第26条第2項の「基本的自由（fundamental freedoms）」を継承する条約化である。

この世界人権宣言と同じ教育目的としての「発達（development）」と「自由（freedoms）」を教育条約は定め、さらに(b)にある「権限のある当局（the competent authorities）が定め又は承認することのある最低限の教育水準に適合するものを子弟のために選択する自由（the liberty of parents・・・to choose for their children）」などの内容を選択する「自由」を組み込む編成原理を加えたのである。

同じ「自由」の用語だが、教育条約のみならず規約教育権と共に、原語ではfreedomとlibertyの2つの英語を使い分ける事実に留意しておかねばならない。前者のfreedomは、世界人権宣言から継続的に使用される言葉であり、後者のlibertyはその自由をめざすための内容の選択や構成を指す位置づけであ

る。規約教育権では後者の自由（たとえば教育制度や内容を選択する自由として）が十分に展開できるための前者の自由が教育の全体を包括する教育目的（全面発達）につながるのである。

上記資料の自由権規約第18条第4項も規約教育権第13条第3項の一部とほぼ同じであり、同様の「児童の宗教的及び道徳的教育を確保する自由（the liberty）」を他の「自由（freedoms）」と区別して定める。

これら両者の自由（freedomとliberty）が区別されると共に、「親の教育選択の自由 liberty」も「人格の全面発達としての自由 freedom」と不可分の関係があり、社会権規約と自由権規約にも同じ関連性がある。[8]

第3に、上記2006年文書が整理した教育条約と人権規約の異同に関する特徴をあげておきたい。2006年文書によれば、規約教育権にも非差別の規定があるものの、教育条約には第1条の差別（discrimination）の詳細な定義に特徴があるという。教育条約ではすべてのタイプやレベルにかかわる教育（education）の定義が行われる。教育条約は教育へのアクセス、基準と質（the standard and quality）、教育の諸条件などを第1条第2項で定めるものである。その広い定義によってEFA（Education for all －「万人のための教育」ユネスコ憲章）の関心事項につなげ（本論第2部で扱う）、「法律に規定された就学の義務のすべての人による履行が確保」（第4条第1項）できる教育権の保障を国に課すものだという。[9]

民族的少数者（national minorities）の権利を定める第5条第1項（c）にも2006年文書のいう教育条約の特徴がある。すなわち、規定内容には、「国家主権を害するような方法では」ないような条件下での、学校運営を含め、民族的な自立を妨げない「文化・言語」の理解、諸活動への参加などの権利を定める。本論とのかかわりでは、後述のように、「教育水準は権限のある当局（the competent authorities）が規定または承認する一般的水準より低くしない」（第5条第1項（c）のii）規定が重要となる。[10]

2006年文書のいう教育条約と比べた規約教育権のユニークさは、第13条第2項（d）の「基礎教育」にある。すなわち、初等教育（primary education）

を修了しなかった者の継続教育の文脈で「基礎教育（fundamental education）」を重視し、「基礎教育は、初等教育を受けなかった者又はその全課程を修了しなかった者のため、できる限り奨励され又は強化」とし、「基礎教育」の「強化」を規定したのである。

これは世界人権宣言第26条にある「基礎的な段階」規定（第1章）を受け継ぐものであるが、教育条約第4条（c）のいう「個人の能力を基礎としたこれらの者の教育の継続」の規定とは異なる。

教育条約は教員養成まで規定するが、社会権規約は教職員の物的諸条件にふれた点で違いがある。また、社会権規約では中等教育の規定に技術教育や職業教育を加え、中等教育や高等教育についてはあらゆる適切な手段ですべての者にとって利用できアクセス可能とすべきと述べる。費用については、「能力に応じて（on the basis of capacity）」あらゆる適切な手段で無償教育の漸進的導入をはかる点が特徴的である。[11] そして、「すべてのレベルにおける学校システムの発展」を積極的に追及すべき第1義的な国家義務として示すためにも、奨学金制度の充実をも重視するもので、立場の弱い人々（disadvantaged and marginalized groups）に対する保障の方向を明示したことが社会権規約のユニークさだとした。[12]

以上の教育条約と社会権規約の差異に関する整理から、2006年文書は「規約教育権の要点（thrust）は教育へのアクセスにあり、教育条約のそれは非差別と教育機会の平等にある」とまとめている。[13]

以上の指摘にある両規範の異同と関連性をふまえ、学校運営や教育実践レベルにかかわる「自由」と「基準性」の意味を探求していかねばならないが、社会権規約はいわゆる外的事項の条件整備に特化するもので、教育条約は内的事項へのアプローチもあって、両者の条約規範が特徴づけられるともいえる。こうしてみると、内的事項の基準化にかかわる「権限のある当局（the competent authorities）」（教育条約）が外的な条件整備機関の機関ともなる教育条約の規定には際立つ特徴がある。詳細は後述するが、あらかじめ該当箇所（前掲資料）を次に例示しておきたい。

> 資料
> - 教育条約第2条 (b)「宗教上又は言語上の理由により・・・与えられる教育は権限のある当局 (the competent authorities) が、・・・」
> - 教育条約第2条
> (c)「私立の教育機関の設置又は維持・・・与えられる教育は権限のある当局 (the competent authorities) が、・・・」
> - 教育条約第5条第1項
> (b)「両親及び該当する場合は法定後見人の自由、すなわち、第1には、公共当局が維持する機関以外の機関であって権限のある当局 (the competent authorities) が定め又は承認することのある最低限の教育水準に適合するものを子弟のために選択する自由 (the liberty of parents・・・to choose for their children)、並びに、・・・」
> - 教育条約第5条第1項
> (c)「次に掲げる条件が整う場合は、少数民族の構成員が自己の教育活動・・・を行なう権利を認めることが肝要であること」のうち (ii)「教育の水準が、権限のある当局 (the competent authorities) が定め・・・」

　上記第2条 (b)「宗教上又は言語上の理由」、第2条 (c)「私立の教育機関の設置又は維持」と第5条1項 (c)「少数民族」にとどまらず、教育条約第5条第1項では、保護者の思想信条の自由(強要されない自由を含め)に基づく教育運営の自由を保障する際の教育基準を担保しうる機関として一連の「権限のある当局 (the competent authorities)」が規定されたことが分かるであろう。

　そこで、カリキュラムや教育方法まで含む教育の内的事項の編成を公的に担保しうる「権限のある当局」とは、いったいどのような機関であり、どのような基準化によってどう運営されるのか。この「自由と基準統制」の二律背反にかかわる問題群は、現実の国際的合意形成過程でどのように扱われ、どういう意義を持ち得るのか。その様相を理解するには、1966年社会権規約成立時から遡り1960年教育条約の成立過程にまで立ち戻って、論議の経過を確認して

おくことが必要である。次節でその経緯の特徴を明らかにしておきたい。

第2節　1960年教育条約と1966年社会権規約第13条の比較

　1960年教育条約とは違って、1966年社会権規約第13条正文の (3) と (4) では、保護者が選択できる教育機関の基準が、「国によって (by the State) 定められる最低限度の基準 (minimum standards)」とあり、「権限のある当局 (the competent authorities)」(教育条約) なのか「国家 (the State)」(社会権規約) か、基準化機関の両者の定めには違いがある。

　規約教育権の審議は1948年世界人権宣言成立の直後から既にはじまり、教育条約に先行して草案審議が開始された事実は教育条約の経緯と対照的である。例示として、1951年人権委員会の起草による規約教育権草案第28条と第29条（後年の1966年規約教育権13条）を次に示しておこう。

　これは、世界人権宣言採択の翌年の1949年第5回人権委員会の決議によって、将来の何らかの条約（規約）を予定するために開始された調査活動や草案作成の作業の一環として社会権関連の規約教育権条項案に含まれる草案として作成されたものである。[14]

資料
- 国際人権規約28条草案

「規約加盟国は次のことを確認する。

1、すべての人々の教育への権利：

2、教育施設は人権規約第1条第1項の無差別原則にしたがい、すべての人々にアクセス可能なものとする。；

3、初等教育は、義務的なものとし、すべての者に対して無償のものとすること。

4、種々の形態の中等教育（技術的及び職業的中等教育を含む。）は、無償教育の漸進的な導入により、一般的に利用可能なものとすること。；

5、高等教育は能力meritに応じて、すべての者に対する無償教育の漸進的導入をはかる。；

6、基礎教育（fundamental education）は、初等教育を受けなかった者又はその全課程を修了しなかった者のため、できる限り奨励されること。；

7、教育は人格の全面発達並びに人権及び基本的自由の尊重の強化、人種その他の憎悪のすべての扇動の抑制を奨励する。教育は、諸国民の間及び人種的、種族的又は宗教的集団の間の理解、寛容及び友好を促進する。教育は、すべての者に対し、自由な社会に効果的に参加すること、並びに平和の維持のための国連の活動を助長する。；

8、無償の初等義務教育制度を設置する国の義務は、国によって（by the State）定められる最低限度の基準に適合するような国の設置する学校以外の学校を子どものために選択する両親の自由（liberty）を妨げるものと解してはならない。

9、教育領域における国の機能行使のなかで、国は自身の信念に従って子どもの宗教的教育を確保する両親の自由（liberty）を尊重する」

- 国際人権規約29条草案

「規約の批准時に、管轄内のある首都その他の地域で初等義務無償を確保できない締約国は、2ヵ年以内に実施し、漸進的実施のための詳細な行動計画を合理的な年数以内で作成し採択して、すべての子どものための初等無償義務教育の原則を定めるものとする。」[15]

　上掲の草案は、一見して明らかなように、後年に採択された1966年規約教育権の正文とも内容規定にそれほどの大きな違いはみられない。上記資料が規約教育権の素案のまま1966年に至るまでの長い経緯を経て、それほどの変更もなく採択されるに至った背景には別の歴史的経過があった（第1章）。本章では、人権規約よりも後年に起草が始まった教育条約が人権規約よりもはるかに早く1960年採択に至った経緯の違いと前述の人権規約との共通性や異同を念頭に、1960年教育条約の採択に至るまでのユネスコでの審議経過を振り返ることにしたい。

　まず、教育条約の草案作成に至る前段階の経過は国連経済社会理事会の人権委員会や「人種差別の防止と少数民族の保護に関する小委員会」（以下、小委員会と略）[16]における審議にある。その全過程で教育条約作成に影響を与える基本文書として参考に供されたものがCharles D.Ammoun担当の1956年報

告書『教育上の差別の研究』であった。[17] 原案作成に関わる同報告書の内容と機関の対応はどのようなものであったのだろうか。

　Ammounによる研究報告書作成は、その基盤を国連憲章の関係事項と世界人権宣言の第2条（無差別平等の条項）や第26条（教育条項）等に置くものであった。[18] その教育条項は当時の歴史的な事情を反映し、[19] ①教育権の規定、②教育目的としての人格の全面発達と基本的自由、③親の教育選択の自由、といった諸点において、教育上の自由を一つの構成原理としたのである。

　人権の国際的保障は、戦後の国連などにおいて初めて取り組まれた課題である。国連憲章の発効に伴って、「国際人権章典」作成が予定され、人権委員会などの活動により宣言の部分が1948年12月に総会で採択された。[20] そして、これを基礎に人権保障の条約化や各分野での具体化をめざすことになった。

　これらの動きに関連して、教育上の差別についての研究の必要性も示唆され、1952年の第5回小委員会で中間報告の準備のための担当特別委員にMasaniを選出した。この計画は1953年の第9回人権委員会で討議され、同年の第16回経済社会理事会（以下、経社理と略）で差別の問題の具体的な諸側面を系統的に研究するよう小委員会に委託した。そこで、同研究の開始の確認と教育問題に関する特別委員の承認などを決議している。

　続いて、1954年の第6回小委員会では、任期切れのMasani不在のまま同氏が準備した報告を議論し、同時に教育課題の取り組みについて検討がなされて、若干の修正を行った特別研究作成の手順が人権委員会においても決議として追認され、全会一致で新たにAmmounを特別委員に選出したのである。

　この決議にしたがって、Ammounは「教育上の差別の研究（特別委員の促進報告）」（作成は1954年—以下、「準備報告」）を1955年第7回小委員会に提出した。[21] 同報告書には世界人権宣言第26条（教育条項）の審議過程にまで立ち戻った資料も添付されるなど、新たな条約作成の必要性を示唆する準備作業の性格をもつものとなっている。ここで教育上の自由の視点から留意された宣言の教育条項作成過程の論点をおよそ次のように要約できる。

　1つ目は、審議の中途で親の教育選択の自由が挿入されたのは宗教教育の自

由の強調と関わっているという問題である。しかし、それは「私立教育の権利としても理解されたが成文には明記されなかった」のである。また、義務教育について「まず両親の希望とは別に子どもの側に絶対的な教育権がある」とか、「子どもは自分で権利を主張できないので義務的であるべきだ」といった発言もあり、親の選択権に関連してくる論点も出されていたが、論議はつめられなかった。

2つ目は、少数民族の教育への自由に対する着目があったことである。そして「自身の学校を設立したり維持したりする権利」の追加提案などもあったが、これも宣言では扱われず、後の検討課題とされたのである。

3つ目は、教育の性格に関わる自由への言及である。すなわち、教育の精神が「人間の自由・道徳・連帯に示される」といった提案がなされたことや、ドイツナチズムの事例をユネスコ代表が名指しで非難して「不寛容の精神と闘うべきである」との発言があったことが留意されている。[22]

宣言の成立過程でのこうした論点も含む「準備報告」についての討議が、第7回小委員会で行われた。そこでは、教育上の差別の定義、それと教育制度との関連、資料収集上の問題、ユネスコと特別委員会との関係などの諸問題にふれたが、その結果、「差別」の厳密な定義は急ぐべきでないこと、そのために各国の様々な教育実態を比較検討すべきこと、などに合意がなされた。[23] 以上のような経緯から国際教育比較の研究報告の作成が提起されることになった。

第3節　Ammounによる国際条約の提言

その後、Ammounの中間報告は、1956年1月の第8回小委員会で審議された。そして、同年中に報告はまとめられ、1957年2月には最終報告の形で第9回小委員会に提出され、さらに若干の改訂を含めて冊子としても出版された（以下、「Ammoun報告」と略）。その内容は諸機関の全面的な協力の下で作成されたものであり、[24] 国際的合意の形成過程を反映しているという意味では公的

文書の性格を有するが、他方では、研究報告の性格をもち矛盾した論理も含むためAmmounの個人名が報告責任者として明記された。手続き上も、全内容について逐条審議で機関決定することは実際には不可能であった。[25]

ところで、同Ammoun報告は国際条約準備のための国際教育比較論の体裁をとっているが、その後の議論の骨子ともなった大きな問題を3点だけここでみておきたい。

第1は、世界人権宣言などの無差別平等の原則に関連して、教育上の差別が広く解されるべきだと提言したことにある。[26] もともとこの原則は法制上の民主主義的規定の問題であり、日本の憲法や（旧）教育基本法の出発点とも精神を同じくすることが指摘されてきた。同報告では、この視点を広げ国際教育比較の分析に用いたのである。この立場が当時の国際関係の展開を背景にしたものであることはいうまでもないが、経緯からみて、次の諸点に留意しておく。

注目されるのは、「征服・奴隷・植民地化」の影響による人種差別主義の実態などを重視していることである。[27] 無差別平等の合意に反する事例として、南アのアパルトヘイトをとりあげたことにもそれは明らかである。周知のように、このアパルトヘイトは国際的な人権問題として国連の発足当初から扱われていたものであり、1953年の総会で憲章違反との判断が下された後は、国連や専門機関において非難が強められてきた。[28] 報告は、こうした立場を教育上の課題からも問うものである。報告の着目は、同国内の扱いの平等と共に、さらに主権の独立が制限される信託統治地域・非自治地域・植民地などにも独立国と同様に原則の適用が拡大されなくてはならない、という点にあった。Ammounのいう様々な諸国における教育権などの確立もこの枠組みにある。これは世界人権宣言以来のつみ残しの議論を引き継いだ課題であったが、諸民族の真の自由の中にこそ教育課題が位置づけられることを示唆するものであった。1956年第8回小委員会ではこれらの実態を視野に入れた「＜国際的な＞差別という概念」や「＜動的active＞な差別と＜静的static＞な差別の概念」の枠組みでAmmounの中間報告についての審議が行われている。[29]

しかし、植民地問題一般については、実は国連憲章にある「人民自決の原則」

自体が必ずしも国々の独立を意味せず、信託統治地域・非自治地域には一定の制約があった。人権の国際的保障についても、人権委員会がその実効的遵守の確保に積極的な姿勢をとりはじめたのは設置以来20年以上も後になってからである、との指摘もある。[30]

したがって、Ammoun 報告の歴史的な位置を無視してその内容全体をとらえることは危険であろうが、無差別平等の拡大という点で諸事情をまずグローバルにとりあげたことは、同報告の注目すべき特徴となっているのである。報告に引用されたガーナなど、報告の改訂中にも独立を達成しており（1957年3月）、同報告の時代的な特徴が理解されよう。[31] その歴史的な性格については別の検討も必要であるが、まさに植民地諸国の多くが独立を迎えつつある時点に、同報告は位置していたのである。

第2は、差別に関する議論の中で同報告が差別的扱い（treatment）と差別的手段（measures）を区別したことである。差別をもたらす理由となる事項は一切の例外を認めないのか否か、といった形の議論が宣言以来続いており、同報告から条約の採択に至るまで再三提起されてきた。

同報告では「『差別的手段』には、不正な差別的手段に対して、平等の侵害というよりむしろ教育権の享受と平等の回復のために工夫される適法の場合」があるとも述べ、配慮すべき事例として、文化的伝統や言語によって特定の集団に用意される特殊教育、盲・ろう・精神・身体の障害をもつ人のための特別手段、英才学生への特別手段、をあげた。[32] そして、「長く不利な立場におかれていて、結果的に遅れている（backward）人々のための特別手段」を差別にはあたらない適法な制限ないし例外とした。[33]

しかし、同時に「いくら適法でも何らかの制限や例外の言明は原則の範囲を減じるかもしれない」とも指摘して、[34] 世界人権宣言第29条2項の制限規定に注意を促したが、それは必ずしも特別の配慮と無差別平等との関係を十分に論理的に解決したものではなかったともいえる。

また、親の選択権として宗教を子どもに教える自由にふれていた宣言について、報告では宗教を理由とした差別論議の幅を広げた点でも、教育上の自由論

に新しい地平を開いた。つまり、中間報告の段階から主な論争の一つとなってきたが、宗教ないし反宗教教育を強制されない自由や最小限の教育基準を満たす私立学校選択の自由などの論点を加えたのである。[35]

第3は、新たな国際教育権の条約化で国際的規制の可能性が示唆された問題がある。これが報告の結論でもあり、検討すべき重要な論点となった。条約の必要性は以前から示唆されてはいたものの、ここで一応の諸原則が提起されたことになる。[36] そして、それが次節にみる経緯の中で、教育条約の原案となった。ここで、「Ammoun 報告」をどのようにみるべきか、若干の論点にふれておきたい。

まず教育目的の扱いについてであるが、国連の作業で繰り返し着目された世界人権宣言第26条の大きな特徴の一つは、いうまでもなく教育目的規定を含んでいることであった。報告では、差別撤廃論が全体として①教育機会②教育内容③教育費、の三点から構成され、[37] それらを統括する概念としても目的規定に注目したのである。

しかし、本来の教育目的は教育実践に対して何らかの規定的な役割を果たす概念でもあるから、平和や人権や自由などの人間形成に直接に関与する教育価値の視点からも、特定の国際関係の下で現実的意味をもちうることが論及されねばならない。

だが、そうした統一的な実践「規制」のための教育論が報告で展開されたわけではない。むしろ、Ammoun は主観的な非難を個別の国々に加えることのないよう、慎重な態度を表明せざるをえなかったし（当然のことではあるが、自分は世界の審判官ではないとの言明を会議でよくしている）、従来の合意の諸規定にてらした事例の枚挙に努めたのである。それにもかかわらず、Ammoun が国際的「規制」の提起を行ったのは次のような点に支えられたからであろう。

彼は、報告のまとめで各国の政体についての論評に慎重な立場を表明しつつ、同時に国際的視点から、これまで「闘争なしにはもたらされなかった」教育上の進歩の一般的傾向を指摘し、さらにそれを妨げる諸要因を除去する新たな闘いを呼びかけている。

その要点は「政治的経済的自立が、教育・理解・文化への推進力と緊密に結びついている」こと、「諸国の自由と生活水準を保障し、増大させ、ないし維持できて、諸国が再び外国のくびきの下に陥らないようになるのは、すべての人々への平等な教育によってのみである」ことなどである。[38] ここでいう国際的に相互に規制しあう内容とは、諸国の自由や自立ないし自主性の尊重についてであり、教育権確立への各国の努力はそれに関わるものであった。

なお、合意形成のために平行して作業が進められる「経済的社会的文化的諸権利に関する国際規約草案」との関係ではおよそ次のような諸点に注意を喚起している。

それらは、提起されているユネスコ教育条約の内容に規約教育権を関係づけるかどうかということ、国連総会で採択される予定にある規約教育権草案の意義も大きいこと、教育条件整備には独自の価値があること、教育条約の方は規約教育権よりも詳細かつ正確な用語で定める規定とすること、教育条約の場合は不履行についての申し立ての手続き規定を含むこと、等々の論点についてであった。[39]

第4節　国際的合意のための諸原則

Ammoun報告では、すでに準備報告段階で新条約の可能性が示唆されていたが、その趣旨は次のようである。

教育上の差別廃止のための草案作成は人権委員会が準備する社会権規約草案を利用し修正すること、第11回国連総会（1956－1957）が採択する予定の規約に批准する諸国に留意するが、新たな条約も経済社会理事会が定める目的（Ammoun報告）と国連憲章の原則実施に多大な貢献を行うものであること、また、一般的な性格の規約とは違い、教育における平等を保障する手段を詳細かつ明確な言葉で規定する条約として、人権規約の規定に対応できない諸国に対し、教育上の差別廃止を可能にし、本質的な規定の不遵守について検証できる適正手続き規定すること、等である。[40]

1956年第8回小委員会の審議では当初この新条約の提案に反対した委員もいた（アメリカのHalpernやイギリスのHiscocks）。ユネスコ代表は、国際条約の限界や技術的困難をあげつつ、提起されるのであればユネスコとして準備作業を行う用意があるとも述べていた。[41]

1957年第9回小委員会と、続く第13回人権委員会で継続審議がなされたが、同小委員会では同報告の各章毎に審議が行われ、ユネスコは担当機関となる旨の意志が伝えた。これを機に審議の母体は、次第にユネスコに移行することとなる。

第9回小委員会の審議では、「条約の増加は世界人権宣言を弱め規約草案から注意をそらす」（イギリスのHiscocks）、[42]「規約草案の採択を危うくする」（チリのSanta Cruz）との危惧を表明する反対意見、[43] 一方では、「（規約では）特定の問題を十分に詳しく扱えない」「規約に新しい条項を含めるのは時期的に遅すぎる」（ソビエトのFomin）、[44] さらに規約草案の発効までには年数がかかるため「ただちに行動をとる必要がある」「その行動は規約の採択を早める」（ポーランドのKetrzynski）とする賛成意見との対立が展開された。[45]

審議の経過では、報告の第1部(無差別平等に関わる分野別の事例)について、「（同報告が）政治的見解に基づく教育上の差別に、より大きな力点をおいたと感じる」（HalpernやHiscocksやSanta Cruz）人々と、[46]「人種・皮膚の色・性・国籍に基づく差別の事例が優先されるべき」（FominやKetrzynski）とする人々の受けとめ方に違いもみられる。[47]

また、学校選択の自由と学校運営の自由との区別も提起されたが、教育上の自由と国家統制に関わる問題としては深められなかった。しかし、一定の教育基準を前提とする私立学校の選択の自由が採用された点に、宣言からの変化をうかがうこともできよう。

以上のように審議は錯綜したのであるが、結局は条約の提起を国際人権規約草案の重要性との関連で位置づける立場が共通であり、規約草案の意義を明確にしつつ、新しい条約の作成にむけて議論は進められることになった。Ammoun報告に始まる基本的諸原則の審議は小委員会で採択されたのである。

この第9回小委員会採択による基本的諸原則は教育条約(採択正文)の原型をなすものであり、以下に訳出しておく。

冒頭の部分では、「世界人権宣言で述べられている諸原則をさらに詳しくすることを希望」して、次のような差別撤廃の目的が記されている。

資料

「人種・皮膚の色・性・言語・宗教・政治その他の意見・国民的その他の社会的出身・財産・出生ないしその他の地位、などに基づく差別を撤廃する見地から、どの集団に対しても差別となるような、次の目的をもつすべての法令の規定や、行政上の措置が、廃止されるべきであり、すべての慣行が反対さるべきことを宣言する。①いずれかの種類または段階の教育を受ける機会を個人または特定の人々の集団から奪うこと。②個人または特定の人々の集団をより水準の低い教育に変更できないよう制限すること。③諸個人または特定の人々の集団のための別個の教育制度または教育機関を設置しまたは維持すること」[48]

これは元の Ammoun 報告に若干の語句の変更を加え、上記③が新しく提起され追加されたものである。この前文の下で、次の10項目が諸原則として示された。若干の修正はあるが、基本の枠組みは Ammoun 報告を採用したものである。

資料
- 1957年第9回小委員会採択の基本原則(1957年「Ammoun 原則」を修正したもの—以下、「基本原則」と略)

(1)「法で規定される義務教育は、法的にも実態としても、すべての人々または特定の人々の集団に保障されるべきである」(2)「教育機関への入学要件は、法的にも実態としても、すべての人々または特定の人々または特定の人々の集団に同等であるべきである」(3)「<u>他の同じ段階または種類の諸施設より故意に低い水準で維持されている諸施設で</u> (deliberately maintained at a standard lower than that of other establishments of the sme stage or type)、個人または特定の人々の集団は教育を受けることを強制されない」(4)「<u>国家 (the State)</u>

により定められるか承認が与えられる教育の最低基準に合致するならば、公的機関により設置されるもの以外の教育機関について、両親か場合によれば法的後見人が子どものためにそれらを選ぶ権利が尊重されるべきである」(Respect should be paid to the freedom of parents and when applicable, legal guardians, to choose for their children scholastic institutions other than those established by the public authorities, provided that those institutions conform to such minimum educational standards as may be laid down or approved by the State;) (5)「個人または特定の人々の集団は、自己の信念と両立しない宗教または反宗教の教育を受けることを強制されない。また、自己の信念に従って子どもの宗教教育を確保することについて両親か場合によれば法定後見人の自由は尊重されるべきである」(6)「公的機関から教育機関に与えられる援助（補助金や免税など）について、生徒が特定の集団に属するという理由だけで区別がなされるべきでない」(7)「成績または需要に基づく場合のほか、次の諸点につき諸個人または特定の人々の集団の間に公的機関による扱いの差異がなされるべきでない。①学校授業料と費用、②生徒と学生への援助（教材、まかない付下宿、衣服、奨学金または貸付金など）」(8)「ニードに特別の注目を要する自国民・遊牧・その他の農村の人々の教育を促進するために特別の措置がとられるべきである」(9)「学校の維持や自身の言語の使用を含め、特定の集団の構成員は自己の教育活動を遂行する権利を否定さるべきでない。ただし、この権利は、一般地域社会の文化と言語の理解の発展およびその諸活動への参加を妨げ国家主権を害するような方式では行使されない」(10)「個人または特定の人々の集団が、直接か間接に外国で提供される教育施設の利用を妨げられるような旅行の制限は、課せられるべきではない」[49]

第5節　ユネスコへの委託と機関の教育基準論

　前記の基本原則の決定は、第9回人権委員会から1957年第13回人権委員会に移された。そこで個々の内容については検討されず、同人権委決議と上記気温原則を国連・専門機関に加盟する諸国に送り、コメントや示唆を求めることが決定された。1958年第14回人権委員会には18カ国からの回答がよせられ、改めて同決議についての審議を行っている。諸国家によるコメントは様々

であったが、「どの政府も決議の実質的内容に不承認の態度は示さなかった」ようである。[50]

　人権委員会の審議は、主として「廃止または反対さるべき法規定や行政措置、慣行などの定義づけの基準」についてであり、とりわけ「少年と少女のための異なる学校、宗派学校、障害者や英才者のための特別学校の設置」が適法な区別であるのか否かが論じられた。[51] これは、「差別する意図」の問題、「分離」の形態などについての議論であり、ユネスコ執行委員会のコメントを反映するものでもあった。[52]

　結局、人権委員会は「（小委員会の決議と上記の基本原則について）今日の国際的見解の忠実な現れを示すもの」との評価を行い、諸原則の内容も承認した。そして、1958年11月に予定されるユネスコ総会で同じ問題に関する討議を行う旨のユネスコ執行委員会の決議を歓迎したのである。既に、同執行委では審議を重ねており、この段階で事実上取り組みの中心がユネスコに移ることになった。[53]

　かくして、第10回総会でとるべき態度が問われることになったユネスコは、主題である国際的合意の提案の可能性とその範囲ないし形態について検討を行い、執行委員会、特別部会、事務局などの作業を通じて、1958年9月15日付の「教育の分野における差別を撤廃するための一つないし複数の国際的合意を用意するという提案の可能性に関する事務局長報告」(report bu the director-general on the advisability of preparing one or more international instruments designed to eliminate discrimination in the field of education—以下、「1958年報告」と略）を作成した。[54]

　この「1958年報告」は、先のAmmoun原則にある教育上の差別にとどまらない「教育的観点（an educational standpoint）から生じる諸問題の分析を総会に用意する」ためのものであった。[55] 確かに、諸機関の関連文書の中では教育論がよく展開されものであり、教育条約の性格を決定づけたきわめて重要な条約形成過程における論議となっている。

　「1958年報告」の若干の内容を紹介すると、まず1957年小委員会条約原案

に従って予定される何らかの国際規範（instruments）を有効なものとするため、「その規範が教育政策と実践（practices）にとって現実的（practical）な意義をもつ」ように規定し、また「世界の様々な教育制度における差別をなくす進度を測定できる」基準を示唆するものでなければならない旨の位置づけがある。[56] そこで、「国際規範を形成するうえで数多くの検討すべき事項を理解するためにも各国の教育システムの複雑性や多様性」をまず想起すべきだというのである。[57]

一方で「1958年報告」はすべての教育制度が採用している共通点もあるとし、①各国の教育目的・哲学・政策、②憲法・法規上の基礎、③行財政、④組織、⑤計画・方法・教材、⑥教職員、⑦施設・設備、などをあげ、異なる点は「教育制度がその一部を構成している文化を保持し高め伝達するための生きた精神と内容」であると述べた。[58]

そして、「それぞれの行政レベルで教育機関に与えられる学校事項上の自律の程度」「学校財政の多様なパターン」「単一学校制度と複線制度のカテゴリー」等の様々な国際比較の分析単位があげられたが、小委員会決議から教育条約採択に至る経緯において重要だと思われるのは教育基準論の展開である。[59]

前節にみた1957年小委員会条約原案の中で特に注目されるのは平等権の一般的規定に続いて「より低い基準」の教育の禁止（同原案（3））と「教育の最低基準」の提起（同原案（4））がなされたことである。

この基準論が世界人権宣言以降の教育条約形成過程における新たな課題のひとつになったのであり、平行審議にあった国連の社会権規約草案と比べても、教育条約の側で集中的に取り組まれた特徴のあるテーマとなった。しかも、この教育基準論は世界の多様な教育システムを単に量的に測定するだけでなく質を問うものである。

「1958年報告」のいう、「計画・方法・教材は明らかに教育の質と結びついている。したがって、計画や方法と提供されるその質（the quality）と教材に違いが差別となり、差別につながることはありうる。特定の計画・方法・教材の使用が、ある一定の諸条件の下で差別的扱いの一形態となる、より劣悪な教

育なのかどうかについて合意を得るのは困難であろう。しかし、この事項に関する国際的な基準と原則の作成が進むのであれば、この作業は可能となる」旨の記述にそのことが示された。[60]

ここでいう基準設定の困難さには、「適切な養成をうけた教師や適切な施設・設備の不足」「様々な段階と種類の学校に必要な教師の数と種類、資格に必要な養成の長さと範囲、学校制度における教師の責任の領域などは国と地域の諸条件に規定されること」「学校建設に関わる規模・種類・設備・場所などは国と地域の事情においてのみ回答がでること」といった事項があげられている。これらは「各制度の哲学的社会的基礎と運営の様式の両方に多くの変数がある」、「様々な発展段階にある」等々によって、「国際的合意の準備は複雑で挑戦的な事業」だとしたのである。[61]

国際教育権の教育目的（価値）規定が教育の自主性や自由を損なうかもしれないとの危惧は今なお論じられる重要課題である。しかし、その価値規範の意味の検討が今日の段階で完全に放棄されてきたわけではない（第7章）。

教育条約の形成過程の場合、その大綱的な目的規定に従う各論の基準化は性急な結論を求めず、①無償義務教育、②教育の連続的諸段階と様々な種類への機会、③教授の言語、④公的な教育の政策と実践に対する私立学校の関係、⑤少女と婦人の教育、⑥農村地域の教育、といった各テーマに即した今後の研究課題として提起されたのであり、その事実が重要である。そして、結論的には「有効な合意を準備するためには、その合意が教育にもつ意味や検討すべき諸要因について、それぞれの国で教育専門家による綿密な研究が重要」としたのである。[62]

また、ここでは「無償義務教育の原則の実施の程度」の研究が最も基本的であるとされたことも特筆しておく。小委員会決議の諸原則にはなかった無償の原則が再び位置づけられたのである。教育権の実質化に関わる貧困への対処がここで課題とされたことも、教育上の自由を成立させる土台をなすものであった。

こうした基準化の動向には歴史的経緯があり突如出現した論点ではない。既

に国際公教育会議などでは長年にわたる蓄積があり、それらの活動との関連は重要である。[63] 事実、報告においても若干の言及があった。以上の経過に立って、第10回ユネスコ総会は、決議によって国際条約と関連勧告の草案作成および第11回総会の準備に入ったのである。

第6節　専門家委員会・作業部会での到達点と条約の採択

　ユネスコ総会決議によって作成された事務局長準備報告は、1959年に加盟諸国に配布された。[64] そこで国際的合意の内容と範囲について各国のコメントを求める質問紙が付された。1960年3月までに16の非政府組織（NGO）と38の諸国から回答があり、それらの分析と共に条約と勧告の草案を付した事務局長最終報告が同年4月に各国に通知されている。[65] 同報告の付属文書としてユネスコ側からまとまった条約原案が示されたという意味で、これが教育条約採択のための最終段階の草案となっている。本論ではスペースの関係上、全条の紹介ができないので、ここでは、本章冒頭に記した条文のうち第2条、第4条、第5条の草案のみ、下記に訳出しておく。[66]

資料
・　第2条草案
1．両性の生徒のための別個の教育制度又は教育機関の設置又は維持は、もしその制度又は機関が、教育の均等な機会を提供し、同質の設備と同じ基準(standard)の教育を有するならば、差別を構成するものとはみなさない。
2．宗教上又は言語上の理由により、生徒の両親又は法定後見人の希望に応じた異なる教育を提供する別個の教育制度又は教育機関の設置又は維持は、もし、その制度への参加又はその機関への通学が任意であり、その教育が全体として当該領域の同じ水準のために権限のある当局（the competent authority）が定め承認するような基準に合致するのであれば、差別を構成するものとはみなさない。
＊採択正文では多くの追加修正がなされた。

- 第4条草案

締約国は、さらに、実情及び国民的慣習に適合した方法を講ずれば教育に関する機会の平等と待遇の平等の促進に資し、並びに特に次のことに資する国内政策を策定し、発展させ及び実施することを約束する。

(a) 初等教育を、無償で、かつ、義務制とすること。種々の形態の中等教育を、広く行なわれ、かつ、すべての人が受ける権利を持つものとすること。高等教育を、個人の能力を基礎としてすべての人がひとしく受ける権利を持つものとすること。

(b) 教育の水準（the standards of education）が同じ段階のすべての公立教育機関において同等であること、また最大可能な限り、教師の数と資格、教材、施設と設備もまた同等であることを確保すること。

(c) 初等教育を受けなかった者又は初等教育の全課程を修了しなかった者の教育＊を適当な方法によって奨励し及び強化すること。

＊採択正文では (b) 下線部分を削除し代案の [与えられる教育の質に関する条件も同等であることを確保すること] に変更

- 第5条草案

1 締約国は、次のことに同意する。

(a) 教育は、人格の全面発達（the full development of human personality）並びに人権及び基本的自由（human rights and fundamental freedoms）の尊重の念の強化に向けられなければならないものであること。教育は、

(b) 両親及び該当する場合は法定後見人の自由（the liberty）、すなわち、公共当局が維持する機関以外の機関であって権限のある当局（the competent authorities）が定め又は承認することのある最低限の教育水準に適合するものを子弟のために選択する自由（the liberty of parents・・・to choose for their children）、並びに、自己の信念に一致した子どもの宗教教育及び道徳教育を確保する自由（the liberty）。

(c) 次に掲げる条件が整う場合は、少数民族と言語的マイノリティの言語教育や文化の発展を奨励し、学校の維持及び、自身の言語の使用を含む教育活動を行なう少数民族や宗教的・

言語的マイノリティの構成員の権利を認めることが肝要であること。
(i) この権利が、当該少数民族の構成員による共同社会全体の文化と言語との理解及び共同社会全体の活動への参加を妨げるような方式又は国家主権を害するような方式で行使されないこと。
(ii) 与えられる教育が、権限のある当局（the competent authorities）が定め又は承認した最低基準（the minimum standards）に合致すること
2 締約国は、本条約の適用において前項に定められる諸原則を重視する。
＊ (b) の採択正文で追加された条文は＜その国の法令の適用のために国内でとられる手続にそった方式により＞＜また、いかなる個人又は個人の集団も、自己の信念と両立しない宗教教育を受けることを強要されてはならないこと＞

　ところで、その後の1960年6月段階には41カ国の政府専門家により構成される特別委員会が開かれ、[67] 1960年12月の総会に提出される予定の草案内容の審議に入った。さらに、直前の11月から12月にかけて前の専門家委員会の構成員に加えて新たに参加を希望する諸国から構成される作業部会が開かれ、[68] 最終段階の草案審議を重ねている。

　そして、1960年12月14日の第11回ユネスコ総会で条約と勧告は採択されたのである（本論にかかわる主な条約正文のみ本章冒頭に記載）。[69] くしくも国連総会で「植民地独立付与宣言」が決議された同じ日であった。その点でも社会的差別の克服をめざす教育条約の歴史的性格が理解できよう。

　この採択に至る過程で検討された諸問題は、教育条約の全体像とその意義を理解する上で欠かせない内容をもつと思われる。審議記録から、教育条約にみられる4点の到達点を以下にまとめておきたい。

　第1は、これまでの作業に基づく教育条件の位置づけについてである。各審議を通じて、繰り返し関係諸機関の取り組みが振り返られ、それらに整合性を持たせる条約作成に払われた長年にわたる活動にまず着目すべきである。

　教育における国際的合意の形成史を全体としてみると、本格的成立は大戦直後からである。人権一般の合意形成については、言うまでもなく世界人権宣言

から国際人権規約への経緯が主要な動向であり、重要なことは教育条約がその流れから直接に派生したという事実である。

もともと問題が人権委員会からユネスコに委託されるに際しても、人権委員会の中の一部ではまだ国連の側が一定の責任を分担すべきとの意見が残されており、経緯からみて当初から教育条件のユネスコへの委託が前提として進められてきたものではなかった。すなわち、合意の準備における三つの選択肢（経済社会理事会での準備、ユネスコへの委託、国際人権規約に含める）から選ばれたものである。[70]

専門家委員会がこの種の国際的合意の原案を作成するのはユネスコ創設以来の機関側の到達点であったが、国連諸機関全体としてもユネスコに委ねられた教育条約の成立は教育権に関する合意形成の到達点として意義がある。

規約教育権と教育条約の両者の成立経緯と採択時には違いがあるが、規約教育権の起草にはユネスコ事務局長の関与もあり、両者の共通性とそれぞれの独自性を合わせもつユニークな国際教育権の基盤を形成することとなったのである。そして、条文第6条でユネスコが条約締結国に留意を促す勧告や措置を含め、その後の諸活動の新たな出発点を示すものとなり、以後の経緯は本論第2部以降で扱うことにする。

第2は、様々な諸合意のあり方の中から教育条約の形式をとった問題についてである。当初は条約として独立させることが一つの試案にすぎなかったことに注目すべきであろう。経緯からみると、実は条約の形か否かの問題は最後まで残されたのである。

この課題を解決するために、1959年段階の各国への質問紙でも、はじめに、この合意の必要性の有無と必要な場合はその形態（条約か勧告か両方か、あるいはその数）が問われている。この回答は結局見解が分かれていたことが委員会では留意された。[71] そこで、異なる内容をもつ別々の条約と勧告を作成する代案も提起され、それに対して「同じ内容ではあるが法的効果が異なる2つの合意の選択を用意すべき」との反論がなされた。[72] そして、最終的には意図と内容は同じで、実施に関しても多くの共通規定を有する条約と勧告の2つの

形の合意が予定されたのである。勧告という道義上の立場を各国に求める形態を共に採択したのは合意内容の広い影響を期待したためであるが、条約化については、世界人権宣言から規約への動きが法的拘束力をもたせるものであったことと事情を同じくすると考えてよい。教育条約の場合も主な法的課題は履行の管理にあるとして、その法的拘束力に関わる論点はユネスコ総会に至る最終段階までもつれた論争をよんだのである。

宣言・規約・勧告・条約・決議などの合意体系内における区別と関連については国際法上の専門的検討を要する問題でもあり、本論文では扱わないが、審議の経緯から次の論点だけを指摘しておきたい。

すなわち、第7条でまず締結国に対して総会への定期的な報告を義務づけたことである。しかし、続いて第8条では、締結国間で条約の解釈や適用に関する紛争が生じた際、「交渉により解決することができないものは、他に紛争解決の手段がない場合、当事国の要請に基づき、決定のため国際司法裁判所に付託する」と規定したのである。この問題は条約を採択した第11回ユネスコ総会でも論争点となった。国家主権との関連がやはり論議されたのであるが、結局、反対なしで棄権を含め条約は採択された（個々の条文の票決は異なるが、条約全体は賛成60カ国、反対なし、棄権2カ国）。そして、この点と関わって、条約採択と共に紛争解決のための調停あっせん委員会設立の議定書作成を決議したのであった。議定書は、「人権の保護と基本的自由のためのヨーロッパ人権条約」などを参考にして作成され、[73] 1962年に採択されている。

ところで、教育条約は規制（regulation）の概念で提起されてきており、審議では、その方法上、主権侵害の危惧が出されつつも、しかし、条約はただちに国家主権への規制力を意味するものではなかったことも確かである。逆に各国の主権の尊重を通じて教育上の自由と権利を一定の国際関心事項にまで高めようとしたともいえよう。少数民族の教育の権利について「国家主権を害する方式で行使されない」（第5条）ことが明記されたのも同じ趣旨であった。しかし、その後の1966年社会権規約と自由権規約に結実する「人民の自決権」など当時の植民地を脱する時代の動向と、教育を含む人権や各国主権との関連

からみた教育条約の位置づけはさらに歴史的な観点も加えた検討を要すると思われる。[74]

　各国の主権に配慮しつつ国際的規制のあり方に多くの論議を費やしたのも、本来は国内事項である教育課題を対象とする特殊性によるところが大きい。いみじくも条約形成に中心的役割を果した Ammoun 自身が、ユネスコ総会における国際的規制と各国の自由という二つの関係を、自分の特別委員とレバノン代表という二つの立場にひきよせて、「私はジキルとハイドの役割を演じている」と苦しい心境を表明したことに象徴された。[75] それにもかかわらず、調停あっせん委員会設立などの規制手続きを含みつつ、国際的合意への動きは決着をみている。

　なお本論で扱う余裕はないが、基準規制に関連する活動では、ユネスコ条約・勧告委員会（UNESCO Committee on Conventions and recommendations―以下、CR と略称）が 1960 年教育条約の実施状況をモニターしており、国別ではなく、各国の情報全体をまとめた報告書を作成するなど「対話」を促進させる役割を果している。[76] 1966 年社会権規約では各国政府や NGO その他からも報告を受け付けて国別報告書を論議するシステムがあり、近年になって個人や国家の通報制度を定めた選択議定書も成立している（2008 年国連総会採択、2013 年発効）。

　第 3 は、形式的になりがちな権利論に対して、それを実質化させようとする方向性が審議の到達点および条約の趣旨に反映されたことである。この論点も世界人権宣言以来引き継いでいるものであり、当初から「差別」や「教育」の定義と関って議論されてきた。

　ところで、採択された条約の第 1 条は、差別の諸要因として明記された小委員会決議（前掲「1957 年小委員会条約原案」）の第 (3) 原則に「人間の尊厳と両立しない条件を個人または特定の集団の人々に課すこと」を加えたものである。留意したいのは、専門家委員会審議の中で、「能力ないし知的力量」（capacity or intellectual aptitude）の語句がさらに追加されるべきと提案があったことである。[77] しかし、同委員会はこれを含めないことを決定した。その

理由は「ある程度、教育は能力と知的価値を基礎とする選抜を不可避に含むという見解をとった」からである。そして、「その概念を含めることは、発達の遅れた子ども（backward children）・ふさわしい教育方法により不識字にすばやく終りをつげることが望まれる人々など特別の状況にある人々に適用される特殊教育の制度化を妨げる効果をもつかもしれない」と指摘したのである。[78]

重要なことは、これらの議論が障害児などへの教育権の適用除外を意味するものではないということである。すなわち、第3条（d）「公立機関が教育機関に与えるいかなる形態の援助においても、生徒が特定の集団に属することだけを根拠とした制限または優遇を許さないこと」という規定について、最終段階の作業部会では次のように強調されている。つまり、ここにある「特定の集団」の用語に関し、「ふさわしい教育方法により、不識字に終りが望まれている人々・移民・盲人・遅れをもつ子どもなど、特定の環境にある人々の特別の要件に合う手段を諸国がとる時は不公平な優先はないという意味で、条約の第1条と第2条の諸規定にてらして解釈されるべきである」としたのである。[79]

以上のような議論の内容には今日の時点からみると必ずしも十分とは思われない論点もあろう。しかし、平等権を詳述した第1条、教育の形態上は区別がありうる事例を列挙した第2条の二本立てで条約が原則規定を構成したのは、教育権保障の実質化をめざしたためである、といってよい。なお、差別にあたらない事例としては両性のための別個の機関（ただしカリキュラムは同一であること等が求められる）、宗教的言語的理由による設置や私立学校の設置（適合基準の承認が必要）などが第2条で明記されたのである。

とくに第2条は、上記草案の段階から条約正文は審議の段階で大幅な追加修正がなされている。たとえば、草案にはなかった条約正文の最初のフレーズ「次に掲げる状態は、一国において許されている場合は、前条の意味における差別を構成するものとはみなさない」は、(b)項の削除を求めたメキシコ代表への対応から挿入されたものである。[80]

また、第2条草案の「両性の生徒のための別個の教育制度又は教育機関の設置又は維持は、もしその制度又は機関が、教育の均等な機会を提供し、同質の

設備と同じ基準（standard）の教育を有するならば、差別を構成するものとはみなさない」とする記述では、カリキュラムへの直接の言及がなかったが、経済社会理事会・女性の地位委員会による次のカリキュラムに関する要件の追加修正を受けて条約正文第2条（a）「両性のための別個の教育制度又は教育機関の設置又は維持。ただし、その制度又は機関が、教育の均等な機会を提供し、同じ水準の資格を有する教育職員及び同質の校舎と設備を提供し、かつ、同一又は同等のカリキュラムを履修する機会を与える場合に限る」と規定された事実（差別とみなさない要件）に教育条約コンメンタリー（2005年）も注目している。[81]

ここでいう両性別の教育のみならず、宗教上、言語上の理由による別々の教育に関する規定も同様の論議の経過を辿った。上記の草案2項では、「権限のある当局」による基準化を条件とするなら、宗教上ないし言語上の理由による別個の教育制度や教育機関の設置と維持は差別にならない旨を既に規定している。

草案段階では、ここまで記された理由も、「すべての差別的措置の禁止」とする小委員会の原案については問題がある旨を、ユネスコ執行委員会が意見を述べていたことにあり、それが最終段階の上記草案2条に生かされていたからである。[82]

条約正文第2条（c）の私学設置と維持も同様の文脈にあるが、これらの錯綜する論点の登場の根底には、世界人権宣言における思想・信条の「自由」に由来する「両親の学校選択の自由」があり、[83] 上記のような合意形成を最終的に得ることができた経緯全体を振り返るなら、第2条全体にカリキュラム（いわゆる内的事項まで）を含む「権限のある機関（competent authorities）」の教育基準化を視野に入れることで全体を構成し直すことに一つの論拠もあったと思われる。

前掲2005年コンメンタリーもまた、「差別とはみなさない」要件としての「権限のある機関（competent authorities）」の役割に留意し、「とくに同一レベルの教育とする教育の質の点検や評価、及び国家の役割にかかわる」問題である

と解釈している。[84]

　草案審議ではこの「同一レベルの教育」という語句の削除がオランダから提起されたが、「権限のある機関」によるコントロール（the wording that gave control to the authorities）を記述することで作業部会が決着をつけた点に同コンメンタリーは注目している。[85] そのコントロールは個々のカリキュラムや教育方法まで含む内的事項への広範囲な在り方への介入という意味ではない。経緯からみれば、何らかの合意形成をめざす「当事者による基準化プロセス」を担保しうる「権限のある機関」が新たな課題となったということであろう。

　また、こうした教育権保障の実質化に関連して、とくに外的事項にかかわる第3条と内的事項も重視する第4条の性格づけの相違にもふれる必要がある。すなわち、専門家委員会の議論では第3条の下で「法規定の廃止や修正、特定の手段の採用、特定分野における扱いの差異、優先ないし制限の禁止」等の諸事業を諸国家がただちに実施するものであるとされた。これに対し、無償義務教育などを含む第4条は漸進的であるが促進させる義務は伴うとした。[86]

　その理由は、①法律で義務教育を規定していない諸国が義務制条項を免れるとすれば不公平になるのではないか、②義務制を「ただちに完全に」求める国際法制の適格性に疑いがもたれる、などにより「国内政策として漸進的な形成」を求める内容を第4条に入れて区別したのである。

　第4条の基準規制に関しても、前掲2005年コンメンタリーは一般的な基準化の方向性の明示と捉えている。つまり、前掲草案第4条（b）では「最大可能な限り、教師の数と資格、教材、施設と設備もまた同等であることを確保すること」などと、教材までの細目も少し列挙されたが、採択正文ではすべてを「教育の質に関する条件」と、簡素な表現で概括したのである。2005年コンメンタリーがいうように、これも、内的事項への具体的な深入りを避けた「一般的で柔軟な形」（a general flexible formula）にするためであったと解釈できよう。[87]

　第4は、以上の論点と重なるが、教育条約の内容全体についても結局は教育上の自由と基準性の二つの論理で構成されたといえることについてである。

すなわち、同じ観点から、教育条約第5条の特徴及び条約全体の特徴を理解するために、2005年文書（コンメンタリー）の解説が役に立つ。[88] 2005年文書によれば、教育条約の審議をはじめた小委員会と世界人権宣言第26条との関係について次の点を重視しているのである。

「第5条のパラグラフ1（a）は、数多くの修正案の後、世界人権宣言第２６条第2項の教育の目的規定を全体として含むことになった。同条項の他の箇所は小委員会提案であり、両親の学校選択、宗教教育、及び民族マイノリティ構成員の教育活動と学校運営に対する参画する（engage in）権利にかかわるものである」。

そもそも教育条約第1条と第2条の関係については、当初から小委員会決議の第1項（条約では第1条）だけでは両性の教育施設や宗教学校を非難する危険があるとして補足規定を求めていたのはユネスコ執行委員会であった。それは親の学校選択権（宣言）と矛盾するからというのが動機となっていたのである。[89]

こうして、教育条約の論理は世界人権宣言の教育上の自由論の延長上にあると共に、条約では同時に教育の質に対応する教育基準の承認を求めたことで新たな規定となった。本章において特に注目したい点は、この教育における自由を扱った条約の第5条が教育目的と基準論を共に規定したことにある。

まずは、前第1章でみた世界人権宣言の教育目的としての「自由（freedom）」を前提に掲げながら、その下で小委員会がとりあげられてきた少数民族の教育への権利、宗教教育や道徳教育を確保する自由（liberty）、教育施設選択の親の自由（liberty）などを規定することで、両親ないし法定後見人の自由の一つとして「公立機関が定めまたは承認することのある最低限の教育基準に適合するものを子弟のために選択する自由」を確保する論理を構成したのである。

この教育基準の達成を通じてこそ学校選択権の自由が確保されるというこの論理は、子ども（生徒）の「人格の全面発達と自由」という教育権の目的価値の実質が確保するための教育条件の整備を必要とする旨の基本的論理を媒介としている。

もとより、「人格の全面発達と自由」との目的規定はきわめて抽象的かつ大綱的な規定で、他の何らかの具体的な価値規定を指示するものではない。よって、何のためにどのような教育実践上の基準が必要であるかという条約のいう目的規定と基準設定の在り方はどのような手続きで決定され、それが条約上の条理で担保できるのかについては、実践にかかわる条約上の統一的な解釈と検討が不可欠となった。

参考資料として少し長い引用になるが、本論のテーマにかかわる要点なので、前掲 2005 年文書（コンメンタリー）の解説を次にみておきたい。

もともと 1957 年小委員会条約原案（4）にかかわる両親の学校選択の自由に関して、まず小委員会で取り上げられた次の2つの問題が生じたという。一つは、「権利それ自体の主張としてではなく、両親の学校選択が権利行使の場面では差別とならないと言えるのかどうか」という自由の否定を孕みかねない問題であり、もう一つは、結果的には「第1には、公的機関（the public authorities）が維持する機関以外の機関」とする条約正文第1条(b)となったが、当初の審議では「私立学校設置の権利を明記すべきかどうか」が問題とされた点がある。[90] ここでも「権限のある機関（competent authorities）」が定める「最低限の教育基準」の条件に合致することが付された事実がある。

さらに、第5条の「宗教的、道徳的な教育」の扱いに関する審議経過にも 2005 年文書は注目している。

たとえば、国立の学校に対し国家が宗教教育を義務づけることはできないのかといった疑問について、事例が存在する国家への干渉となるのかどうか。これについて作業部会では、審議の結果、条約正文第1条（b）「第2には、その国の法令の適用のために国内でとられる手続にそった方式により」とする結論に至った。さらに、委員によってはこの結論に満足できなかったこともあって、さらに条約正文第1条（b）「いかなる個人又は個人の集団も、自己の信念と両立しない宗教教育を受けることを強要されてはならない」との規定が補足されることとなる。[91]

また、2005 年文書は、第5条（c）のマイノリティ問題は注意を向けてい

る。すなわち、初めからAmmoun報告にあるマイノリティという観念（notion）とかかわってこの規定のかかえる困難があったという。ユネスコ事務局長側の準備報告の定義では、「平等の扱いを求める少数派」という定義であったが、草案はAmmoun報告にある「民族、宗教、言語にかかわる少数者（ethnic, religious or linguistic minorities）」の用法を採用した。しかし、審議経過の中では、そのフレーズも少数民族（national minorities）の用語に一括され、「少数民族の構成員が自己の教育活動を行なう権利」とする条約正文として採択されることになったのである。[92]

さらに、この「少数民族（national minorities）」の用語については、2005年文書で、条約正文第5条(c)「学校の維持及び、当該国の教育政策（educational policy of each State）のいかんによっては、少数民族の言語の使用又は教授を含む」にある、「教育（政策）」の語の挿入が、「条約があまりに国家に裁量（freedom）を与えすぎて、少数民族の権利を弱めるのではないか」との懸念があったことにもふれている。

それゆえ同文書によれば、条約正文第5条(c)に条約正文第5条(c)に「第1は、マイノリティを地域社会の全体から孤立させてはいけないという意味で、＜(i)この権利が、当該少数民族の構成員による共同社会全体の文化と言語との理解及び共同社会全体の活動への参加を妨げるような方式又は国家主権を害するような方式で行使されないこと＞」「第2は、学校の教育基準について＜(ii)教育の基準（the standard of education）が、権限のある当局（the competent authorities）が定め又は承認した一般的水準よりも低くないこと＞」「第3は、教育活動を行い、学校を運営する権利が与えられるものの、＜(iii)このような学校への就学が、任意であること＞」の3つの条件がつけられたという解釈を押し出しているのである。[93]

以上のように、ここでも同様に、草案段階から挿入されていた「教育の基準（the standard of education）」が、「権限のある当局（the competent authorities）による定めや承認の条件をつけて最終の条約正文となったことが分かる。こうして、教育条約で採択された主な条文で「最低限の教育基準」は「権

限のある機関（competent authorities）」が定める旨の基準論が重要な要件となった経過が明らかであろう。

　そもそも、世界人権宣言条約（規約）化の前掲1951年草案や教育条約草案以前の小委員会決議（1957年小委員会条約原案（4））は、共に「国（the State）」が定める規定であった。しかし、教育条約だけが後にそれを修正して独自の規定に変更したのである。後年の規約教育権のほうは修正のない「国」のままで、教育条約だけが分岐したのは以上にみてきた教育条約の形成過程における独自の審議経過の故であったことがわかる。

　もっとも、規約教育権の場合、「国」が定めるといっても広義で用いられているにすぎず、条約正文に至る過程でも、内的事項に直接関連する論議の具体的な痕跡は管見の限り見当たらない。いずれにせよ、50年代以降の教育条約と規約教育権の成立には独自の経緯があり、結果的には、とくにカリキュラムなどを含む内的事項面に関する教育権論議の多くはユネスコの教育条約審議に委ねられた。規約教育権の場合も、教育条約との統一的な理解を重視するのであれば、規約教育権の規定（by the State）が直ちに国家統制を意味するものと即断することはできない。他方で、当事者の教育課程編成を担保しうる条件整備の義務を国家に課すものと解釈することは可能であろう。後年の社会権規約委員会による1999年「教育権に関する一般的意見13号」はその有力な論拠のひとつになる。[94]

　すなわち、一般的意見のパラグラフ38「学問の自由及び機関の自治」では、「（社会権規約委員会は）教育への権利が職員及び生徒の学問の自由が伴わなければ享受できないという見解を形成するに至った。従って、たとえこの問題が第13条に明示的に触れられていなくとも、委員会が学問の自由について若干の所見を述べることは適当かつ必要である」との説明がなされている。主に高等教育を念頭におくものとはいえ、ここで「学問の自由」と「教育の自由」の連関を読み取る必要がある。

　さらに、「教育の自由」についても、パラグラフ28で次の説明がある。

「(28) 第13条第3項には2つの要素がある。①一つは、締約国は、父母及び保護者がその信念に従って子どもの宗教的及び道徳的教育を確保する自由を尊重することを約束することである。委員会は、第13条第3項のこの要素により、宗教及び倫理の一般的歴史のような科目を公立学校で教えることは、それが意見、良心及び表現の自由を尊重し、かつ偏見のない客観的なかたちで行われるならば、許容されるという見解である。委員会は、特定の宗教又は信念を教えることを含む公教育は、父母及び保護者の希望に適合する非差別的な免除又は替的手段が講じられない限り、第13条3項に合致しないことに留意する。」「(29) 第13条第3項の第二の要素は、その学校が②「国によって定められ又は承認される教育上の最低限の基準」に適合することを条件として、父母及び保護者が子どものために公立学校以外のものを選択する自由である。これは、補完的規定である第13条第4項とあわせて読まれなければならない。第13条第4項は、当該機関が第13条第1項に掲げられた教育目標及び一定の最低基準に一致することを条件として、「個人及び団体が教育機関を設置し及び管理する自由」を確認したものである。③これらの最低限の基準は、入学許可、カリキュラム及び修了認定のような事柄にかかわってくることがある。その場合、これらの基獲は第13条第1項に掲げられた教育目標に合致していなければならない」「(30) 略…」(和訳は申恵辛による―青山法学論集第43号第4号、2002年所収。なお訳文中の番号はパラグラフ)

　この一般的意見 (28) の①と②や (29) の③も、教育条約の論点と重なっており、基準化の機関は規約教育権の規定 (国) を継承している。
　以上を勘案すれば、規約教育権はただ「国が定める」と一般的に概括しただけでなく、一般的意見の「学問の自由」と「教育の自由」の解釈をふまえ、カリキュラムなどの基準化といった内容事項の独自課題を「自由」の視点で捉え直し、当事者が調整すべきその問題群として発展的に解釈することが必要である。社会権規約第13条の「国」による基準化が国家による教育内容への直接的な介入を意味するものとはいえない。
　本章でみてきた教育条約では、高等教育段階に至るまでの内容編成にかかわる基準化は各地域の諸条件の下で多様な在り方が想定され、具体的に扱うことがきわめて困難であることが審議経過を通じて強調された。たとえば、採択前

年の各国への質問紙では、支出・建物・設備・教材・教師の数と資格・カリキュラムの6点について明記の是非を問う作業まで行われたものの、[95] 回答をえた審議の結果、結局は条文上の具体的な記述は避けられたのである。

教育課程などの編成にかかわる教職員の関与についても、教育条約は国際労働機関（ILO）との関係でそのすべての側面をあえて具体的に明記はなされず、「教職の養成を差別なしに配慮すること」に限定している。この点についても、Ammoun 報告以来、当初から ILO との関わりで教職員問題は常に別扱いにしてきた結果である。[96]

したがって、教育上の自由と基準論にかかわる教育課程の編成権といった内的事項の扱いの課題は、改めて教師専門職性の観点から独自の検討が別に委ねられたのである（第8章と第9章）。したがって、成立の経緯からみても、教育課程編成については、当然ながら後年の 1966 年 ILO／ユネスコ「教員の地位」勧告とも統一的に把握さるべきであることを教育条約の側からあらかじめ示唆するものとなったのである。

小括

以上の考察から、教育条約は戦後の経緯で社会権規約と共に教育における最も主要な国際的合意のひとつになったことは明らかといえよう。教育条約作成の起点は経過からみても論理的にも教育上の自由を含む世界人権宣言にあった。同宣言の特徴である教育目的規定もかつての日本の教育裁判の経緯で堀尾輝久が論じたように、そこに世界の新教育運動の一つの結実をみることができる。[97] しかし他方、1960 年教育条約の成立によって世界人権宣言の限界を越える論点（基準論）をみることもできる。条約の成立は、当初の西欧的な人権概念から諸民族の独立を反映しつつあった人民の自決権概念への移行期に位置する時点で成立した合意形成である。[98] 条約における自由概念の様々な位相は、そのような戦後における国際関係の展開に位置づくものであった。

教育条約が「教育の質」に関する国際的合意であったとはいえ、それがただちに世界の教育実践の細部を規制する意味をもつものでないことは、前提とさ

れた「教育の自由」原則の審議経過から明らかである。しかし同時に、矛盾するようだが国際条約の手続きによって他面では「人格の全面発達と自由」(目的の自由)及び「無差別平等の原則」(編成上の自由)による影響を与える実効的な役割の発揮をめざしたことも確かである。

審議に携わる当事者にまで強いた矛盾(例えば前記したジキルとハイド)をはらむ条約ではあったが、教育の自由と自主性にたって解決の道を探り機会均等原則の実効性をめざすとともに、教育の質に対応する教育基準化の「自由・自主性・民主制」を担保しうる編成システムを今後の方向性として定めた点に当時の新しさがあった。

国際教育権の教育目的も一般的には「当事者」による基準化の「自己規律(自律性)」を「自己反省的」に促す規定であると理解することができる(第7章)。こうした論理を組み込むことで、教育上の自由と権利の実質的な基準化の矛盾(自由か規制か)の解決の方向を国際的合意としてより発展的に捉えることができるであろう。

注

1 *Unesco's standard-setting instruments*, Unesco, 1981. 本文では次の邦訳の一部を参考にしている。日本ユネスコ国内委員会「ユネスコ関係条約・勧告集」同会発行所収、1973 年。
2 UNESCO, *Comparative analysis, UNESCO Convention against Discrimination in Education(1960) and Article 13 and 14 (Right to Education) of the International Covenant on Economic, Social and Cultural Rights: A comparative analysis*, UNESCO. 2006.
3 UNESCO, *Comparative analysis*, op. cit.
4 Y.Daudet and P.M.Eisemann, *Commmentary on the Convention against discrimination in education*, adopted on 14 December 1960 by the General onference of UNESCO, UNESCO Paris, 2005.
5 「教育差別待遇反対条約」の訳語を本書が採用した事情は序章の注40。条約名称にある(against Discrimination)の日本語訳については「差別」の「撤廃」、「禁止」、「反対」のいずれにすべきかが論議されてきた。大戦後の一連の差別反対条約(人種差別撤廃条約その他)の条約解釈を含め、「差別的表現の禁止」が「表現の自由」に抵触するかどうか等、論争的課題を抱えてきた事情もある。
6 上記の注1を参照のこと。

7　UNESCO, *Comparative analysis*, op. cit., p. 9.
8　堀尾輝久の次の指摘も、この論点に重なる。「一般に、教育の自由というのは、freedom of education ですけれども、この freedom of education というのは、・・国家あるいは政治が介入してはいけない。・・その精神の自由の領域があるのであって、教育もその一つなのだということです。教育が自由に行われる freedom、自由な領域、関係的空間ですね。それが freedom of education です。もう一つの意味は、liberty of educational practices つまり教育実践の自由。この freedom と liberty の違いですが、そこで何をやるかという活動の自由。自由な活動を行う権利、これが liberty です。」『民主主義と教育―教育の自由を中心に―』民主教育研究所年報 2007（第 8 号）、210 頁。
9　UNESCO, *Comparative analysis*, op. cit., p. 23.
10　Ibid.
11　UNESCO, *Comparative analysis*, op. cit.
12　Ibid.,p24.
13　ibid.,pp23-24.
14　UN Doc. E/CN.4/364/Rev.1,January 1952.
15　Ibid., pp.70-71.
16　本章で主に検討対象としている国連機関は、国連総会の下にある当時の職能委員会である人権委員会およびそれに所属する小委員会であり、専門機関のユネスコ（国連教育科学文化機関）である。
17　Charles D. Ammoun, *Study of Discrimination in Education*, UN,1957.
　　(UN Doc. E/CN.4/Sub.2/181/Rev.1.)
18　UN Doc. E/CN.4/Sub.2/163.
19　原文の（the full development of the human personality）の訳は「人格の全面発達」とする方が、これに関する J. ピアジェの解説の意義をより明確にするであろう。
20　高野雄一『国際社会における人権』岩波書店, １９７７年参照.
21　UN Doc., E/CN.4/Sub.2/163　なお、１９５４年までの経緯はこれによっている。
22　Ibid., p.10.
23　UN Doc., E/CN.4/Sub.2/170.
24　UN Doc., E/CN.4/740,p.14.
25　UN Doc., E/CN.4/721,p.23.
26　Ammoun, op. cit., p. 2.
27　Ibid.,p.10.
28　高野、前掲書,
29　UN Doc., E/CN.4/721,p.23.pp.28 〜 29.,para.66. 〜 71.
30　高野、前掲書　86 〜 92 頁. 292 頁.

31 Ammoun, op. cit., p. 23.
32 Ibid.,pp.2 〜 3.
33 ibid.,p.153.
34 ibid.
35 ibid.,p.158.
36 ibid.,pp.158 〜 159.
37 ibid.,p.8.
38 ibid.,p.150.
39 ibid.,pp.154 〜 155.
40 UN Doc., E/CN.4/Sub.2/181/Rev.1, pp.154-155.
41 UN Doc. E/CN.4/721,p.36., para.94 〜 95.
42 UN Doc.E/CN.4/Sub.2/186,p.28.,para.79.
43 Ibid.
44 Ibid.para.78.
45 UN Doc.E/CN.4/Sub.2/186.,1957. (UNESCO Doc., 10C/23, Annex1 pp.5-7. 1958)
46 UN Doc.E/CN.4/Sub.2/186.,1957, p.15.,para.31.
47 Ibid.,para.32..
48 ibid., p.49.
49 ibid., pp.49 〜 51.
50 UNESCO Doc., UNESCO/ED/167,p.3.
51 UN Doc., E/CN.4/769.
52 UNESCO Doc., 47EX/7,49EX/17,etc.
53 平行して準備が進められてきた雇用と職業の分野についても、とりくみはＩＬＯに移され、関係条約が１９５８年６月の第４２回国際労働会議で採択されたことも、同様の経緯として理解されるであろう（U.N.Doc., E/CN.4/769)
54 UNESCO Doc., 10c/23Add.PARIS, 15 September 1958
55 Ibid.,p.1.
56 ibid.,p.1 para.4.
57 Ibid.,p.2 para.5
58 ibid.,p.2 para.6.
59 ibid.,p.2
60 ibid.,p.2 para.13.
61 ibid.,p.3 para.15.
62 Ibid.,pp.3-8.
63 UNESCO, *International Conference on Education, Recommendations 1934-1977*,1979. なお一

部の紹介に次のものがある。喜多明人「国際公教育会議および国際教育会議の勧告」(日本教育法学会『教育条件法制研究』3号,1983年).

64　UNESCO Doc., UNESCO/ED/167.
65　UNESCO Doc., UNESCO/ED/167, Add.1 〜 3.
66　UNESCO Doc., UNESCO/ED/167, Add.1　Annex ii pp.1-5.
67　UNESCO Doc., 11c/15 Annex Ⅲ ,1960　ちなみに、この会議の構成は、アメリカやソビエトなどの両体制および一部の途上国を含む。日本は加わっていない。非政府組織(NGO)については、女性問題と宗教問題に関わる団体が多い。
68　UNESCO Doc.11c/PRG/36.
69　UNESCO Doc., Archives of Unesco, No.116, pp.476 〜 481.
70　UNESCO Doc., 47EX/Decisions,Annex Ⅱ ,p.15.
71　UNESCO Doc., UNESCO/ED/167,Add.1,Annex Ⅰ ,p.1.
72　UNESCO Doc., 11c/15,Annex Ⅲ , p 13.
73　UNESCO Doc., UNESCO/ED/188.
74　松井芳郎「人権の国際的保護への新しいアプローチ」(『現代人権論』法律文化社 ,1982年)
75　UNESCO Doc., Archives of Unesco, No.116, p.479.
76　UNESCO, *Comparative analysis, UNESCO Convention against Discrimination in Education(1960) and Article 13 and 14 (Right to Education) of the International Covenant on Economic, Social and Cultural Rights: A comparative analysis*, UNESCO. 2006, p.29.
77　UNESCO Doc., 11c/15,Annex Ⅲ ,p.15.
78　Ibid.
79　UNESCO Doc., 11c/PRG/36,pp.5 〜 6.
80　Y.Daudet and P.M.Eisemann, op. cit., p.13.
81　Ibid.,p.14.
82　ibid.,pp.14-15.
83　ibid.,p.15.
84　Ibid.
85　ibid.,p.16.
86　UNESCO Doc., 11c/15,Annex Ⅲ ,p.11.
87　Y.Daudet and P.M.Eisemann, op. cit., p.24.
88　Ibid., pp. 26-31.
89　UNESCO Doc., 47EX/7.
90　Y.Daudet and P.M.Eisemann, op. cit.
91　Ibid.,p28.
92　ibid.,pp.29-30.

93 ibid.,p.31.
94 UN.Doc., E/C..12/1999/10, 8 December 1999,General Comment No. 13, The Right to education（article 13 of the Covenant）
95 UNESCO Doc., UNESCO/ED/167,p.11.
96 Ammoun, op. cit., p.154.
97 堀尾輝久「世界の教育運動と子ども観・発達観」(『子どもの発達と教育』第2巻、岩波書店、1979年336〜339頁).
98 松井芳郎『現代の国際関係と自決権』新日本出版社,1981年参照。

第 3 章　障害者権利宣言と障害児教育投資論

　1948 年世界人権宣言から 1960 年教育差別待遇反対条約や 1966 年社会権規約までの「基本的自由と発達」の「基準」化過程を整理してきた。戦禍で傷つけられた者への特別な教育的対応や治療的な課題と共に、すべてに対する教育権の実質的保障を求めた「特別なニーズ」(SNE) に対応しなければならなかった当時の事情をそこにうかがうことができた。SNE の実態と対応のその後の進展にてらしても、教育権保障の実質化に関する当時の模索には歴史的な意義がある。

　その後、60 年代以降になると、「人権委員会」や「少数者差別の防止と保護に関する小委員会」(小委員会)における SNE 対応の論議は、次第に「人種」、「女性」、「障害者」といった個別領域で教育規定を含む分野別の国際的合意を新たに形成し始めた。それは、1963 年人種差別撤廃宣言（1965 年条約化）、1967 年女性差別撤廃宣言（1979 年条約化）、1975 年障害者権利宣言（2006 年条約化）などに結実している。

　これらすべての「差別」にかかわる「宣言」の成立過程を分析する余裕はないが、本章は障害児者問題に限定し、第 1 節で国際的合意形成の事例として 1975 年国連総会採択の障害者権利宣言形成過程の論点を取り上げ、その条約化動向を注記した。第 2 節では、単なる財政投融資論であった教育投資論を次第に教育実践の目的論にまで高め始めた D.Braddock の障害児教育投資論について、人的投資論の孕む問題性をよく体現する嚆矢として批判的に紹介した。Klaus Dieter Beiter がいうように、[1] 今日では、社会権規約第 13 条（国際教育権）の実効性にかかわる人的投資論の批判的検討を避けることができないのである（第 2 部第 5 章、第 6 章）。

第 1 節　障害者権利宣言から障害者権利条約へ

　国連総会は、1975 年に「障害者権利宣言」(Declaration on the Rights of Disabled Persons) を全会一致で採択した。[2] 後述する D. Braddock の論議とは異なる方向の萌芽を示唆する全ての障害者の権利に関する国際的合意がそこで形成されていた。その後の 1981 年の国際障害者年から同宣言の 2006 年条約化 (Convention on the Rights of Persons with Disabilities) に至る過程を理解し、教育実践分析に必要な視点を得るためにも、同宣言の要点を確認しておかねばならない。

　障害者問題に対する国連の活動の経緯が示すように、障害者権利宣言は戦後の歴史的経過において画期をなすものであり、1981 年国際障害者年以降の最も重要な準拠枠のひとつとなった。その国際障害者年は 1981 年の 1 年間に留まらず、以後の行動十ヵ年が設定されて継続するのである。

　まず、障害者権利宣言の原案の審議は 1975 年 11 月 3 日の国連第三委員会の第 2147 会合におけるベルギー代表 Northomb の提起に始まった。[3] 原案は、序文と全 10 ヵ条から構成されるもので、[4] さらに審議の中で第 4 条がアイスランド代表、第 8 条がフィンランド代表、第 12 条がユーゴスラヴィア代表によって、それぞれ追加挿入され、[5] 残る条項も修正されつつ最終案全 13 条として採択された。この採択にいたる審議過程の論議を概括し、注目すべき論点をまとめておきたい。

　その第 1 は、この宣言が障害者全体に対する国連史上初の権利宣言であったことについてである。この点について Northomb は第三委員会において原案提出の趣旨説明を行なったが、宣言の位置づけを次のように示している。

　すなわち、障害者問題については、社会体制や地理的相違をこえて、社会発展のいかんに関わらず取り組まなければならないこと、また、この問題には、これまで ILO、ユネスコ、WHO、ユニセフなどの多様な関連活動があったが、国連としても、1975 年 5 月経済社会理事会の決議「障害の予防と障害者の

リハビリテーション」(Prevention of disability and rehabilitation of disabled persons) や1971年12月国連総会決議「精神遅滞者権利宣言」などの延長上に位置する新しい権利宣言の必要性がある、ということである。彼は、同1971年宣言の意味がなくなったということではなく、同宣言を元に身体障害者、精神的障害者その他すべての障害者にまで対象を広げるということで、障害者（disabled person）の用語を新たに採用する宣言が求められている、と述べたのである。

序文が1971年「精神遅滞者権利宣言」の序文を繰り返して世界人権宣言と国際人権規約の意義を強調していることとその問題をあわれみや温情ととらえるのではなく人権問題であることを明確にすること、原案第1項（宣言第1条）は障害者の定義をおこなうこと、第5項（第6条）、第6項（第7条）についてはすでにILO、WHOの追加提案を検討中であること、第6項（第7条）は国際的にも国内的にも障害者を保護する活動が財政を要することなど、原案の内容についてNorthombは確認した。

また発展途上諸国によっては困難があるであろうこと、第8項（第10条）、第9項（第11条）は1971年宣言をくりかえすものだが、すべての障害者にまで対象を拡大すること、第10項（第13条）はジャマイカ提案を受け入れたものであること、などの補足説明をおこない、障害者の権利を正しく理解することの大切さを述べた。

Northombによるこうした提案を受け、国連第三委員会では1975年11月11日まで審議を継続した。そして、同日の第2155会合において修正草案が全会一致で採択され、続く12月9日の総会でも全会一致で最終決議となったのである。審議期間としては短い間に結論が出されたかたちである。

しかし、障害者権利宣言は後の国連の諸活動につながる当時の到達点として極めて重要である。経過の上からも、たとえば1971精神遅滞者権利宣言では、審議の段階で「障害の度合がいくら重くても」医療や教育、訓練、リハビリテーションを受ける権利があるとするカッコ「」内の語句を削除したが、今回の障害者権利宣言では「障害者はそのハンディキャップ（handicaps）と障害

(disability)の原因、性質、程度のいかんにかかわらず、同年齢の市民と同等の基本的権利を有する」と規定し、議論を前進させたといえる。

第2は、障害者の定義を行うことによって、障害の克服、軽減を図るといった障害そのものに対する取り組みを、科学的にしていく方向性を位置づけたことである。

宣言を全体としてみると、精神遅滞者権利宣言などの基本的精神を繰り返している点に特徴があるとともに、他方では、第1条で障害者の定義をおこなっているという従来の権利宣言文書にみられない点があることに気づく。これは新しい性格をもつ条項であり、障害者の規定を明確にする関係諸機関の論議を反映していた。

審議では、この定義に対して「自立して生活できる能力があっても特別の配慮を必要としている人びとがいる」とか、「先天障害にふれる必要があるのか」などの反論がアルゼンチン代表から出された。しかし、障害そのものを明確に指摘する必要があるとし「個人生活」の用語の前に、「通常の」の語を挿入するというWHOの修正案を採用して、その他を原案どおり採択することになった。

原文の「障害者」(disabled)の用語については、当時の段階では「ハンディキャップ」(handicapped)とともに国連文書では「障害者」の意味で使用され、両者に明確な区別がない場合もあるし、区別する場合もある。しかも、その諸規定に関しては、必ずしもWHO、ILOなどの関係機関の間に完全な合意(共通概念)が定式化されたわけではなく、国際疾病分類(International Classification of Deseases〔ICD〕)においてその後も試案が重ねられた。

関連して、1981年の国際障害者年をむかえる時点では、国連の認識が新たに同行動計画に示された。つまり、損傷としての障害(impairment)、その損傷による機能的制限である障害(disability)、その障害の社会的結果である障害＝ハンディキャップ(handicaps)というように、一般に障害といわれている事実を分析的に3つに区別し、それぞれの問題点と科学的な対応の意義を明確にするという視点である。これらの問題についてその後は継続的な検討が重

ねられて国際基準化され、また後年になって今日の新たな分類法に改善されていくことになる。こうして、障害者問題に取り組む前提として障害そのものに対する科学的理解を深める意識を高めたのである。そして、障害者のリハビリテーションにかかわる活動は当時の国連が最も力を入れ始めたもののひとつとなった。

第3は、以上の諸点とのかかわりで、医療、心理、社会、福祉、教育、労働などの諸側面における独自の取り組みを強調し、それらを「能力や技術を最大限に発達させるため」と位置づけた意義が大きいであろう。とくに注目されるのは、宣言第6条であるが、原案第5項が第6条になるまでに大幅な追加修正を受けた際にも同じ精神が貫かれていた点にある。

- 1975年障害者権利宣言　第6条

障害者は、その能力やスキルを最大限に発揮させ（to develop their capabilities and skills to the maximum）、かれらの社会への統合または再統合をおこなう過程を促進するような諸権利、つまり義肢・補装具を含む医学的・心理学的・機能的治療、医学的・社会的リハビリテーション、教育（education）、職業教育（vocational education）、訓練とリハビリテーション、援助、カウンセリング、入所措置、その他の諸サービスを受ける権利を有する。

この第6条は原案の段階より権利の項目を拡大して「義肢・補装具をふくむ」、「医学的社会的リハビリテーション」などの語句を追加している。その理由はWHOの協力によって「障害者の能力を最大限に発達させるよう総合的、専門的な手段にふれたことにある」（Northomb）というものであり、同じ文脈で教育や職業教育の項目が位置づけられている。

こうした議論の経緯において、発達のために諸権利を規定する動向の高まりは、国際教育権の意義にとってもひとつの到達点としての価値を有するものであった。すなわち、宣言第5条の自立（self-reliant）を目標とし、第8条の経済社会計画に関する諸規定が発達のために取り組まれるものであるとされた点で、後述する障害児教育投資論（第2節）とのかかわりで新たな問題を提起

第4に、一般的には形式的な受けとめ方がなされることもある権利宣言とはいえ、生活権や経済的な条件整備保障の問題を権利保障の軸にすえようとする論点が示され、法制上の無差別平等規定とかかわって権利の実質化に関する方向性が出されたことも留意すべきである。

例えば、第3条では障害者の人間としての尊厳を確認し、基本権の平等的性格の明確化、および生活権（生存権）を軸とした人権論を展開したことなどにより、形式的な規定を実質化していくための方向性を宣言は少なくとも示す意図をもったといえる。

また原案第6項では労働の権利（the right to work）を強化すべきであるとの要請が審議で出され、ILOはそれを支持した。企業側の都合で解雇される者がまず障害者になりがちな問題など、障害者がふさわしい労働に従事することの基本的な重要性が示され、職場での「労働組合に参加する権利」が第7条で追加された。

また、第2条は前第1条の障害者規定を受けた法制上の平等の規定であるが、「この宣言で唱えられるすべての権利を享受するものとする」との条文に対し、宣言の規定以外にも障害者の権利が存在するのではないかとする疑問がアルゼンチン代表から審議で出されていた。しかし、同条は明記している諸権利に限定していると解釈すべきではない旨の提案者のまとめで採択されている。

第5に、1966年国際人権規約の1976年「発効」と共に基本的人権の国際法的保障の気運が高まる中で、障害者関連の論議が活発化したことがあげられる。国際人権規約の内容がただちに障害者の諸権利とかかわって宣言の審議の場でとりあげられたわけではないが、宣言全体に示される諸権利の遵守やアイスランド代表の修正案にもとづく第4条の市民的、政治的諸権利の強調なども、規約の精神が当然に継承されるものとして、その後の議論を深める契機となった。

宣言の審議過程では基本的権利の内容審議が深められるべきだとの要請も数多くの代表から出された。他方では、国際的合意というかたちはとっていても、

その受けとめ方は各国まちまちであり、相互に矛盾する論点もあり多くの検討課題が残されたともいえる。

当時の国連機構で障害者の権利に関する国際法的保障の基本方向を検討する場合に、歴史的段階や社会体制が質的に異なる諸国をかかえる国際機関として共通の人権概念を確立することに複雑な問題（いわゆる冷戦）もあった。各国の「人権問題」を国際間の外交レベルで政治的に利用する当時の複雑な現実などもあった。

例えば、宣言の序文に引用された国連のリハビリテーション決議の審議では、そのスポンサー国の中にチリ（当時の独裁政権に対し1974年から国連総会も対チリ非難決議を採択）が入っていることに対し、いくつかの諸国が、それは決議案の人道的性格と相いれないと主張したのも、そのあらわれのひとつである。「人権外交」を標榜する当時の米国などが「関係ない」としチリとともに反論を加えた。日本も同じ障害者権利宣採択のスポンサー国として、障害者権利宣言を単なる政治利用に貶めない障害者の教育権保障についての実効性が問われ始めたのである。

第6に、障害者問題の領域でもNGO（国際非政府組織）など民間諸団体による研究・啓蒙諸活動が国際的合意形成に反映し始め、国連の合意形成に果たすNGOの役割を高めたことがあげられる。国連第三委員会の障害者権利宣言の採択では、経済社会理事会のそれまでの蓄積と同年5月に採択されたリハビリテーション決議の成果、および1971年総会決議の精神遅滞者権利宣言の成果などに多くを負っている旨の説明がなされた。それらの成果は、元は1968年の国際精神遅滞者援護団体連盟第四回大会における精神遅滞者権利宣言（いわゆるエルサレム宣言）を受けて作成されたものであり、前者のリハビリテーション決議も、国際リハビリテーション協会その他数多くのNGOによる諸活動に支えられて採択されたものであった。

障害者権利宣言もまた、草案内容から修正段階及び採択に至る全経過において民間諸団体の活動あっての実現可能な経過を辿ったのである。審議の中途で、ユーゴスラヴィア代表の補足提案により、宣言第12条に障害者団体との協議

の条項が挿入された背景にはこうした事情がある。そして、国連の合意形成に果たす国際諸組織や各国の民間団体の役割や運営のあり方に関する妥当性や正当性が新たに検討すべき課題として浮上し始めたのである。

> 注記　障害者権利条約と日本における特別支援教育
>
> 　後年の2006年12月国連総会で障害者権利条約が採択されている。同条約は教育条項第24条1項で、まず障害者の教育権、無差別、機会均等の権利などを定め、すべてのレベル及び生涯の学習を保障する義務を締約国に課している。それらを、「人間的な潜在力の全面的発達」や「人権・基本的自由・人間の多様性の尊重の強化」（a項）の目的規定、及び「人格と諸能力の全面発達」に関する（b項）の目的規定につなげた。また、これらを実現するために、同条2項では①障害者の一般教育制度における位置づけ、②インクルーシブな初等・中等教育へのアクセス、③個人の必要に応じた合理的配慮の提供、などの規定がなされ、日本の2010年中教審「論点整理」のまとめに対しても影響を与えている。いずれも日本における新たな政策実施につながる論争課題を含む提起となっており、検討すべき課題は山積しているが、本論で詳しくふれる余裕はない。

第2節　D. Braddockの障害者教育投資論にみる教育目標としての「自足」

　ここで、国際教育権の理解に否定的影響を与えかねないD. Braddockの障害者教育投資論（『特殊教育の経済的側面 ― チェコスロバキア、ニュージーランド、米国の比較』1978年所収の「米国」論稿）を取り上げておきたい。[6] いわゆる人的（教育）投資論は、障害児教育（あるいは特別支援教育）に限らず、その登場以来今日まで教育領域全般にわたる各国の教育政策に対しインパクトをもち、無視できない影響がある。各国の教育計画が労働政策や労働力養成に規定されるのは当然であるが、その背後にある投資論の悪影響は多方面から批判されつくされた感もある。当初からそれはエリートたるマンパワー獲得の志向性をもつ能力主義貫徹の理論的支柱であると捉えられてきたのである。資本

蓄積の立場からマンパワーになりにくいと考えられた領域（障害者教育など）には関心が向かない、というのが従来の教育投資論のもつ理論的特質であったと思われる。

しかし、一見奇妙なことに従来の枠組みでは捉えられない「投資論」が障害者教育論の実践論的視点から展開されることになった。

教育投資論はすでに米国で盛んであったが、本節で扱うD. Braddockの議論はその特異な70年代におけるひとつの典型事例である。後述のように、彼の障害者教育投資論は投資効果を測る中心概念に「自足」（self-sufficiency）を設定している。[7]

単にそれは「経済効果」至上主義的概念であるだけでなく、教育学的概念（教育目的論）でもある点に斬新な特徴が示される。本３章の課題としても、その教育目的論の意味が方法論上の検討すべき対象となる。

1） D. Braddock 報告の位置

D. Braddock報告は1968年12月にユネスコが開催した特殊教育に関する専門家会議の合意に基づき進められた継続研究の一部である。その成果として前記研究報告シリーズのうち1978年版『特殊教育の経済的側面』（以下、「ユネスコ本」と略）に収録されたが、しかし他の類書がそうであるようにユネスコの統一見解ではない。

同シリーズには各国ユネスコ国内委員会を介して出されたものがあり、教育投資論が何らかの国際的影響力を行政施策にもちえた点でも、D. Braddockの論稿を検討する意味がある（その報告が各国内の実情を正確に反映するものかどうかは別）。[8]

また、障害者教育における教育権保障は、第２節でふれる1975年障害者権利宣言の審議でも重視された問題である。障害者教育の経済的側面に関する当時の研究動向の高まりの中で、国際教育権の教育目的規定との関連でD. Braddock論稿の意味を明確にしておく必要がある。

ところで、同論稿のある「ユネスコ本」のはしがきにはユネスコ専門家会議

における合意事項の引用があり、すべての障害者に等しく教育を受ける機会の提供と、認識的、知的、社会的諸能力を最も高いレベルにまで発達させる教育目的が記されてある。

そこで「学習上の困難をもつ人々に教育施設が提供されるべきとはいえ、障害者教育やそのノーハウ不足は、普通教育より時に高価となり、金の無駄使いと考える計画立案者の経済的配慮から障害者が教育計画の対象外になりがち」[9] である点が問題視された。それはあたかも障害者を包摂する観点からの提起であるかのようである。障害者教育の発展を期するにあたり、「ユネスコ本」にも条件整備に関する財政保障の関心をうかがいみることができる。

だが、「ユネスコ本」の位置づけは独特のものであった。同書をまとめたスウェーデンのK.Stukatによれば、研究の直接目的は「特殊教育が真に支払うもの ― 短期にではなく長期に ― 換言すれば、それは経済的に価値があるということを政策担当者、教育計画者、学校行政者にまず示す」[10] とあり、そのことを明らかにするために障害者の自立（independence）の程度を明らかにした教育論的視点を組み込むべきとする方法論が採られた。探究された課題には次のようなものがある。

①障害者が適切な援助、治療、教育によってどの程度まで自立できるか、②自立のためのスクーリングや訓練を受けなかった障害者の生涯のケアを行うコスト、③労働市場における教育や訓練を受けた障害者及び彼らの生計へのコミュニティの援助に対する彼らの社会的、財政的自立、④部分的に、あるいは完全に他人に依存する（dependent）障害者のケアと教育の平均コスト、⑤コミュニティの節約、避けられうる費用、回収される税、⑥盲、ろう、身体、精神の障害をもつ学生の教育に費やされる臨時資金を税などで補填するためのコミュニティに要する時間、⑦障害者教育のためのコミュニティの支持と彼らの税などによる結果的利益との間の関係。[11]

K.Stukatの「ユネスコ本」でとりあげられたチェコスロバキア、ニュージーランド、米国などそれぞれのケース毎で課題意識が必ずしも同じではない。

K.Stukat 自身、チェコスロバキアとその他の報告との間には問題設定にズレがあることを認めている。教育投資論という特殊な領域で諸国間を比較する困難さもあろうが、教育投資論に共通する枠組みとしては、D. Braddock の論稿は資本の立場から見る障害者教育論の一つの典型を示したといえる。

2）D. Braddock の出発点

D. Braddock が述べるように、障害者教育の分野で教育投資論が必ずしも数多く語られてきたわけではない。障害者教育政策が現実に教育投資の枠組みで実施されたとしても、少なくとも日本では体系的議論や国内外の論議の紹介もほとんど皆無であった。

D. Braddock によれば、障害者教育投資論は米国の教育投資論一般に位置づけられ、過去15ヵ年間に急速な進歩したという。そして、米国において GNP の 6 ％以上が公的スクーリングに使われ、教育費用の増加率が高いことに言及し、所得をうみだす人的資本の形態（an income-generating form of human capital）として教育に焦点化させる研究が 1961 年以降急増したとする W. Hansen の指摘を例に出した。Hansen によると、つぎの 2 つのテーマがそれらの研究を貫くという。

「①教育と生産性との間のつながり、及びそれゆえの所得との間の重要な関連、②所得をうみだす人的資本の形態として教育の役割を見るとき、実りある探求が可能となること」[12]

D. Braddock は、こうした人的資本の研究にとって T. Schultz などの初期の研究が励ましとなったと述べて、従来の教育投資論一般の問題意識と異なるものでないことを示していた。つまり、物的資本と区別される人的資本なる概念を承認することと投資効果の測定に問題関心を集中させる点では、まったく同じ議論の土俵に立つものである。D. Braddock はこの理論的前提を障害者教育投資論につなげるために次の G. Becker の議論に着目している。

「おそらく最も印象的な証拠は、より高い教育と技術のある人々はつねにほとんど他の人々よりも多くのお金を稼ぐ（earn）傾向にあるということである。このことは、米国やソビエトのように体制の異なる諸国やインド、キューバのような発達途上の国、百年前の米国と今日の米国に共通して、それぞれ真実である。ほとんどの国は労働力の十分な投資がなければ経済発展は継続できなかったのであり、成長に対する貢献の量的評定を試みる研究は人的資本の投資に重要な役割を与えた。稼ぎ（earning）や所得の配分における不平等は、普通、教育や他の訓練の不平等と大いにかかわりあっているものである。決定的な事例をあげると失業は通常は教育と深い関係をもつ傾向がある」[13]

このような G. Becker の議論には多くの批判が出されてきた。日本の 60 年代初期の教育政策のひとつの裏づけとされた教育投資論への批判は G. Becker や D. Braddock の論議についても妥当すると思われる。

まず教育と所得の異質で複雑な相互関係について、客観的な相関を探ろうとする問題意識には無理があり、人的資本の投資効果を命題としてひきだす議論はそもそも資本蓄積（利潤追求）の立場を前提とするものである。

人的資本が人間労働力を可変資本によって買いとるという意味で使われるのであれば、資本主義社会における一般的現象を直截に表現したものである。しかし、それが経済価値を生み出す障害者自身の労働に対する投資ではなく、教育指導面での障害者教育への資金（財政）投入をさすのであれば、障害者の「学習活動」がそのまま利益となる（価値増殖）過程としてとらえられるわけではない。それゆえ、人的投資の概念はきわめて曖昧となる。

けれども、D. Braddock の場合は公共投資つまり国家財政の教育部門への投入を念頭し、その教育を受けた障害者の一生における生活と労働の場におけるその見返りを期待している点では従来の教育投資論で使用されてきた教育投資という財政政策上の用語と似通っている。

事実、彼は障害者教育の分野への公共資金（財政）の投入という意味で人的投資[14]という概念を一般的に使っているのである。しかし、この人的資本ないし教育資本の成立を D. Braddock の言う意味で想定できたとしても、利潤確

保の収益性を問題とする場合、資本主義経済の運動法則においては収益そのものが「流動的であり、個別的でもある」という現実から逃れることはできない。

したがって「公教育に投資された資金の全国民経済的な効果を確かめる」ということは、それ自体きわめて困難な課題となる。当然ながら、かつての教育投資論批判のなかでそのことは指摘されてきた。では、なぜ障害者教育の領域でも教育投資論が論じられるのか。また、マンパワーの生産のためにいかに有効に教育資本を投下するか。資本の立場からの切実な問題設定からは、当然のこととして「生産力が高くない」とされる障害者のグループに対する投資効果の計算への問題意識は生まれないはずである。それでもなお教育投資論の立場からなぜ障害者教育に関心が向けられるのであろうか。

D. Braddock は自問する。障害児・青年の教育では所得をうみだす人的資本の形態として実りある探究をすることがいったい可能であるのか、あるいは、障害を持つ者に対する教育や訓練のプログラムに割りあてられる資金は、この投資への積極的あるいは消極的見返りをうみだすのであろうかと。この問いかけの中に、すでにその解答の一部が示唆されているが、続けて彼は次のように課題を設定した。

「このようなプログラムは（障害者教育のこと ─ 筆者）、おそらく個人の自足（personal self-sufficiency）を増大させるよう計画されるものである。したがって、ここから公費により自足をめざす教育を受ける障害学生は、ドル価値をもつ他の利益や稼ぎ所得からの税金によって彼らに投資した政府資金の投資を払い戻す（pay back）であろうか」[15]

こう述べてみても、結局、障害者教育は相対的に高いコストがかかることから「障害児・青年の教育への公共資金を投資する経済的意味において獲得されるものは何かという問題への解答を用意することは容易なことでない」という。それでは「特殊教育への公共投資からいったい何が経済的に得られるのか」と重ねて問いかけ、彼はその予備的解答として、まず「自足の基礎的諸側面を検討する」というのである。なぜなら「稼ぎと障害の重さに関係しているからで

ある」という。

　続けて彼が検討する課題は「公的学校の特殊教育プログラム、精神衛生や精神遅滞の施設への入所措置などのコストに関する最近のデータ」の分析の後、特殊教育の長期の量的利益を明らかにすることである。[16] 当該分野の業績が少ないことをなげきつつも、個人の「自足」なる概念を新たに持ち出し、達成度を教育目的に従属させ、そこで教育投資の見返りを測定するという方法論を提起した点がD. Braddockのオリジナルな主張となっている。

　以上の議論が単純に経済的観点から出されただけではなく、D. Braddockのいう「自足」とは同時に教育目標そのものでもあるという点に注目すべきである。ここにD. Braddockの展開する障害者教育投資論の教育論上の真の効果があるということになる。

3）「自足」概念について

　それでは、D. Braddockのいう「自足」とはどういう内容であるのか。彼によれば、特殊教育の経済的利益をさぐることが主要な研究目的であるから、「自足」は当然のこととして「費用・利益分析」を左右する重要な概念だという。「自足」とは、一体個人がどれくらいの稼ぎをするものなのか、また障害の重さの程度にしたがってどれくらい他人に依存して生きてゆくのかという点がプラス・マイナスで評価される基準の中心概念となる。[17]

　その説明は以下である。米国における標準的かつ典型的な生活環境が、自宅ないしアパートの形で個人のプライベートな家庭として右端に位置し、障害者が生活環境を選択する場合の範囲が示される。標準的教育環境である通常の教室での教育が右端に位置し、それが正常（normal）であることを前提として「異常（abnormal）」になるにつれて種々の教育環境の選択肢の範囲が示される。純粋な競争的雇用が正常の極として右端に位置し、左端の「異常」までの労働環境の選択肢の範囲が示され、当事者の「依存」の量的な水準が測定の対象となるのである。

　しかし、このような彼の関心は特定の生活観、教育観、経済観を前提としな

ければ不可能となる。D. Braddock が「自足」は相対的概念であるというのは「正常」と「異常」をを結ぶ線上の障害の程度によってプラス・マイナスの位置が測られることを意味している。その右端には相対的な自足、左端には相対的な「依存」（dependency）があり、この両端の中間に多くの選択があるというものであった。また、「重度の身体的、心理的限界により、学校や労働、家庭においても部分的あるいはまったく「自立」（independence）を達成できないある特定の重度の障害者がいるという特別の例外が存在する」ことも指摘した。

では障害の程度にしたがった「自足」の評価とはどのようなものであるか。D. Braddock は軽度障害と重度障害についてそれぞれ次のようなコメントをしている。

軽度障害について―「遅滞者の職業的成功についての22の追跡研究の諸結果がConleyにより分析された。彼が結論としたことは、非常に高率で成人遅滞者が職業的に成功していることである。比較的重度の遅滞者のケースを除いて、知的欠陥は職業的失敗の主要な原因とは考えられなかった。Conleyの結果は、H. Cobbの検討により支持され、さらにジョーンズら（Jones and Jones）の検討によって支持された。後者が述べたのは、すべての〈自足〉の諸研究で追跡された障害の75－90％が完全に〈自活〉（self-supporting）であることが明らかにされたと述べた。軽度遅滞成人の87％が雇用されており、彼らの稼ぎは、米国人口の平均の85％―90％であると思われる。・・略・・われわれがただ推測できるのは、もし学校のプログラムが当該分野の労働市場における特別の仕事の機会と特別の技術訓練とを結びつけるならば、これらのグループに対する非常に高い成功率が非現実的だということは全くないことである・・・略」。

重度障害（非常に少ない稼ぎ）について―「重度の知的欠陥者の稼ぎに関する若干の諸研究のひとつは、成人男子の平均の稼ぎの約五分の一であることを示した。・・略・・I. Swisher が結論としたのは〈重度障害者は労働市場から除かれており、収入に関しては他の単位や家族の交付金（transfer payments）とか稼ぎに依存している〉ということである。・・略・・P. Frolich によると、最近の社会保障行政の研究が見いだしたことは、障害の重さと少ない稼ぎと、また個人の自足とのそれぞれの間には直接の相関があるということである。

逆の比例関係も、障害の重さと公的収入の扶養支払いの受け取りとの間に見出された。事実、重度障害の約60％が収入の扶養を受ける家族の中にいたのである」[18]

　以上のようなD. Braddockによる諸研究の位置づけには彼の教育観がよく出ている。例えば、軽度障害の場合は学校教育の内容をできるかぎり現場の技術訓練に近づけることを求めているし、重度の場には「自足」の程度が低いと述べ、その社会負担をどのような形で最小限にとどめるかという志向する点である。

　こうした議論の帰結からD. Braddockは次のように「自足のための教育(Education For Self-sufficiency)」を考えるまでに至った。「臨床家と教育家とのあいだに現われる合意は、〈刺激にたいして応答する能力にまったく欠けている者を除いて〉すべての障害者は学習が可能であり自足を増大させ依存(dependency)を減少させるような方法で教育されるべきである、ということである」というものである。

　またさらに「ＩＱが20以下の場合でも調査された施設ないしコミュニティのサンプルにおける遅滞者の10％がまだ単純な仕事をなしうること」、「ＩＱ20－35の範囲では、より高い46％の仕事への参加が得られること」、「ＩＱ52－67の軽度の知的欠陥者では82％の仕事参加が得られること」[19]などが確証されたともいう。つまり、従来の教育投資論では考えられもしなかった重度障害者も少々の稼ぎはできるものなので、この点を見のがせば損失であるという彼独自の強い主張がここにみられる。

　たしかに従来の教育投資論ではマンパワーたりえない者は教育対象から除外するというのが一般的であったと思われる。したがって、D. Braddockにいたって事実上すべての人間をマンパワーとして把握しつくす決意が示されたのだということもできる。

　しかし、D. Braddockによれば、たとえば、「刺激にたいして応答する能力にまったく欠けている者」を「除いて」すべての障害者を学習可能にするとし、まったく「自足の目的を設定できない」と考える人々は注意深く除外しており、稼ぎをするか否かによって「自足」の程度を測定するという点にも無視できな

い特徴がある。

　つまり、一部の人々を除外する例外を含むが全体として最重度障害者を視野にいれたというのが彼の主張したいオリジナルな要点なのである。重度者を対象外とするのではなく、逆に教育投資論に位置づけることによってIQ 20以下でも「稼ぐ」者がいるのだという「発見」がD. Braddockにはある。また、稼ぎの少ない者やまったくない者でも別の形の「自足」の達成の道がある ── 例えば、なんらかの徴税で国家財政の負担を軽くし、できるだけ施設入所を避けることによって社会負担を少なくする ── 等の処遇がありうるというものである。

　彼の軽度とか重度とかの基準には発達論的な視野がなく、上記のごとくIQを指標で用いるのみである。それゆえ、こうした知能の分布指標は理論的にはノーマルカーブの形に一致するというIQ算出の命題についてのA. Jensenの研究にふれ、この仮説と重度者の実態とは統計上一致しない事実に言及してはいる。

　しかし、彼の発達観がJensen流の生得的IQ観と同質のものであることも疑いないところである。D. Braddockが引用するG. BeckerにしてもIQという手法で測定する先天的能力にのみ依拠する論者の一人である。[20] 以上のように、彼の「自足」概念には固有の教育観、知能観がまとわりついているのである。

4）コスト計算に見られる教育観

　次に、D. Braddockは特殊教育や施設化（institutionalization）のコスト計算を行う教育投資論では「費用・収益分析」を行った。具体的数値でどれだけ費用がかかり、また見返りがあるのかというわけである。以下、詳しい数字は省き要点だけ紹介しておく。

　まず、特殊教育の費用が障害により多様であること、それは障害の重さに直接比例して増減する傾向にあることを指摘する。W. Mcllureの特殊教育コストの三要素（教育、公共サービス、施設）を引用し、近年開発が進んできたとされる障害別のコスト計算に用いられた指標に従いながら議論を進めている。

その計算結果から得る結論は「特殊教育コストは、いわゆる普通教育の1.18倍から3.64倍までの範囲で平均2倍である」というのである。[21]

しかし、これに比して施設設置のコストは高価である結果が出た。「米国遅滞者協会によれば、軽・中あるいは重度でさえ施設よりもコミュニティの環境で必要とされる公的サービスを受ける場合は社会に本質的な経済利益が生じる」といい、[22] 施設設置は高価であり、別の形態で受けとめる節約の道もありうるとの議論を出している。そして、Jones and Jones らによる長期ケアサービスのコスト研究報告を引用し「彼らが結論としたのは脱施設化（deinstitutionalization）からくる本質的な節約（年5千ドル）は個人が家庭で生活できれば可能」とも指摘する。[23] こうして障害者に対しては「自足」の教育効果を求め、家庭に対しては家庭保護中心主義の措置を求めたのは施設化の費用を節約するためであった。

以上のように、いかに特殊教育コストを節約し投資効果を高めるかという問題意識に加えて、「特殊教育の長期の量的利益」を確保するために、障害学生への投資の見返りとして学生自身の卒業後の企業利益及び彼らが稼ぐ所得の税、その他間接・直接の徴税を重要な要素として検討する。そして、「Conleyが最近結論としたのは障害者の生産性の約半額は一般公共の利益となりうる。というのは、彼らの収入の25％は税を支払うことになり、彼らが未雇用である場合は、一般税でまかなわれる所得扶養が全所得の25％に等しいからである」とも指摘するのである。[24]

ここでは、障害者教育投資の見返りとしてかれらの生産性を高め、企業と国家の負担をできる限り軽くするといった方法的視点が貫かれた。また、D. Braddock は Conley の作成した遅滞労働者の将来の稼ぎと彼らの公教育コストとの比率を表示して、次の三つの結果がみられるともいう。

「①成人軽度遅滞者の一生の稼ぎは彼らの教育コストの何倍もある。雇用された者の比率をみると、ほとんど6対1である。したがって教育サービスはこの稼ぎ高だけを基礎にしてみても正当化されうるのである。②軽度遅滞者を教育する利益と費用を示すのにどの仮説が

用いられたとしても、その比率は1という臨界点をこえる。その範囲は1対1から12対1である。③利益・費用分析の見通しでは中度遅滞者の利益率が非常に少なくなる。その比率の範囲は0.1対1から1対1である。Conleyの分析では施設化を避けるという節約は無視されているからであるが、あとの詳細なコスト分析には入れられている」[25]

そして次に、D. Braddockは、「払い戻し期間の分析」なるものを展開している。それぞれの障害のカテゴリー別に仮説的12ヵ年の教育経験の費用をドル価値で算出し、後に教育を受けた障害者から支払われる見積り税などをアウトプットにして両者の関係を問い、後者の全体額が前者を上まわるまでの時間の幅をなんとか算出しようとするものである。これらの結論のいくつかは以下のとおりである。

「重度でない障害者は40年間の労働生活において直接税で4万4840ドルを支払い、所得扶養は避けうるので12年間の教育経験全体のコストを利益が上まわる」。「重度知的遅滞と情緒障害の場合にのみ、教育費用の払戻し期間は通常の労働の一生を上まわり、長期の節約という点で少々消極的な結果となる（マイナス11724ドルとマイナス7818ドル）。しかし、もし施設化を避ける保護的コストが考慮されたなら正味の長期節約は重度障害でも積極的結果となる」。「それゆえ、施設化を避けるコストは、遅滞とか情緒的な障害への教育的介入からみれば社会への長期節約の最初の利益となる資源である。しかし、これらの増幅される長期節約計算を文字通り保証された投資見返りと見なすことは誤りである。より正しい解釈は、むしろ潜在的投資見返りの形態としてこれらの見込み節約を考慮しておくことである。それらは達せられるかも知れないし、そうでないかもしれない。それはとりわけ、障害者の一生について彼ら自身により達成される自足にかかっているのである」[26]

D. Braddockの計算に基づくこれだけの引用の中にも彼の「自足のための教育」論は明白であろう。そして最後に、彼は上記の分析には解釈上多くの方法上の難点があるというが、いずれの計算の前提も疑問をもたせるに十分な根本問題ばかりである。こうして根拠が曖昧である事実を自身も念頭に置きなが

ら、あえて上記の理論展開をしたところに彼の自負とそのイデオロギー的立場をみることができる。

5）教育目的としての「自足」

　前項までD. Braddockの所説を紹介してきた。見たように、そこで「自足」概念が重要な役割を果している。彼はそれを教育目的（目標）に位置づけ、同時に経済的価値に直結して絶対化しているため「自足」に達しない者を低く見る傾向が明らかである。

　このような視点や方法からは、重度障害者の教育に取り組むことによる子どもの発達をかけがえのない人間的価値と見ることも、さらにはその発達の事実と論理が健常児を含むすべての発達と教育の論理をも深め、子ども全体の成長・発達及び教育実践に大きく貢献しうるという大局的な利益を見ることもできない。彼がこうした発達論的見地に立っていないことは生得的なIQ概念のみを前提とする知能観からも看取せられるところである。その意味で、D. Braddockの特異な教育目的論議は、本論文で扱う国際教育権規定の「すべての子どもの人格の全面的な発達」と対極的な位置にある。

　ただし、「自足」ないし「自立」が本来の教育目的のコロラリーとして発達のプロセスのなかで実践に即して吟味されるのであれば、個々のケースによってその教育的な本来の意義がより具体的に詳しく検討されてよい場合はありえよう。D. Braddockの使用する「自足」(self-sufficiency) とか「自立」(self-independence) とか「自活」(self-supporting) といった概念は、障害者教育投資論から離れて見れば、実は目新しいものではなく、以前から現場で使用されてきた実態があり、日本でも一定の実践上の意義と影響をもってきたのであった。

　D. Braddockの主張は、その立場のもつ問題の一面を明るみに出したということができるかもしれないが、「自立」という教育目標自体は教育課題として一般に不可欠なものであることも否定できない。

　たとえば、身辺自立、生活習慣その他の「自立」につながる教育課題は発達

段階にしたがってその位置づけを検討することは可能であるし、必要なことでもある。さらに一般的には子どもが将来の社会の主権者として育っていくという意味で、「自立」ないし「自律」を教育目標とする論議も現に行われてきたところである。「自立」を職業と結びつけ、職業教育を広く労働のもつ教育的意義といった教育学的観点から検討されるべき課題に位置づけるなら、それはしかし単なる稼ぎに矮小化されるものではない。

　D. Braddockの論議では、こうした教育学的観点が展開されたわけではなく、「自足」を資本の利益のための教育と等置する単純な論理が固定的に前提とされ、強制的な作用を及ぼすことが問題なのである。そこには障害者教育（今日の特別支援教育）を実質化していくための財政上の諸問題を解明しようとする課題意識はみられない。

　また、障害者教育投資を支える米国の当時の新たな特殊教育法制化（当時の1975年「全障害児教育法」、1977年「障害を理由とした差別の禁止令」などを指すと思われる）の動向が彼の執筆動機の背景にあることは明らかであろう。[27] 米国の一連の法制化を支えた背景の一つに、D. Braddockに見られる教育投資論があったことは本研究の課題を深める意味で念頭に置くべき観点である。今日の時点で振り返るなら、それは、障害児のみならず、すべての子どもへの教育要求の高まりに対して当時の段階における資本の対応の特質と限界を示すものであったと考えられる。

　見てきたようにIQ20以下でも少数だが稼ぐ可能性があるのだと指摘したところにD. Braddock独自の障害児教育投資論があり、一方で、資本の立場からは採算がとれない場合もあることが露骨に指摘された。その不利益な側面のなかにも投資の観点から最大限の収益性を探るにはどうすればよいか、といった意味において「自足」がどれだけ達成されているかが教育目的のあり方として課題とされたのである。

　D. Braddockによる問題意識の一つは、障害者教育への投資は積極的あるいは消極的見返りを生み出すのであろうかということであった。その議論をみると、そこで積極的というのは稼ぎによって企業収益をあたえ、所得のなかから

の徴税により元金（障害者教育費用）を取り戻すという意味で使用され、消極的というのはそのような見返りとしての支払いができぬ者が「自足」の達成により、できるかぎり他人や社会の負担を少なくすることを意味するのは明らかである。そこで、社会負担軽減の最優先課題として脱施設化（国家による条件整備義務の放棄）が想定されたのである。

このように見てくると、D. Braddock の議論はわが国における戦前以来の障害児教育を貫いた「消極道」の障害者教育の原理と論理的に似かよったものがあることにも気づかされる。「消極道」とは、かつて、60年代当時の「特殊教育」が「社会のお荷物にならないという意味で消極的ではあるが確かに社会と国家のためになる」（林部一二）と障害者教育において述べられたことに由来するもので、清水寛らによって強く批判されてきた用語である。[28] D. Braddock の論議は、その「消極道」としての障害者教育のあり方を70年代の人的資本論の立場から、より純化した形で展開した事例であった。しかし、前節でみた同時代に始まる障害者権利宣言は対照的な人権保障に関する国際的合意形成の動向であった。

注

1 Klaus Dieter Beiter, *The Protection of the Right to Education by International Law*, Martinus Nijhoff Publishers, 2006, p605.
2 UN Doc., Resolutions, supplement, No.34, 1976, p.88.
3 UN Doc., Official records of the general assembly, thirtieth session, Third Committee, 17 September-5 December 1975, pp.191-245.
4 UN Doc., A/C.3/L.2168.
5 UN Doc., A/10284/Add.1.
6 David Braddock, United States of America, in *Economic Aspects of special Education*(E. A.S.E), UNESCO, 1978, pp.113-138.
7 self-sufficiency の訳語は教育学で使用されている「自立」をあててもよいと思われるが、別に self-independence の用語も用いられているし D.Braddock の場合は、より経済的な意味が強いので自給自足を意味する「自足」をあてた。また自助とも訳せるのであるが、これは従来から社会福祉の領域で self-help の訳として定着しているので、ここでは区別しておきたい。また、self-independence とか self-supporting は、ほとんど self-sufficiency と同

じ意味で用いている。とりあえず本稿では、それぞれ「自立」「自活」「自足」の訳語をあてた。

8 David Braddock,op.cit.,pp115-138
9 Ibid., preface
10 ibid.
11 ibid., p12.
12 ibid., p116.
13 ibid., p116.
14 ibid., p137.
15 ibid., pp116-117.
16 ibid.
17 ibid., pp117-118.
18 ibid., pp119-122.
19 ibid., p123.
20 Frity Machlup, *Education and Economic Growth*, 1971. 嘉治元郎訳『教育の経済学』春秋社、1976年、53頁。ここにはつぎのような指摘がある。「学生だもの学級中の順位によって先天的な能力走動機づけを測定しようと試み、これによって、所得の差異の四分の一が説明されることを見いだした。もっとも労の多い分析をおこなったのは、ベッカーであった。かれは、かれらの所得、学校教育、その他の要因とともに、知能指数と小学校における成績とが既知である者たちを標本として選んだ。そして、IQを先天的能力を表わすものとし、小学校における成績を意欲と野心とを表わすものとして用い、所得の差異の残差を抽出した」。
21 David Braddock, op.cit.,P127.
22 Ibid.
23 ibid., p128.
24 ibid., p129..
25 ibid., p130.
26 ibid., pp131-134..
27 Ibid., p.138., David Braddock は、「全米800万人の障害児を教育する過剰コストについて諸州を援助するための連邦国家資金を支出する画期的な特殊教育法律が成立したことは励みとなっている」と述べている。
28 清水寛「わが国における障害児の『教育を受ける権利』の歴史―憲法・教育基本法制下における障害児の学習権」『教育学研究』第36巻第1号、1969年、35頁。この他に田中昌人『発達保障への道』①②③、全国障害者問題研究会出版部、1974年など。

第4章　教育の内的事項と「子どもの権利条約」

　1989年の国連総会で「子どもの権利条約」（以下、「条約」と略）が採択され、1994年の日本の批准に伴い、教育実践上の意味も活発に論議されてきた。教育権保障と国家のあり方を問う国際人権法としての「条約」は、第28条の無償制の導入、第29条における「教育の自由」にかかわる「人権及び基本的自由」（第1項(b)）と「教育内容（価値）の列挙」（第1項(a)～(e)）など、批准国の行政施策（条件整備）その他の改善にかかわる論議が行われてきた。条約の準備作業（travaux preparatoires）に関する先行研究は多いので、[1] 本章では教育の内的事項に焦点をあてながら、国内外の論議における問題点の所在を整理することにしたい。

資料
- 1989年　子どもの権利条約

第28条

1　締約国は教育についての子どもの権利を認めるものとし、この権利を漸進的にかつ機会の平等を基礎として達成するため、特に、

　(a) 初等教育を義務的なものとし、すべての者に対して無償のものとする。

　(b) 種々の形態の中等教育（一般教育及び職業教育を含む。）の発展を奨励し、すべての児童に対し、これらの中等教育が利用可能であり、かつこれらを利用する機会が与えられるものとし、例えば、無償教育の導入、必要な場合における財政的援助の提供のような適当な措置をとる。

　(c) すべての適当な方法により、能力に応じ、すべての者に対して高等教育を利用する機会が与えられるものとする。

　(d) すべての児童に対し、教育及び職業に関する情報及び指導が利用可能であり、かつ、これらを利用する機会が与えられるものとする。

　(e) 定期的な登校及び中途退学率の減少を奨励するための措置をとる。

2 締約国は、学校の規律が児童の人間の尊厳に適合する方法で及びこの条約に従って運用されることを確保するためのすべての適当な措置をとる。

3 締約国は、特に全世界における無知及び非識字の廃絶に寄与し並びに科学上及び技術上の知識並びに最新の教育方法の利用を容易にするため、教育に関する事項についての国際協力を促進し、及び奨励する。これに関しては、特に、開発途上国の必要を考慮する。

第29条

1 締約国は、子どもの教育が次のことを指向すべきことに同意する。
  (a) 子どもの人格、才能並びに精神的及び身体的な能力をその可能な最大限度まで発達させること。
  (b) 人権及び基本的自由並びに国際連合憲章にうたう原則の尊重を育成すること。
  (c) 子どもの父母、子どもの文化的同一性、言語及び価値観、子どもの居住国及び出身国の国民的価値観並びに自己の文明と異なる文明に対する尊重を育成すること。
  (d) すべての人民の間の、種族的、国民的及び宗教的集団の間の並びに原住民である者の理解、平和、寛容、両性の平等及び友好の精神に従い、自由な社会における責任ある生活のために子どもに準備させること。
  (e) 自然環境の尊重を育成すること。

2 この条又は前条のいかなる規定も、個人及び団体が教育機関を設置し及び管理する自由を妨げるものと解してはならない。ただし、常に、1に定める原則が遵守されること及び当該教育機関において行われる教育が国によって定められる最低限度の基準に適合することを条件とする（・・・the education given in such institutions shall conform to such minimum standards as may be laid down by the State.）。

(外務省訳：引用者が一部修正)

　日本における「条約」論議の複雑さは法制上の変容ともかかわる。旧教育基本法では「教育行政は・・・教育の目的を遂行するに必要な諸条件の整備確立を目標として行わなければならない」と規定し、教育の内的事項に対する教育行政の介入には抑制的な規定であった。しかし、旧法は2006年に「改正」され、旧法第10条第2項の代わりに「教育行政は、国と地方公共団体との適切

な役割分担及び協力の下、公正かつ適正に行われなければならない」(16条1項)と内的事項を含む教育全般に対する行政の関与が「不当な支配」に当たらないとする解釈の下地を作ったのである。

　そして、(新)教育基本法第17条における教育振興基本計画の策定は、中央行政、地方自治体、学校などの相互(間)における「目標─評価」のPDCAサイクルによる内容統制を強めている。この点について、「日本国憲法の自由の体系、価値の自由、思想信条の自由、国家に『中立』を強制する規範」(佐貫浩)などを転換するという「教育の自由」侵害の可能性が指摘されている。[2]

　もうひとつの論点は「条約」の解釈にある。「内的事項・外的事項区別論」を含む大綱的基準性の積極的なあり方や疑念が学会その他で論じられるなか、[3] 上位法となる「条約」では、内容・方法への行政介入の是非に関してどういう解釈が妥当となるのか。実態からみても教育困難が深刻であるだけに、内的事項にかかわる「教育の自由」や基準化システムのあり方をいっそう深めていかねばならない段階に立ち至っている。[4]

第1節　「子どもの権利条約」の成立と教育のあり方

　「条約」は、草案段階の当初から一貫して、1960年ユネスコ教育差別待遇反対条約や1974年ユネスコ「国際理解、国際協力および国際平和のための教育ならびに人権および基本的自由についての教育に関する勧告」などへの十分な留意をユネスコが求めており、現実に論点のいくつかが第28条と第29条の正文に結実している。[5] その意味でも、「条約」は「意見表明権」などの新たな条項を含む包括的な「子どもの権利」条約であると同時に世界人権宣言や教育差別待遇反対条約の教育権条項の延長上に位置づけられる教育的な条約のひとつである(第1章、第2章)。[6]

1）条約の国内における適用

　日本では批准前の「新たな国内立法措置を必要としない」「予算措置は不要」（外務省「児童の権利に関する条約の説明書」1992年3月）等の外務省説明がある。注目された意見表明権についても、文部省（当時）による「それが必ず反映されるということまでを求めているものではない」「校則を定めることができる」「国旗・国歌の指導は、・・・思想・良心を制約しようというものではない」（文部省通知『「児童の権利に関する条約」について』1994年5月）などと政府側の受け止めが示されている。

　もとより、「内心の自由」や「市民的自由」等の人権侵害につながる場合は、国内の憲法や下位法と共に「条約」との関連でも正さなくてはならない義務が国家に課されている。その際、憲法上の「思想信条の自由」や「表現の自由」などの規定、あるいは「条約」やILO/ユネスコ「教員の地位に関する勧告」（内容編成に関する教師の権限）などの諸規定を合わせ（第8章）、「国旗・国歌の指導」など、1994年文部省通知その他の一連の動きを含む今日までの「教育内容への国家介入」には検討すべき課題がある。

　見方を変えるなら、学校（教室）現場がこれらの人権の十全な保障がなされる環境であれば、あらゆる素材の教材化の可能性について自由で批判的な検討と相互交流を担保しつつ、創意ある本来の教育実践（社会科の授業づくり等）の可能性も生まれる。

　他方で、その自律的な作業を阻害しかねない教育事項（内容・方法）への行政介入、あるいは教師や学校側の「抑圧的」で「絶対的な自由」裁量が子どもとの関係で認められるかについては別に検討すべき問題もある。こうした国家的・社会的権力と市民（子ども）の諸関係における法制度上の教育内容・方法に関する編成の在り方は、教育権規定のみならず教育の本質に照らして取り組むべき課題が多い（第7章）。

2）教育権規定による国家義務（国家に対する規制）

　2006年ユネスコ資料（担当者 Kishore Singh）『教育権―教育条約と規約13

条、14条』がいうように、教育権を保障するには、条約加盟国の実施義務が国内法体系に組み込まれていなければならない。[7] そもそもユネスコ教育差別待遇反対条約や社会権規約の批准国には、それぞれ独自システムを有する担当機関への国内実施の報告義務がある。

社会権規約の場合は国別の報告審査が行われるが、前者のユネスコ条約の場合は各国別の審査をせず、ユネスコ事務局がまとめた全体報告をユネスコ条約勧告委員会（CR）が分析・報告するシステムである。[8]「子どもの権利条約」では、「条約」上の義務履行の監督・実施主体となる「子どもの権利委員会（CRC）」がこれまで各国（政府・非政府）の報告を審査し、各国別の評価と勧告を行ってきた。いずれの場合も手続きにてらして、それぞれの実施システムによる条約の関与がどの程度まで意義をもちうるのかが論議されてきた。

CRCは批准国についての報告書審査をふまえ、極度の競争的教育制度の在り方を改めるべき旨の日本への勧告を重ねている。たとえば「競争教育」に対する警告では、教育の内的事項（内容・方法システム）への言及が避けられないが、その主旨は国内の制度や教育条件整備についてであり、内政不干渉の大義名分をかざしてCRC勧告を無視する日本政府側の姿勢を正当化できるのかが問題となる。教育実践の在り方に関する積極的な勧告であったとしても、「条約」の核心である「教育の自由」から、その国際機関による振る舞いの正統性をどう理解すればよいかも問われることになろう（第2章、第7章～第9章など）。

早くから「条約」を精力的に紹介してきた喜多明人はこうした「条約」解釈と国際機関による各国対応の本質にかかわる「未成年者人権法としての特殊性」について次のように論じたことがある。

「①人権保障一般の法論理に加えて、成長期に独特な子ども一人ひとりの人権の具体的な行使能力の獲得、子ども固有の権利としての学習と発達への権利の保障という側面。② ①ゆえに人権法一般の論理としての人権行使の完結性を前提とせず、指導（教育）責任主体をともなう人間関係を土台として人権を確保するという側面」[9]

「もっとも、このような市民的自由の問題を提起している条約に対しては、教職員の市民的自由すらないがしろにされているような日本社会の中で、果たして子どもの市民的自由を保障することが可能なのか、という議論は当然ありえる。また、学校現場では"荒れた学校下での権利行使はとても無理"といった発想も根強い。この条約は、生徒の『問題行動』に対して指導上の"特効薬"となるものではないし、おとなの人権問題についても直ちにこれを正すものではない。むしろ、この条約は、21世紀社会までを射程に入れた上での教育のあり方、教育実践の基本的方向をさし示したものとみておくことが大切である」[10]

　ここで喜多は教育上の指導責任主体となる教師の規定をもたない事実に留意しており、「条約」を実質的に「学校の教育実践に」活かそうとする立場を伺うことができる。つまり、「これまでの教育実践において充分自覚されなかった問題への配慮をうながす項目、現代の教育実践の核心に触れ根本からの見通しが求められている項目、実践的に困難がともないすぐには対応しにくい項目」の3項目など、実践的な効能にはレベルの違いがあるという論議である。
　「条約」から直接的な効能（内容や方法まで含む）を語るような立場を本書は共有するものでないが、上の指摘には教育実践の細部（内的事項のすべて）にまで条約を機械的に範とすることに慎重であるべき趣旨が述べられており、「条約」は「指導上の特効薬」でないとの喜多の見解も首肯できよう。[11]
　しかし次の梅田修による指摘は、教育実践上の内的事項の扱いに関してはより説得的なポイントをついていると思われる。
　1つは、「条約」第29条の目的（価値）規定があるものの、それは「教育実践の内容・方法を直接規定したものではない」のであり、実践の検討には「媒介項（学校論・教師論）」が求められるということ、2つは、「条約」は「子ども・親・国家」の法的関係を定めるが、「教師と子ども・親・国家」の法的関係は規定しておらず、「教師（集団）の規定がないこと」は「方法論的な課題」となっている、等である。
　また、梅田はこれらの法的関係の枠組みを前提にすれば、「条約」から教師の指導論を展開するのは「ないものねだり」とも述べたが、これらの観点はき

3)「条約」における教育内容・方法論の位置

上記の梅田修がいうように、「条約」第28条第1項は具体的な教育内容の内的事項に直接ふれた規定とはいえない。Pentti Arajarvi によれば、「条約」規定の新しさは、たとえば、教育を阻害する危険な労働から子どもが守られる同32条など、「ガイダンスと情報、定期就学の促進、不就学の減少」といった教育制度の問題であり、もうひとつは、上記の「子どもの人間としての尊厳を保障する義務」にあるという。[12]

ベルギーの法学研究者 Mieke Verheyde による「条約」の解説では、同28条1項は初等段階から高等教育までの「カリキュラム内容」まで定めるものでなく、内容編成は「締約国の裁量」に委ねられたとする。しかし、子どもの権利との関連で「締約国は、すべてのレベルのカリキュラムが子どもには受け入れ可能(acceptable)とするものでなくてはならない」との権利論的な制約が課せられるとも述べている。[13]

この「受け入れ可能」の概念は「条約」成立以後に定めた社会権規約委員会の一般的意見13号(1999年)の原則となっており、元は Tomasevsky が特別報告者として人権委員会に提起した"4Aスキーム"に由来するものであった(第5章)。それは、カリキュラム構成の裁量に関する「教育の自由」を前提とする教育内容編成の条件整備の観点を述べたものであり、ここでも重要なポイントとなろう。[14] 一方で、Mieke Verheyde は上記第28条の教育権規定が内容編成を「締約国の裁量」に委ねたのではなく、上記第29条の価値規定(第1項の (a)〜(e))における価値の基準化(内容編成)を各国に求めた点に意義があるのだとも述べている。

こうして、Mieke Verheyde は「条約」第29条は学校教育におけるカリキュラムの一定の価値的方向性を示すものであり、同条 (a)〜(e) の趣旨にしたがって各国における「教育の実質的内容は、特に子どもの生活や将来に関連し文化的に適切で質の高いものであるべき」だというのである。また、上記「条

約」第29条第2項に従う「方法でカリキュラムを構成すべき」とさえ主張した。[15]

実際、各国の教育内容に対する子どもの権利委員会（CRC）の積極的な関与の事例は数多い。[16] 背景にはCRCの「条約」第29条第1項に関する公権解釈（2001年一般的意見1「教育の目的」）もあるので、少し長くなるが、検討すべき資料であり、若干の論点を抜粋しておきたい。

- 子どもの権利委員会（CRC）の2001年一般的意見1（第29条1項「教育の目的」）

「3、子どもの教育権はアクセスの問題（第28条）のみならず内容（content）の問題でもある。第29条1項の諸価値を強固にもつ教育の内容は、グローバリゼーション、新技術その他の現象など、変化の時代にあるチャレンジに対し、バランスある人権にやさしい応答が可能となる子どもにとっての欠かせないツールである。・・・略。しかし、現実に問題となる国内外の教育計画や政策では第29条1項の内容の有無が様々で、うわべのあと知恵（cosmetic afterthought）にすぎないケースが非常に多い」

（CRC）第29条1項の機能

「10、条約2条の何らかの理由に基づく差別は、顕在的にせよ潜在的にせよ、子どもの人間的尊厳を侵し教育機会から得る子どもの能力を弱めるか破壊さえする。教育機会への子どものアクセスを否定することは、まず第1に条約第28条にかかわる問題であるが、第29条1項の諸原則に従うことができないことは多くの同じ結果をもたらす。・・・中略・・・これらすべての差別的な実態は、教育は子どもの人格、才能、精神的身体的諸能力の最大限の発達に向けられるという第29条(1)(a)の要請とただちに矛盾するものである」

（CRC）実施・監視・レヴュー

「17、本条項にある諸目的と諸価値は、きわめて一般的な用語で記述されており、その意味は非常に広い範囲にわたる可能性をもっている。このことは、条項にかかわる諸原則による法制上・行政上の指示の保障が不必要であり不適切であると、多くの加盟諸国が思い込むことにつながってきたと思われる。この思い込みには根拠がない。・・・略。」

「18、第29条1項の有効な促進は、教育の様々な目的と教科書その他の教材や教育技術、学校政策などの系統的修正を含め、カリキュラムの基本の改訂作業を求めている。より深い

変更を行う努力を行わず現在の制度に第29条1項記載の目的や価値を付け足すだけの対応では全く不十分である。・・・略。学校で用いる教育方法が、29条1項の教育目的の精神と教育哲学を表すものであることも重要である」[17]

　以上の記述に価値規定の方向性を深く読み取ろうとする立場はMieke Verheydeに限らないであろう。ここでCRCは各国の消極的スタンスを批判しているのであるが、しかしCRCの方向性で内的事項の評価を認めるにせよ、第28条と第29条の規定が「どのような基準化システム」で内容価値を保障しようとするのかは必ずしも明確ではない。各国における教育施策実施状況(例えば、本論終章で述べる「人権教育」が抱える問題性を例にあげても、検討すべき課題は残されている。仮にそれが正しいと思われる教育内容であっても、行政ルートで教育現場に押しつけられる弊害が批判されてきた。[18] 国内の「シティズンシップ教育」についても同じ問題を抱える。扱いによっては市民性の剥奪につながりかねない権力介入がありうるのである。[19] 内的事項をめぐる介入に関し、どのような困難な実態があるのか。Mieke Verheydeが列挙するCRCによる助言自体の検証も求められよう。

4）教育法学の領域で

　日本の教育法学領域でも教育実践の法的扱いに関する問題が派生し、実践過程に分け入る論議が展開されたことに留意しておきたい。例えば、教師の教育権の度合いを子どもの人権ＶＳ実践擁護と整理し、教科と生活指導の二つに分けて対応すべきとした次のような市川須美子の論議がある。

　「校則、裁判などで認定されている広範な教育裁量は、逆説的ではあるが、教師の教育権の否定の上に、学校管理者としての校長に専権的に授権されている。むしろ、要請されているのは、教師の教育権の教育活動領域による分類と、その領域ごとの特質に応じた他の教育人権との調整法理ではないだろうか。すなわち、子どもの学習権保障を目的とする教科教育領域では、教師の教育専門性にもとづく一定の優先的決定権の承認、子どもの人間的発達に

直接働きかける生活指導領域では、子どもと親の人権との接触から生じる教育権の制約に服した、原則として決定権をともなわない指導助言的権限に帰属し、価値観にかかわる領域での原則的には親の第一次的決定権の承認、という教師の教育権の再構成である」[20]

　ここで言われる「教科指導」と「生活指導」は教師側の関与の程度は確かに異なる。両者は一応の区別が認められる。日本では相対的に生活指導領域の担当時間の割合が高いといわれるように国や地域による違いも大きい。しかし、教育指導の本質からみて、いったい生活指導で親の側に決定権＝責任があり、教科指導は教師の側に決定権があると区分けできるかは疑問である。この点については、梅田修による次の指摘がある。

　すなわち、「教科指導と生活指導」の違いは責任の差異ではなく発達段階に対応する区分であって、どの段階も同じというわけでない。しかも、生活指導が教師側にとって「最終決定権のない活動」であり、教科指導はそうでないという領域によって責任の程度を分ける論理には無理がある。何より個々の「生活指導実践の何が誰の権限に属するのかという追究を、際限なく学校（教師）に強いることに」なりかねない恐れも生じるであろうと。[21]

　教育実践における教職や教師評価のあり方は本研究でも論じるが（第9章）、教師の教育権限をすべて否定的に捉えてよいかは疑問である（黒崎勲の「内的事項・外的事項区別論」批判など）。[22] いずれにせよ、学校論や教師論の不在の下では内的事項に対する法的介入の当否とかかわる実践過程の単位（目的・内容・方法・評価など）や、実践の態様に即して教師の役割を含む教育権のあり方について検討すべき課題は山積している（第8章と第9章）。

　しかし、教科指導にせよ生活指導にせよ、領域の区別にかかわる指導内容・方法のあり方が「条約」規定との関連で深く論じられてきた形跡はあまり見当たらない。「条約」論議全般の豊富さに比べ、管見の限り教育実践と教育権論の関連に分け入る論議がそれほど多くない事情もある。[23]

　一方では、具体的な授業のやり方や教育内容・方法まで直接に「条約」から処方箋が得られると、「学習における子どもの自己選択権・自己指導権・自己

評価権」などをふまえた指導上の「批判的な学び方学習」などを読み取って、学習論に結びつけ普遍化する傾向、[24] あるいは、「第12条の『子どもに影響を与えるすべての事柄』には、生活上の処遇や学校の生活規則や処分などが入るのは当然だが、子どもが出席する授業のあり方も、まぎれもなく『子どもに影響を与える』事柄である」などと、[25] 教育実践のあり方が多様に論じられてきた。

　これらの「条約」解釈では、子どもの「内容」選択権の関与を認める積極面は示されたが、すべてを子どもの自由裁量に委ねることもできない内的事項の扱いの矛盾もまた次第に顕在化し始めたのである。

　前記の梅田修がいうように、まず教育実践における生活指導も教科指導も共に教育の論理が貫かれるべき現実がある。そして、いずれの場合も実践の場における「教育の自由」と関係当事者の人権保障を前提に、内的事項への「不当な支配」があってはならず、諸権利の統一的保障を確保しうる教育価値の内容編成基準システムの探求が必須とならざるをえないのである（第2章、第7章～第9章）。

第2節　教育実践の諸条件、基準、主体にかかわる国際的合意形成

　内容編成における「教育の自由」からみて、「条約」第29条が定める教育内容価値の規定には検討すべき課題がある。抽象的ではあるが教育内容の価値を担保すべきとした第29条第1項は、「教育の自由」原則に照らして矛盾があるようにもみえる。この点が長年の論争課題となってきたのである。

　また、「条約」第28条と第29条の教育条項にとどまらず、第3条（子どもの最善の利益）、第5条（親その他の指導）、第12条（意見表明権）、第13条（表現の自由）、第16条（プライバシー・名誉の保護）、第21条（養子縁組）、第30条（少数者・先住民の子どもの権利）、第31条（休息、余暇、遊び、文化的・芸術的生活への参加）等との関連でも見過ごすことのできない論点であろう。

1）「条約」の成立経緯における教育内容の位置づけ

「条約」第29条第2項にある2つの要件（「この条又は前条（第28条）のいかなる規定も、個人及び団体が教育機関を設置し及び管理する自由を妨げるものと解してはならない」、並びに「当該教育機関において行われる教育が国によって定められる最低限度の基準に適合することを条件とする」こと）は、第1項（内容価値）を規制する必須の要件である。

第28条（教育権）の当事者主体の権利性は、第29条第1項(a)～(e)の「教育の目的」の抽象的大綱的な目的規定にとどまらない教育内容規定（価値）の列挙についても、「自由を妨げるもの」ではないとの第29条第2項によて相互の関係を調整し、同2項「国によって定められる最低限度の基準に適合することを条件」に自主的民主的な内容編成をめざす方向において矛盾を統一できる論理上の可能性はある。

ここで「国」が定めるとした「基準」の意味について、管見の限り「条約」草案の審議過程で深められた形跡は見当たらず、ユネスコ代表が再三にわたり教育差別待遇反対条約をふまえるべき旨の発言を繰り返している点に照らしても、第2章でのべた「権限のある機関」による基準化の論理に留意する必要があると思われる。

また、第29条第1項の目的規定については、世取山洋介による次のような両者を整合的に捉える見方を示していることにも留意しておきたい。

「教育目的条項を定めた条約第29条（教育の目的）は、第3条（子どもの最善の利益）、第21条（養子縁組）、そして、第13条（表現・情報の自由）ないし第16条（プライバシー・名誉の保護）との整合性から見て、また、ILO/ユネスコ共同勧告の筋からみて、少なくとも教育内容にたいする国家の介入を正当化しているものとはいえず、逆に、教師の教育の自由について、本条約がその主張と親和的であるとさえいえる」[26]

「条約」の起草過程でも、個人と国家の関係における「教育の自由」から教育内容（価値）の扱いに関する懸念はあった。1978年段階の「条約」起草時

における西ドイツ（当時）の次の文書など、教育内容編成上の条件整備や「教育の自由」にかかわる複雑な「権利―義務」関係に注意を向けた一例である。

「本条約草案が基礎とする1959年児童権利宣言とは異なり、条約は個々の規制の法的範囲について何らの疑念も残すべきでない。とくに、個人の権利にかかわる規定と、国家が対応する課題との間は明確に区別しなくてはならない。さらに、教育の目的・内容・方法に関する草案の規定は別に検討すべきであろう」「教育の目的・内容・方法にかかわる草案の規定は、個人か国家のどちらかの権利だけで考えることができない」[27]

次の「条約」第29条にかかわる「価値への権力的な介入」の問題点に関する荒牧重人の付言も、旧教育基本法が改正に直面した時期（2004年）の教育関連学会共同行動で記された以上の論旨と重なる指摘となっている。

「なお、教育の目的規定を実施するにあたって、国は、教育の目的が規定された経緯からも、教育の本質からも、『教育の自由』を尊重し、諸条件整備の義務を果たすことが求められており、教育の目的を実現する方法並びにそれに反する教育を排除する方法は非暴力的でなければならない。教育が時の権力に利用され、左右されやすいことなどを考慮すれば一般的意見１はこの点を丁寧に指摘すべきであった。教育の目的規定の実施の方法が、内面的な価値への権力的な介入になった場合、当然ではあるが、子どもの知る権利、思想の自由等で対抗できることも付言しておきたい」[28]

成立経緯からみれば、「条約」第28条の教育権規定は「教育の質」への権利の規定でもある（前例に、教育差別撤廃条約第１条「教育という言葉は、教育のあらゆる様式および水準に関連しかつ、就学の権利、教育の基準と質ならびに教育条件をふくむ」がある）。

しかし、「条約」では「教師等の専門家の位置づけはまったく条約の射程距離外にある」（世取山）のであり、例外を除き（とくに親の権利）、教育実践（目標・内容・方法・評価）に直接かかわる自主的な教育活動の具体的な諸条件、基準、

主体（教師集団、学会・大学、市民）の形成について明示的な関係規定を有しないため（教師規定の欠如）、教育過程上の内容・方法の記述には元から「条約」固有の限定があったとみるべきである。[29]「条約」が教育に無関係というわけではなく、教育実践上の教育権を語る場合は1966年 ILO/ユネスコの「教員の地位に関する勧告」や1960年教育差別待遇反対条約等、合意形成全体の関係構造を視野に入れて検討することにならざるをえないのである。

そこで、ユネスコ機関の活動基盤となる教育差別待遇反対条約の審議において基準設定の困難さが関係者を悩ませた事実も想起しなくてはならない（第2章）。[30] 論題となった学校選択権の「自由」と子どもの教育権の実質を確保すべき「基準」論は、民主的な内容（価値）基準の自律的編成作業を不問に付したまま「条約」第29条第2項に引き継がれたと考えなければならない。それは「条約」の欠陥というより、子どもの成長発達に直接に関与する専門職（医師、教師その他）の規定を含まない「条約」の性格によるものなのである。

内容編成を図る教育実践の主体形成（子ども・親・教師や専門機関）や学校（集団）の主体形成にかかわる規定を「条約」が一切持たないだけに、教育実践を扱う際は改めて内的事項の編成を担当する何らかの「権限のある機関 (competent authorities)」（教育差別待遇反対条約）と同種のシステムを媒介項として組み入れる必要がある。その意味で、第29条第2項の「第1項に定める原則が遵守されること及び当該教育機関において行われる教育が国によって定められる最低限度の基準に適合することを条件とする」旨の規定は有力な手掛かりとなるはずである。

それにしても「条約」規定においても内容基準に関する規定は、およその方向性が明示されるにすぎない。それは審議経緯の当初から予想されたことでもあった。[31]「条約」の国連人権委員会における起草過程に立ち戻れば、審議資料として同委員会に提出された1979年「子どもの権利の法的保護に関する会議」の声明文にある「教育」関連の次の資料第4項～第8項の提起は興味深く、特に次の第5項の声明文では、本論がテーマとする民主的な主体（担い手）形成につながりうる基準化システムの構想となっていたのである。

第 4 章　教育の内的事項と「子どもの権利条約」　139

資料　1979 年「子どもの権利の法的保護に関する会議」の声明文

4、適正な定数の教員養成を含む教育手段を整備することは国家の第一義的義務である。

5、教育プログラムの内容と形態を決定する上で、国家、両親、教員、子ども自身、及び、彼らのあらゆる代表組織の代表すべてが重要な役割を担う。それらの決定に対する責任をどのように果たされるかは、多様な諸国の制度的社会的構造と伝統に依存するが、それらの4者のうちのどれかの他者を排除して過度の責任を課すのであれば、危険である。それゆえ、法律で単一の機構に責任を課す場合は、他のすべての関係者が決定に参加できることを保障するものとする。

6、可能な限り、子どもと親は、両者とも子どもが能力を全面的に発達させることができる最良の選択による教育方法の改善を享有するものとする。

7、能力に問題をかかえるか障害のある子どものための特別な教育を行うことが望まれるときも、可能な限り他の子どもたちと共同で教育を行うものとする。

8、法制上も事実上も、まだ実現していないところでは、利用できる資源によって、芸術、人文科学、スポーツ、数学、科学、工学、経済学、全専門領域の医学、行政学など、あらゆる領域、及び、あらゆるレベルの教育を女性（大人と子ども）も男性（大人と子ども）と同等の教育が受けられるものとする。[32]

　この視点は「条約」に結実しなかったが、経緯からみてきわめて重要である。結局、実践を規定（制約）するはずの「条約」第 29 条の価値規定はどうみればよいのか。本論の視点と重なる世取山洋介のいう次の論点にも注目すべきであろう。

　「本条約における教科教育領域における国家が引き受けるべき役割について混乱を招いている最大の要因は、本条約第 29 条において、その法的性格が不明確なまま、多くの教育目的が規定されていること、そして、教育目的規定がまったく異なる二つのベクトルをもちうるということである」[33]

この世取山のいう二つのベクトルとは「教員に専門的自由としてアカデミック・フリーダム（ILO/ユネスコ勧告）が保障されなければならないとするベクトル、教育目的を実現することを「確保」すべきだからこそ、教育内容統制が認められるべきとするベクトル」である。「条約」成立に至る議論で教育目的の挿入は「教育の自由」と抵触するのではないかとの疑念が出されたが、この点について世取山は、「国際人権宣言においても同様の教育目的規定が置かれているが、このような規定を設けることについては、それが『教育の自由』に反するのではないかとの疑問が西欧先進主義国（ママ）から端的に提出されながらも、それが、いかなる法的性格をもつべきなのか、ということについて明確な決着がつけられないまま導入されたという経緯がある」と述べている。確かに教育の自主性の根拠としての目的規定の意義などは国際機関で論議が幾度も重ねられてきたのであり、[34]「条約」第29条1項の目的規定では、国際理解、平和、人権、環境などの価値の列挙が一種の規制概念として問題視されてきたのである。

2）親の内容選択権と指導の権利

　目的・目標規定を「条約」に具体的に書き入れることは教育の自由になじまない、等の主張はこれまでも度々論じられてきた。では誰がどのように教育内容・方法を編成するのか。編成主体を構成する「子ども・保護者・教師」の三者の権利の関係性は本質的に矛盾するものか（あるいは予定調和か）。「条約」第29条第2項に「国が定める教育の最低基準」のフレーズがあるにしても、同規定の教育の自由を前提に、ユネスコ教育条約の定める「権限のある機関（competent authorities）」の内容編成作業が基本であり（第2章）、自主的民主的な教育課程づくり・学校づくり・地域づくりの合意形成（基準化）がめざされる。

　また、「条約」第5条には次のような親の指示及び指導（direction and guidance）に関する規定もあるが、教育内容編成における親の指導の関与はどのように解釈すればよいのか。

第 4 章　教育の内的事項と「子どもの権利条約」　141

「条約」第 5 条
　締約国は、児童がこの条約において認められる権利を行使するに当たり、父母若しくは場合により地方の慣習により定められている大家族若しくは共同体の構成員、法定保護者又は児童について法的に責任を有する他の者がその児童の発達しつつある能力に適合する方法で適当な指示及び指導を与える責任、権利及び義務を尊重する。

　宗教教育については、親の権利に関する確固たる欧米の伝統が知られる。その歴史的状況を背景に、世界人権宣言第 26 条は第 3 項「教育の種類を選択する親の権利」を定めユネスコ教育条約や規約教育権では親の教育選択権が明記されたが、子どもの権利規定との調整をはかる論議の経過を経て、今日に及んでいる。
　検討すべきひとつには親の教育内容選択それ自体の問題がある。「条約」第 3 条第 1 項にある「社会福祉施設、裁判所、行政当局又は立法機関のいずれによって行われるものであっても、児童の最善の利益が主として考慮されるものとする」とする規定は、児童権利宣言第 2 原則や世界人権宣言第 26 条第 3 項を受けるが、Pentti Arajarvi のいうように、いずれも「子ども自身による教育選択権の規定」ではない。しかし、「条約」第 13 条や第 14 条における、思想、良心、宗教の自由の尊重、表現の自由等は子どもの権利として規定しているのである。[35]
　したがって、「条約」第 5 条（親その他の指導）は、第 12 条（意見表明権）、第 13 条（表現の自由）、第 14 条（思想・良心・宗教の自由）、第 21 条（養子縁組）、28 条（教育権）などとの関係で様々な決定に参画する子どもの権利とみることもできる。第 5 条（親その他の指導）は教師の指導一般にも示唆を与えるが、細かな具体的目標・内容まで親の権利を規定したとみることはできない。[36] 同条の「子どもに法的責任を負うものの指導」には教師が含まれるか否かの論争もあるが、[37] そもそも指導方法上の処方箋を「条約」自体に期待するような過大評価はできないのである。

また、「条約」第12条（意見表明権）の規定についても具体的な特定の教育指導論を読み取る傾向がさらに強くなりかねない恐れが度々生じてきたが、指導場面における子どもの自己決定権（論）についての配慮（負の自己決定への対応を含め教育指導との機械的対立を意味しないこと）が求められてきた。

　荒牧重人は、この「意見表明権」の解釈についての三つの傾向（①自己決定権的側面を強調＝年齢、成熟度の高い段階、②参加権的側面を強調＝決定過程で、③手続き的側面を強調＝最善の利益を確保するための告知、聴聞、申立て）を整理している。確かに年齢と成熟の程度で子どもの関与する度合いが提起されているといえよう。[38] 未熟な段階での権利制限には合理的な根拠が求められるのであり、[39] 発達段階の違いで「人権保障」の度合いが違うのではなく、発達の視点を入れつつ各段階の教育人権保障と整合させる必要があることを示唆するものである。

　「条約」起草時の「本条約の締約国は、自己の考えをまとめる力のある子どもに対して、自身に関する問題とくに結婚、職業の選択、医療、教育、レクリエーションについての意見表明の権利を与えなければならない」とする1979年ポーランド原案7条でも、審議では、「リストを限定すべきでない」「その子どもに影響を与えるすべての事柄について」等の論点が出された。「条約」第21条（養子縁組）ではこれらのすべての事柄についての子どもの表現の尊重と参加が求められたのである。

　しかし、言うまでもなく「教育実践のいかなる段階でも子どもの声を聞き取ることが重要である」等、ひとつの指導の仕方としてありえても、それは（意見表明権や「表現の自由」）、「子どもの意見を聞きいれること自体が教育指導である」といった具体的な指導論のマニュアル的実践の法的明示と解されるものではない。[40]

　教育内容の編成に関しては、かつて日本の教育裁判における論議のなかで、堀尾輝久が次のように述べていたことも、子どもの発達に即した基準化システムの構築に発展的に生かすことのできる論理であったと思われる。

「文化価値はそのまま、教育的価値ではない。文化価値は、発達をうながし、人格形成に役立つものである限り、その子どもにとって教育的意味をもつ。だから、文化価値は、それが子どもとかかわるかかわり方、そのときの存在形態を含んで、教育的価値としてとらえなおされる。伝えられ、教えられるべき文化内容は、文化価値独自の体系性と、子どもの発達の法則性にもとづいて再構成されることによって、教育的価値を担うものだといえる」[41]

　こうした観点と教師側の責任については、その後、「専門職主義と民衆統制」による「予定調和的枠組み」（黒崎勲など）等の批判がなされることがあったが、[42] しかし、本章で論じてきたように教師の指導性を前提とする、教師や関係者の役割や基準化システムの検討（否定的であれ肯定的であれ）を欠かすことはできない。その教育価値論と教育人権の統一的保障の検討を抜きに、「子どもの発達」の積極的な方向をめざすことはできないであろう。教師専門職の仕事をすべて無謬とする無批判的な是認としてではなく、第一義的には「条約」の示唆する「各発達段階における人権と教育権の保障のあり方」をより積極的に捉える基準化システムと条件整備のあり方の模索として「条約」の趣旨を生かすための「教育の自由」と民主的基準化システムの探求なのである。

小括

　「条約」の価値規定が各地の教育実践（内的事項）に直接に介入すべきではないとしても、「学校裁量」や「自主性」の名で国家・社会が「条約」による条件整備施策（外的事項）の点検を避けることは「条約」本来の趣旨に反することになる。その意味でも、「条約」が定める「人権としての教育」の積極面は内的事項への直接の介入にあるのではなく、実践当事者による自主的民主的展開とその実質的保障のための条件整備とローカルな基準化システムの民主的構築に生かされるものでなくてはならない。

　「条約」は数多くの批准国に支えられる他に類をみない「普遍性」をもつ人権条約となった。しかし、それは超歴史的・普遍的な価値規範の機械的・修身道徳的提示としてではなく、「教育の自由」と自律的な基準化システムのあり

方と関わって検討されるべきものとしてある。

また、「条約」は子ども自身が学ぶことを期待される人権条約でもあり、その場合には「条約」自体が教育内容となる。では、条約成立の経緯、背景、その他の国際的合意等をふまえつつ、実践でその条約自体を扱う際の「目標・内容・教材・方法・評価」をどうするのかについても、たとえそれが普遍的価値であろうとも実践場面ではそれが子どもへの押し付けであってはならず、創意をこらすべく自主的民主的な課題の追究としてでなければ「条約」本来の趣旨とも合致しない。

かつて三種類の年齢別パンフレットを作成したスウェーデンの事例などの「子どもたちに対する継続的な広報」、あるいは「子どもに関わる専門職（教師・警察官・裁判官・弁護士・ソーシャルワーカー等）に対する子どもの権利に関する研修」などの措置も散見され、CRCによる報告審査のポイントとなってきた。[43]

そうであるにしても、「条約」内容の扱いも強制的な道徳訓話にしないなど、実践レベルの慎重な配慮は常に必要である。「条約」の淵源となるジュネーブ宣言も時代的制約があり、「子どもの権利条約」を最初に提案したポーラン側の理由のひとつが「70年代が東西のイデオロギー対決の時代であった」であったように、[44] 時々の国際関係が反映している。様々な合意形成自体を教材として扱う場合、激動する国連の機構論（あるいは民主化）、ユネスコ機関論、NGOの在り方や、それらの歴史的社会的性格に関する本来の教育学習が求められるゆえんでもある。[45]

注

1 欧文では Sharon Detrick, *The United Nations Convention on the Rights of the Child*, Martinus Nijhoff Publishers, 1992.、その他。邦文では、喜多明人「国連・子どもの権利条約生成過程の研究」『立正大学文学部研究紀要』第5号（1989年）、所収。永井憲一編『子どもの権利条約の研究』法政大学出版局（1992年）、など多数。
2 佐貫浩「『政治的中立』と教育の公正」『教育』2015年9月号、25頁。
3 近年の論考では次の文献が有益である。佐貫浩「『国民の教育権論』を継承する」『戦後

日本の教育と教育学』別巻、かもがわ出版、2014年、所収。
4 古野博明「教員評価のシステムづくりに関する一考察」『教育目標・評価学会紀要第2号1992』、河原尚武「学校における教育実践評価試論」『同第3号、1993』、などの論考が参考になる。
5 Sharon Detrick, op. cit., p52.,& p.68.
6 このような問題意識のもとに「子どもの権利条約」の性格を論じている初期の労作に、梅田修「子どもの人権と教育実践」晃洋書房『現代学校論』1993、などがある。
7 UNESCO, *Comparative analysis, UNESCO Convention against Discrimination in Education(1960) and Article 13 and 14 (Right to Education) of the International Covenant on Economic, Social and Cultural Rights: A comparative analysis*, UNESCO. 2006、p.27.
8 Ibid.
9 喜多明人「子どもの権利条約をめぐる現況と理論的諸問題」永井憲一編・法政大学出版局『子どもの権利条約の研究』1992年、44頁。
10 同前、喜多、9頁。
11 同前。
12 Pentti Arajarvi, ARTICLE 26, in *The Universal Declaration of Human Rights – A Common Standard of Achievement*, Edited by Gudmundur Alfredsson and Asbjorn Eide,Martinus Nijhoff Publishers, 1999, p560.
13 Mieke Verheyde, *A Commentary on the United Nations Convention on the Rights of the Child, Article28: The Right to Education*, Martinus Nijhoff Publishers, 2006, p26.
14 Ibid.
15 ibid.
16 ibid., pp. 27～28.
17 UN Doc., CRC/GC/2001/1,CRC, "The Aims of Education, Article 29(1), (2001)", General comment 1. 17 April 2001.
18 ①八木英二・梅田修『いま人権教育を問う』大月書店、1999年、②八木英二・梅田修『人権教育の実践を問う』大月書店、2002年など。
19 佐貫浩『道徳性の教育をどう進めるか』新日本出版、2015年、170頁−183頁。
20 市川須美子：日本教育法学会94年要綱。ここでは、子どもの人権（派？）とは、生活指導への責任性（学校教育裁量）を考える立場で、実践擁護（派？）とは典型としての教科書裁判に示される立場を指している。引用文は、市川須美子「子どもの人権と教育法学」日本評論社『法の科学』第20号、1992年、189頁−190頁。
21 梅田修「子どもの人権と教育実践」『現代学校論』1993年、253頁〜256頁。
22 黒崎勲「教育権の論理から教育制度の理論へ」世織書房『教育学年報1』1992年、その他の著作。

23　荒牧重人「教育への権利の国際的保障」『専修法研論集第二号』1988。『子どもの権利条約の研究』法政大学現代法研究所叢書、1992 など。「子どもの権利条約」研究グループの中で、教育条項の解説を担当してきた荒牧重大は、国際的合意に即した教育関係事項の整理を行っている。
24　竹内常一　『学校の条件』青木書店、1994。
25　奥平康照「子どもの権利条約と授業改革」国土社『教育』九四年九月号。竹内常一「いまなぜ学習を問題にするのか」『教育学研究』第 60 巻第 3 号、1993。
26　世取山洋介「子どもの権利条約と学校教育」国土社『教育』94 年 9 月号。
27　UN Doc., E/CN.4/1324, question of a convention on the rights of the child, report of the Secretary-general, 1978. P11.
28　荒牧重人「教育理念・目的の法定化と国際教育法」、教育学関連 15 学会共同公開シンポジウム準備委員会編『教育理念・目的の法定化をめぐる国際比較』つなん出版、2004 年、34 頁。
29　教育実践の主体（とくに教師［集団］）に言及していないことについての指摘は多い。喜多明人『新時代の子どもの権利』エイデル研究所、1990。牧柾名『かがやけ子どもの権利』新日本新書。世取山洋介「子どもの権利に関する条約案の法的課題」(『法律時報』61 巻）。前掲、梅田論文など。
30　UN Doc., 10C/23Add.1958.
31　教育権保障の実施措置に関する「子どもの権利委員会」の動向では、「子どもに条約を広報する手段として委員会がとくに重要視しているのが、学校教育におけるカリキュラムの改訂である・・」（平野裕二「子どもの権利委員会傍聴報告第 3 回、『教育評論』94 年 3 月）といわれる。単なる条約の広報活動なのか、どういう方法・形態で条約の精神が学校カリキュラムの編成に生かされるのか、逆に、個々のカリキュラム編成が「条約」の論議とどういう意味で関連してくるのか等、「子どもの権利委員会」の行動についても、「条約」の精神は、内的事項に対する直接の法的拘束を前提にするものではないことを前提に、ケース毎の推移を検証しなければならないであろう。
32　UN Doc., E/CN.4/L.1428, p.4.
33　前掲・世取山『教育』論文。
34　同上。
35　Pentti Arajarvi, op.cit., p563.
36　「『親・保護者その他子どもに法的責任を負うものの指導』の内容として第五条が示しているのは、①子どもの権利行使に対する指導であり、②子どもの能力の発達と一致した方法での指導ということである。」（梅田修の前掲論文 240 頁）との指摘がある。第五条が、宗教教育に関する両親の権利と子どもの権利との調整（妥協）の産物である事情については、次を参照。山口和孝「多文化社会の教育と宗教をめぐる現代的課題」『教育学研究』

第 62 巻第 3 号、1995 年。
37　第 5 条に教師が含まれるかどうかについては異論がある（季刊『教育法 85』一九九『26 頁の広沢・喜多の対談』。
38　荒牧重人（季刊「教育法」78 号、1989）。
39　前掲、注 4。
40　国内法では、兼子仁が、「略‥父母・生徒参加を国の画一的・政策立法によって制度化するようなことは、のぞましくないのではないだろうか。‥‥あくまで、各学校における内規や運用慣行づくりを通して、父母・生徒参加を『学校慣習法』によって確立していくことが基本」（神田修編著『教育法と教育行政の理論』三省堂、45 頁）と指摘し、参加システムの具体化についても、法規による制度は望ましくないとしている。実践の形態が明示されている学校教育法第一一条のただし書きもヤ「法禁されているから」体罰教育がいけないのではなく、教育の原理の例外的な確認規定にすぎない（同、46 頁）。
41　堀尾輝久『現代教育の思想と構造』岩波書店、1971 年、324 頁。
42　黒崎勲、前掲書、52 頁。
43　平野裕二「子どもの権利条約をめぐる各国の取組み」日本教育法学会第 25 回定期総会第 2 分科会報告資料、1995 年、参照。
44　アダムーウォパトカ「なぜ、ポーランドは子どもの権利条約を提案したのか」『季刊：教育法 92』1993 年。
45　この問題点を論じたものに、山口和孝『子どもの教育と宗教』青木書店、1998 年。なお、報告審査における「子どもの権利委員会」のガイドラインは、子どもの思想・信条の自由を重視している（UN.Doc, General guidelines Regarding the Form and Contents of Periodic Reports to be Submitted by States Parties Under Articles 44 Paragraph 1 (B) of the Convention Adopted by the Committee on the Rights of the Child at its 343rd meeting [30th session] on 11 October 1996）。環境権については、UNEP, *Children and the Environment*, UNEP, 1990, p.13. など。

第 2 部　教育権と公教育制度原理

　第 1 部では、1948 年世界人権宣言、1960 年教育差別待遇反対条約（ユネスコ教育条約）、1966 年国際人権規約、1975 年障害者権利宣言から 1989 年子どもの権利条約までの成立経緯における教育権論議をみてきた。

　その後、20 世紀末頃には、国際人権（社会権）規約の条約委員会（以下、「社会権規約委員会」と略）が 1999 年「初等教育の実施計画に関する一般的意見 11 号」や、[1] 1999 年「教育権に関する一般的意見 13 号」、[2] などを定めた。また 1989 年子どもの権利条約の成立以後、同条約の条約機関である子どもの権利委員会（CRC）が 2001 年子どもの権利に関する一般的意見「教育の目的 1 号」をまとめ、[3] それぞれの条約規定に関する公権解釈を示している。

　同時期には第 1 部でふれた教育差別待遇反対条約や社会権規約第 13 条、第 14 条がどこまで実施されているかを検証する実効性のモニターも新たに始まっている。[4] 1990 年ジョムティエン世界会議や 2000 年ダカールのフォーラムなど、ユネスコは関連機関や各国政府との協力の下で教育条約の実施に関わる事業としての国際プロジェクト「万人のための教育（Education For All）」（EFA）を新規に立ち上げることになった。これらの動きと共に、国連人権委員会は 1998 年から「教育権」の実施にかかわる事業を新たに始め、人権理事会への国連機構改革（2006 年～）を経て、活動を継続し今日に至る。

　国連人権委員会から人権理事会につながる活動の経緯を時系列で整理すれば次のようである。これらの取り組みは、後述のように国内外の激変の下で抱え込んだ新たな困難への対応でもあった。

① <1998 年～ 2006 年>　初代担当者の立ち上げと "4 A スキーム" の提起）。人権委 [旧] から人権理 [新] に至る時期で、国連経済社会理事会内の人権委 [旧] が、教育権実施を主たる任務とする特別報告者を設置任命したのは、1998 年 4 月 17 日の第 54 回人権委決議においてであった。そして、初代担当者 Mustapha Mehedi が事前の準備をし、

新規の特別報告者として Katrina Tomasevski（1998-2004）が指名され活動を始めた。2001年同氏の任期が更新され、2004年 Vernor Munoz Villalobos に引き継がれた。その交代後に人権［旧］の人権理［新］への機構改革が行われ、2006年人権委［旧］決議までの時期を組織改革前の第1期と区分する。[5]

② <2006年〜2010年> 国連人権委員会から人権理事会への組織体制改革がなされ、担当者 Vernor Munoz Villalobos（2004－2010）の任期中途で、2006年に人権理事会への体制変化があった。その後も同氏の活動は継続され、2010年時点の Kishore Singh への交代までを変動期とみることができる。[6]

③ <2010年〜現在> 「機会均等」原則と「内的事項」への関与）。2010年に任命された Kishore Singh（2010－現在に至る）の人権理［新］における新体制が始動し始め今日の段階に至る。活動内容も2011年報告から2014年報告に至る間を新たな特徴がある第3期として区別できる。その特徴は、2014年　人権理事会「教育権」特別報告者「子どもの到達度評価と教育権の実施報告」その他、教育の内的事項（内容・方法）に踏み込む傾向も新たにあらわれ始めている。

ところで、第2部第5章では、格差分断が進行する義務教育危機への対応や、90年代以降の転換に伴う教育権論議の動向を整理し、第6章は人権理事会［新機関］（2011年4月）に提出された「教育権に関する報告書—教育機会均等の促進」（以下、2011報告と略）による教育機会均等原則の特徴と問題点を検討した。また、第7章では、2014年5月「教育権」特別報告者 Kishore Singh による「子どもの到達度評価と教育権の実施報告と勧告」等を素材に、近年の教育権論議を分析し、学習到達度や教育方法にまで踏み込む特別報告の特徴と問題点を整理している。

第5章　年限延長論と条件整備論

　日本の高校就学率をみると、高度成長期を経た1974年時点で進学率9割を超え、ほぼ横ばいながらも漸増し現段階は98％に到達している。大戦直後は

就学者が3割程度にとどまり、憲法・教基法の予定した後期中等段階までの単一民主的制度に相応するものではなかった。1960年時でも5割程度にすぎなかったが、70年代にかけて漸増し始め、その後9割を超える1974年以降、実質的な公共性議論を行う新たな条件が生まれた。戦前の複線型とは異なる「誰もが参加でき、開放されている」という民主的制度基準にてらすなら、「進学率」に限ってであるが、70年代半ばを境に高校制度が一定の「公共性」水準まで到達したかにみえる。

70年代半ば以後は後期中等以後も公共性の実質的認知をいっそう確かなものとしなくてはならない「12年間の教育保障」（乾彰夫）を構想しうるという時代に到達したといえよう。[7]

しかし他方で6・3・3・4制には新たに中高一貫制や小中一貫制が組み込まれるなどの制度変容が強いられ、2006年教育基本法「改正」、2007年関連法制「改正」その他を含め「市場的公共性」を装う新たな難題を抱え込む事態もある。

そこで、大戦後の小中義務制から高等学校までの「年限延長」の論議を継承し（第1章、第2章）、今世紀に至る義務年限延長や就労期への接続論も反映させた1999年社会権規約委員会の教育権に関する一般的意見13号を最初に抜粋しておきたい。

資料

- 1999年　教育権に関する一般的意見13号（社会権規約委員会）

I. 第13条の規範内容

第13条第2項：教育を受ける権利—若干の一般的考察

6 この条項の厳密かつ適切な適用は、特定の締約国に存在している条件によるであろうが、教育はすべての形態及び段階において、以下の相互に関連するきわめて重要な特徴を示すものでなければならない。

(a) 利用可能性。（後述）、(b) アクセス可能性。（後述）、(c) 受容可能性。（後述）、(d) 適合可能性。（後述）

第13条第2項(a):初等教育への権利

8 初等教育には、すべての形態及び段階における教育に共通の利用可能性、アクセス可能性、受容可能性及び適合可能性の要素が含まれる。

9 委員会は、「初等教育」という文言の正しい解釈に関する指針を、すべての者のための教育に関する世界宣言から得るものである。同宣言は次のように述べる。「家庭外で子どもの基礎教育を提供する主な制度は初等学校である。初等教育は、すべての子どもを対象とし、すべての子どもの基礎的な学習ニーズが満たされることを確保し、かつ地域の文化、ニーズ及び機会を考慮に入れたものでなければならない」(第5条)。「基礎的な学習ニーズ」は同世界宣言第1条で定義されている5)。初等教育は基礎教育と同義ではないものの、この2つは緊密に対応している。この点で委員会は、「初等教育は基礎教育の最も重要な構成要素である」というユニセフの立場を支持するものである。

10 第13条第2項(a)で規定されているように、初等教育は、「義務的」であり「すべての者に対して無償」であるという2つの顕著な特徴をもつ。両文言に関する委員会の所見については、規約第14条に関する一般的意見第11のパラグラフ6及び7を参照。

第13条第2項(b):中等教育への権利

11 中等教育には、すべての形態及び段階における教育に共通の利用可能性、アクセス可能性、受容可能性及び適合可能性の要素が含まれる。

12 中等教育の内容は締約国によりまた時代により様々であるが、そこには、基礎教育の修了と、生涯学習及び人間的発達のための基盤の強化が含まれる。それは生徒に、職業教育及び高等教育の機会に向けた準備をさせるものである。

第13条第2項(b)は「種々の形態の」中等教育に適用されるとされており、中等教育は異なった社会的及び文化的環境における生徒のニーズに対応するために柔軟なカリキュラム及び多様な提供システムを必要とすることが認められている。委員会は、普通の中等教育制度に並行した「代替的な」教育プログラムを奨励するものである。

13 第13条第2項(b)によれば、中等教育は「すべての適当な方法により、特に、無償教育の漸進的な導入により、一般的に利用可能であり、かつ、すべての者に対して機会が与えられる[accessible;アクセス可能な]もの」とされる。「一般的に利用可能」という表現は、第一に、中等教育は生徒の表面的な理解力又は能力によるものではないこと、第二に、

中等教育はすべての者にとって平等に利用可能になるような方法で全国に提供されることを意味する。「機会が与えられる」という言葉についての委員会の解釈については、上記のパラグラフ6を参照。「すべての適当な方法」という表現は、締約国が、異なった社会的及び文化的背景において中等教育を提供することにつき、多様かつ創造的なアプローチをとるべきであるという点を強調したものである。

14 「無償教育の漸進的な導入」とは、国は無償の初等教育に優先順位をおかなければならないものの、無償の中等教育及び高等教育の達成に向けて具体的な措置をとる義務も負っていることを意味している。「無償の」という言葉の意味に関する委員会の所見については、第14条に関する一般的意見第11のパラグラフ7を参照。

技術及び職業教育

15 技術及び職業教育（technicaland vocational education；TVE）は、教育についての権利及び労働権（第6条第2項）の両方の一部をなすものである。・・・略。

第13条第2項（c）：高等教育に対する権利・・・略。

第13条第2項（e）：学校制度、十分な奨学金制度、教育職員の物質的条件

25 「すべての段階にわたる学校制度の発展を積極的に追求し」なければならないという要請は、締約国には学校制度について総合的な発展戦略をもつ義務があるということを意味する。この戦略はすべての段階の学校を包含したものでなければならないが、規約は締約国に対して、初等教育を優先するよう求めている（パラグラフ51を参照）。「積極的に追求」するとは、この総合的戦略には政府による一定の優先順位が与えられるべきであり、かつ、いかなる場合でも、精力的に実施されなければならないことを示唆するものである。

26 「適当な奨学金制度を設立し」なければならないという要請は、規約の無差別及び平等条項とあわせて読まれるべきである。奨学金制度は、不利な立場におかれた集団に属する個人による教育上のアクセスの平等を高めるものであるべきである。[8]

第1節　義務教育年限論の展開

1）共通の教育コア

50年代に始まる義務教育年限延長論（第1部第1章）の1998年段階におけ

る集約では、義務教育年限延長制は3年から11年までの幅があった。第2節の人権委員会報告「教育権」でも選択権への言及はあるが、[9] 1999年報告は、選択ではない共通の制度を視野に、①義務教育への子どもの権利と共に、②国家や親の義務と意思決定を基礎とする条件整備「義務」としての初等教育段階の教育権に関するグローバル・ミニマム論を展開している。しかし、「子どもの最善の利益」と「親の意思決定（としての選択権）」の調整では課題が残された。

次の2000年人権委報告「教育権」には義務教育年限延長に関するユネスコ教育資料の引用がある。就労期に向けた職業教育の基礎に関する「（接続期の）共通の教育内容（コア）」が再び重視されたという意味で、それは、現下の日本（小中一貫や中高一貫の「改革」動向）とは異なる内容編成の方向が示され国連内の論議としても興味深い。

 資料

- 義務教育無償性について（2000年人権委報告「教育権」E/CN.4/2000/6）

「国際人権法は初等教育が義務的で無償であることを明確に求めている。しかし、義務教育年限が初等教育同じであるとの仮説はもはや正しくない。繰り返すが、特別報告者の任務は無償義務教育の漸進的実施にある。初等教育と義務教育の年限の間には違いがある（図3）＊。データの利用できる多くの諸国で、義務教育年限は初等教育段階を超えている。義務教育年限延長は二重の原理にしたがう。：一つは、就学終了年齢の引き上げで成人期への早すぎる接近（雇用であれ結婚であれ）から保護し、もう一つは、同一の学校とクラスですべての子どもにインクルーシブな共通の教育コアを提供することにある。両者（初等教育と義務教育）が同一の諸国は少数派になった。；40カ国以上で義務教育は6ヵ年以下であるが、40足らずの国が10ヵ年かそれ以上まで義務年限を延長している。すべての人々の基礎教育を無償にする国際的合意の拡大によって、2つの結果をもたらすことがデータから明らかであると特別報告者は見なしている。それは、一般統計に従えば6歳から11歳までの学校教育の保障に限定されるし、基礎教育を延長させる定義（15歳まで）に従えば初等教育を超えて最低雇用年齢に達する前期中等教育まで就学を延長できることである」（パラグラフ46＊

図3は省略 ― 引用者）[10]

2）就労期への接続ギャップ

「義務教育から就労期へ」の接続ギャップも教育権の重要な論点である。木村元が指摘するように小学・中学・高校・大学などの公教育制度の「接続」ないし「ギャップ」を問題にするとき、教育学的には学校体系における人間形成上の意味が問われよう。木村によれば、日本では戦前から「学校システムの内（学校間）外（学校と職業社会間）との接続関係が人々のレベルで明確に意識され、またそれに対応することで学校システムが起動」し始める経過を辿ったという。[11]

人権委「教育権」に関する 2000 年報告では、義務教育期間を通して学齢期の児童労働除去が課題となった。学校教育の 6 ヵ年限定と就労期とのギャップを問題視したのである。[12] 同報告のいう児童労働はとくに途上諸国で深刻だが発達した諸国に困難がないわけではない。労働本来がもつ教育意義は大きく、ここで言う児童労働の負の側面は意味が異なる。前者は教育実践上（内容・方法）の本源的な労働活動の教育的意義を指し、後者の児童労働の問題は労働酷使が子どもの成長発達を妨げる教育権侵害をいうものである。

すなわち、人権委報告「教育権」のいう「接続ギャップ」や児童労働の問題性とは、そもそも就学終了時点で就職できない雇用年齢との齟齬、つまり、学校教育と「就労」能力形成との間で生じる就学終了と就労時のズレにかかわり、若者期の雇用と職業教育における新たな困難と重なっている。[13]

OECD 諸国では人的資本を形成する基礎を後期中等教育段階に位置づけ、公共投資がその整備を推し進め、基礎的教育は重視せず投資効果が期待される部門だけに政策的関心を集中させるデメリットが人権委報告「教育権」で注目されてきた。[14] それを後押しする現代の市場化原理による新たな公教育の変容もある。グローバルな市場化の進行は、どの程度まで教育接続の「条理」を混乱させるのか。市場化の進行が教師の社会的配置にまでインパクトを与えたかは重要な論点となろう。

市場主義は単なる教育資材の購入にとどまらず、教員雇用や教育構想の実施まであらゆる領域を無秩序に攪乱させるとともに、教育実践場面の「パフォーマンス評価」で「教育商品」の質を確保し統制するなど、学校現場の「公共」性の深部に至るまで変質させ始めた。その「商品選択」にかかわる問題性が人権委報告でも次のように指摘されている。

> |資料| 教師の役割（2000年人権委報告）
>
> 「学校がなくても学習を想定することは可能であるが教師なしに学習はありえない。しかし、国際教育戦略で学校と教科書への注意が大きくなる一方で、教師には比較的注意が向かない状況もある。教授活動は労働集約型の専門職であるが、人間を技術手段に置き換える最近のアイデアが実現しうるか特別報告者には確信がなく、仮に実現しても有益とは思えない。学校・水・衛生・机・椅子・書籍・黒板・ペン・紙類なしに行う学習はありえても、教師の存在はまったく異なるもので、教師不在で学習は成り立たない。ネットサーフィンで社会的発達を置き換えるOECD諸国の10代の若者に対し、彼らに社会スキル・寛容・あるいは基礎的リテラシーの恩恵をもたらすような一片の確証さえ特別報告者は見出すことができない」[15]

以上、今世紀に至るまでの学校制度改革論議における無償制や年限延長論の経緯をみてきたが、今日では中等段階への接続期どころか、初等教育段階における無償制そのものが危機に瀕する事態にまで至っているのである。次に人権委（現在の人権理事会）「教育権」特別報告でその困難への対応が迫られた論議の推移をみておきたい。

第2節　無償初等義務教育の危機

無償初等義務教育の権利がグローバル・ミニマムとして認知を広げる一方で、義務教育危機はなぜ深まり始めたのか。考察の一助として、本節では人権委員会（2006年からは人権理事会）の「教育権」報告を素材に90年代以降の

論議を追跡することができよう。

社会権規約委員会の論議を主導したFons Coomansは、論文で「教育権に関する一般的意見」が存在せず、「国際判例」も少なく、「国家行為を評定する具体的な基準」がないため、「国際的規制を本格的に論じるに至らない」と述べたことがある。[16] 国際教育権侵害を点検する作業上、社会権規約委員会の「一般的意見」作成が待たれたのであり、その成立は論議を発展させる契機となった。背景には、国際諸機関相互のオーバーラップを避け調整すべき旨の条約委員会の認識があった。[17]

1998年「教育権にかんする決議」に始まる人権委員会の初代特別報告者Katarina Tomasevskiの準備報告（1999年）以降、今日までの取り組みの経緯で最も重視された課題は、教育権保障としての初等無償義務教育の漸進的実施であり、その実現を妨げる諸条件の解明であった。[18]

発議では「国連人権教育10年（1995－2004）」と共に教育権の実現を重視すべきという、1997年8月の小委員会決議「人権のなかにある教育と教育への権利の実現」を受けたものである。小委員会で課題整理を要請された担当委員Mustapha Mehediの作業報告は、後の人権委員会委員への委任事項につながる多くを既に提起している。

こうした背景をもつ人権委員会決議は、90年代初期の国際人権論の変容を反映していた。Manfred Nowakの人権論を受けたMehediの提起は、従来の自由権か社会権かの伝統的分離から、1993年ウィーン宣言の「人権は統合的」か「人権はアクセス権か」の対抗パラダイムへの変更を伴っている。

すなわち、人権規約の社会権と自由権は2つに分かれているが、教育権規定の特殊性を「普遍性・不可分性・相互関連性」（ウィーン宣言）の文脈に統一的に位置づけ直したのである。その後の特別報告でも、教育権は人権中の人権とでもいえるコアの位置をしめ、雇用や安全と結びつく他の諸権利をも開く親鍵（passkey）であるとの仮説が繰り返された。

取り上げた論点は義務教育権の経済的側面、義務教育の国家義務性や両親の教育選択権、教育目的の法的規定性など、国連機関でこれほどの規模で義務教

育権を論議したことはかつてないほど、自明とされた無償義務教育を新たに再定義すべき段階に入ったのである。

すなわち、一連の「教育権」特別報告はとくにグローバル・ミニマムとしての「初等」義務教育の「無償」性に注意を向け始めている。義務教育は「初等」段階に限らないが、公立初等レベルの授業料徴収事例などは教育権アプローチの放棄だと問題視された。教育権とは人権アプローチのことであるのか単なるアクセス権なのかといった対抗軸で論議は活発化したのである。

たとえば2004年特別報告では公立初等学校の授業料徴収諸国の数は、アフリカ39（8）、アジア19（2）、東ヨーロッパ・中央アジア14（0）、南アメリカ・カリブ諸国11（0）、中東・北アフリカ8（1）、と多く、廃止の努力を行う政府の数は括弧（）内の数にすぎない。[19] 市場化の進む中国も該当国となり、2003年に特別調査報告が人権委に提出された。

各国とも義務教育への優先的財政投入の欠如だけではなく、無視できない妨害要因としての投資効果論の影響が取り上げられたことも大きい。1999年準備報告が「経済学者には、教育を人的資本効率の成果とみなし、すべてその人権性を外面でとらえる者がいる。人的資本の規定は人間を人権の主体とみる定義と明らかに異なる」[20] と指弾したように、危機の惹起要因とされており、同じ観点は2005年の特別報告者にも受け継がれた。

Tomasevskiによる度重なる世界銀行への投資方針への問い合わせ、世界貿易機関（WTO）にかかわる政策問題への不安など、国連諸機関相互の軋轢も浮上している。世界銀行では貸付政策が初等無償教育の発展につながらない懸念、WTOでは同機関内の「サービスの貿易一般協定（GATS）」が推し進める教育商品売買による義務教育の形骸化なども指摘された。

第3節　市場万能主義と教育権放棄

教育商品市場化がもたらす二律背反にも留意しておきたい。その矛盾は特別報告で論議された「教育とはいったい商品（a commodity）なのか、それとも

公共物（a public good）なのか」という問いかけに顕著である。

この対立が教育における国家と民間の役割を曖昧にし、初等義務教育における国家義務の放棄まで引き起こす要因と考えられたのである。グローバル市場主義は教育の公共性の本質を損ね、初等無償義務教育の危機を生み出し、教育権における新たな活性化・基準化を必要とする認識がそこに示されている。[21]

ユネスコ専門職員(当時)で国際法学者のKishore Singhがまとめた『教育権』と題する2008年ユネスコ冊子では、公共物としての「教育」概念が強調され、「知識の市場化が貧困と不利な立場にいる者の排除する危険を生み出している」とも記された。[22]

ところが、グローバルな初等無償義務教育実施をめざす1990年のジョムティアン会議や2000年のダカール会議などを契機とするユネスコ国際プロジェクト「万人のための教育（Education For All）」（EFA）などについては、[23] 関係者の間でも立場が分かれる。ユネスコが推進するその活動は、90年代以降の市場化・商品化動向の下で貧富の国際格差を深め教育権の放棄になっていると、人権委に関与するTomasevskiらによって厳しい批判が行われたのである。Klaus Dieter Beiterの2006年『国際法による教育権保障』では、「権利」よりもジョムティアン会議以降に好まれ始めた「ニード」の用語が商品化傾向につながったと、次のような批判をしている。

「(90年のジョムティアン会議以降）教育が権利からニードに格下げされた結果、教育が商品となり価格取引が行われている。費用を払えない者が教育から排除されるか質の低い教育を受けることになる」「人権の語を避ける傾向があるなら、"教育権の語を救出させる"必要がある。国際法規の分析で、人権としての教育保障の目的に貢献することを望む」[24]

しかし、Kishore Singhによるユネスコ冊子『教育権』で明らかなように、ユネスコによる教育権の路線放棄が機関内で明言されたわけではない。その意味で国際的合意形成プロセスにおける市場主義・商品化と「ニード論」の是非

をめぐる評価はやや錯綜するであろう（第6章）。

「人的資本アプローチ」に関して人間発達の立場と対立すると批判がなされたことも新たな論点である。上記のBeiterは自著で人権委特別報告者Tomasevskiの提起に沿って、社会権規約13条の人格の全面発達規定や人間の尊厳規定をふまえ、「経済的価値に焦点化させ」るような、「有用性のみを追究する」人的資本アプローチの放棄を求める立場を示した。[25] WTO内GATSの体制にかかわる動向などを視野に入れるなら、この問題解決には新たな理論的背景の分析と合意が国際機関内でも求められることになったといえよう。

例えば、Gary S. Beckerの『人的資本』は1964年に出版されたが、90年代前半の三版前書きでは「最初は論争的であった本書も今日では社会的認知を得ている」との記述がある。実に30年後までそれは再版され続けており、60年代初めの論議はすでに社会的に受け入れられたかにみえた。しかし、構造転換を伴う新自由主義と評価国家の登場で旧来の教育投資論の意味変容は明らかとなる。OECDは60年代以降から人的資本論に基づく教育への関心を高めてきたが、2000年以来のOECD/PISAもその延長上に位置づけられ、PISAの好成績で知られたフィンランド国内の教育施策の方針転換でさえ新たな教育投資論の装いがみられた。[26]

そもそも私的資本（株式会社ほか）による教育事業への関与がどういう結果をもたらし、教育権の所在はどうなるのかなど検証すべき論点は多々あろう。WTOの148ヵ加盟国中45ヵ国（2006年執筆時）が自由化リストに入り、Beiterは初等教育の役割など商品化が危険となる商業化条件を挙げて今後の動向に警鐘を鳴らしていた。[27]

こうした公教育の物的基盤をも支える教育資本論は歴史的に変遷を遂げており、その経緯を概括すれば、①財政投融資としての人的資本論、②実践にかかわる教育目標としての人的資本論、③パットナムその他のソーシャル・キャピタルや応用伝達をめざす人的資本論の採用、等の多面的な深化を辿ってきた。今日では社会関係資本（財）の測定を重視する新たな段階にある。[28]

第4節　無償初等義務教育における条件整備義務

　1990年のジョムティアン会議に始まり10年に一度のペースで行われるEFAが実は人権アプローチを採用しなかったと、Tomasevskiや当時の社会権規約委員会の議長Philip Alstonは批判している。Beiterも同様にEFAの関連文書すべてが度重なる国際機関の空約束の根拠になっているとまで厳しく批判した。

　Beiterによれば人権不在は国家義務の欠如と同じ意味をもち、人権保障の義務を国家が負うのであれば、「人権侵害」の状況を明確にすべきだという。[29] こうして90年代以後の国際教育権レベルの義務性とその権利保障の取り組みは新たな段階に入ったのである。

　グローバル・ミニマムのコアとなる教育権のテーマのひとつは「初等無償義務教育」にある。社会権規約は13条（教育への権利）と14条（初等教育実施義務）は初等無償義務教育を規定する。かつてのカラチプラン（1960年ユネスコ総会採択の初等無償義務教育の完全実施計画）以後の国際的な実施計画作成の意義と、綿密な計画をもってそれを実施する国家の義務もそこにある。

　しかし、「初等無償」制の義務教育完全実施の国家義務は十分に果たされておらず、なお危機が克服されない実態がある。理論面では教育権論における自由権と社会権を機械的に区別する解釈（漸進的導入の努力義務とされるもの）が背景にあることも否定できない。しかし漸進的導入に関する社会権の解釈動向にも変化がみられるようになった。

　日本では国際法学者の申恵丰が、「特に基礎教育は人間の精神的な自己形成の基盤となり、自由な意思形成及びその表現行為を可能にするものであって、その意味でこの権利は市民的及び政治的権利としての性格をもつ」と述べるなど、堀尾輝久の学説を援用し、「教育権は経済的社会的文化的権利に含まれる」と共に両規約の不可分性を強調したのもその一例となっている。[30]

　だが、その「義務性」は今世紀にかけてもなおヨーロッパ人権条約の例では

子ども自身に就学義務が課せられ、結果的に就学しない子どもの拘禁を認めたヨーロッパ人権裁判所の判例がある。こうした「強制力（compulsory）」としての「義務」の意味が失われない事例があることも看過できない。[31]

しかし、この「強制義務」の捉え方は「誰も妨げることはできない」子どもの権利という解釈に変化し始めている。その意味で教育権の領域では、Douglas Hodgson による次の説明が注目される。

「義務教育とは、一定期間の教育を公費で受けるという譲り渡すことのできない資格（entitlement）をすべての人がもっている旨の観念に基づく」「もし、用語の"義務"（compulsory）が、子どもの基礎的教育（a basic education）を受けることを誰も妨げることはできないことを意味するのであれば、初等教育の義務的性格と教育権とのあいだの明白な矛盾（inconsistency）は和解できる」「このことが、例えば、両親の無視や無知の環境では、少なくとも初等教育を子どもが受けることを保障する国家の義務を課している」[32]

人権委における国家の義務については、Mehedi が 1998 年特別報告で国際人権規約「条約委員会（社会権規約委員会）」を主導する Fons Coomans の次の 3 つの国家義務を紹介しており、人権委論議としての新たなベースがつくられた。

つまり、①権利と自由を侵害する国家の行動を自ら律する「尊重の義務」、②その権利と自由の行使を妨げてはならない「保護の義務」、③第 3 者による個人の権利と自由の侵害を防ぐ「履行の義務」、という 3 点についてであり、これらの国家義務を教育権論にあてはめると、教育を利用でき（available）、アクセス可能（accessible）にする努力と、個人の側の教育選択（道徳的・宗教的教育を両親が確保する）の自由という、2 つの次元で「尊重・保護・履行」の国家義務が作用することになるというのである。[33]

人権委「教育権」特別報告者 Tomasevski は、これらの観点を 1999 年準備報告で受け継ぎ、社会権規約批准の際の教育権規定に対する各国の多様な留保条件に基づいて国家義務の性格と範囲の多面性をふまえ、後述のような"4A

スキーム"に発展させた。これらの2つの次元で整理される5つの国際規範（世界人権宣言、ヨーロッパ人権条約、教育差別撤廃条約、国際人権規約、子どもの権利条約）を例示して、[34] 法廷論争の絶えない両親の選択権の自由と、選ばれる私立学校の国庫助成問題に論議の焦点をあてたのである。

しかしBeeckmanによれば、Tomasevskiのいう"4Aスキーム"（後述）自体、教育の価値と尊厳にかかわる「質」の測定をどうするのかなど、測定尺度による到達度評価と実効性をめざす作業はなお基準化システム上の困難をかかえるという。[35] これらの論点は、基準化システムを探求する際の本書のテーマにとっても重要となろう（第7章と第9章）。それは「親義務」と「国家義務」の調整、関係性の矛盾、達成の実効性、等の教育内容・方法の基準性にもかかわる課題となるからである。

第5節　実質的保障の仕掛け（"4Aスキーム"）と基準評価

Tomasevskiによるチャレンジングな仕事となった2000年人権委特別報告の帰結は初等教育に対する国家の義務—とくに規制・財源・配慮—の明確化であり、権利保障の構造化（"4Aスキーム"）であった。

1つには「利用可能性」（availability）としての初等学校のすべての子の利用を保障する義務、2つには、「アクセス可能性」（accessibility）としての非差別原則と公立学校を利用できるアクセスの保障義務、3つには「受け入れ可能性」（acceptability）であり、財政援助に徹する役割から教育規制の役割まで多様な「親と子どもに受け入れられる」ようにすべての学校の最低基準を確保する義務、4つには「適用可能性」（adaptability）であり、「子どもの最善の利益」が優先される内容とプロセスにかかわる義務、というものである。[36]

これらは社会権規約委員会の公的見解となり、一般的意見13号に書き込まれたが、"4Aスキーム"のCoomansによる説明は次のとおりである。

「教育権とは誰も教育権を否定されないことである。実践上は、利用できる教育へのアク

セスの個人的権利、非差別の原則にたつ現存公的教育施設へのアクセスの権利を意味する」
「それは、伝統的クラス教授形態に限らない基礎的（初等）教育を享受する権利で、成人基礎教育（リテラシーコース、基礎的専門訓練）を含むが、初等教育は義務的無償的でなくてはならない。その核心要素は、たとえば両親や雇用者など、誰も子どもへの初等教育を妨げることはできないことにある。第3者による侵害からこの権利を保護する義務を国家はもつ」
「宗教的や哲学的信念に限らず、国家や第3者に妨げられない教育の自由選択」[37]

　同様の趣旨は一般的意見11号にも反映された。社会権規約14条の初等無償義務教育完全実施で重視される国家義務に関し、同意見パラグラフ6では、「両親も保護者も国家も、子どもが初等教育へのアクセスをもつかどうかを選択的に扱う権利をもたない事実」は明らかと述べ、提供される教育は「適切な質を有し子どもにふさわしく他の諸権利をも促進するものである」ことも強調された。

　放棄されやすい無償性も、「授業料、その他直接的費用は権利享受への行動抑制（disincentives）につながり、無償性の実現を危うくする」「義務的に両親に課す間接的費用（時に自発性を見せかける）、比較的高額な学校制服の着用義務、などが同一のカテゴリー」だとし、国家に義務的対応を強く求めている。

　この「無償性」と合わせ、「適切な奨学制度」「教授スタッフの物的条件・労働条件」など、一般的意見11号や「教育権」特別報告が国家による条件整備「義務」を広く論じたことはきわめて重要である。[38] ただ、初等・中等・高等・基礎の諸領域を同じレベルで論じたのではなく、初等義務無償教育を「コア」とし、奨学制度の実施に関する国際援助の可能性を示唆するものであった。

　では具体的にどのような測定尺度によって国家義務に関する世界の実態と国際人権法の実効性を測るのかが次の検討課題となったが、権利保障の実質化の観点から作成された測定指標一覧に注目してみよう。

　Tomasevskiの責任の下で最初に開発された"4Aスキーム"は、2008年報告でも適用されたが、[39] その4つの特質について、2002年特別報告の説明と

2008年特別報告における一連の作業の到達点は次に示す検証資料のとおりである。その各国調査結果をふまえた整理には、教育機会均等に関する対応の特徴があらわれている。

|資料| 教育権の"4Aスキーム"による検証

「①＜利用可能性＞（2002年特別報告）制度の受け入れ人員と実際の受け入れとの対応関係（すべての差別を事由とする分離のプロフィール）、人権義務と財政配分の対応関係（中央と地方レベルの財政配分は雇用最低年齢に合わせた無償義務教育の保障に合致しなくてはならない）、最低限度の基準を満たし、インクルージョンを拡大するための教育施設の査察（略）、専門職としての教師の地位（国際的に認められた権利と組合の自由に合致しなくてはならない）、子どものための両親の教育選択（国際人権法に合致しなくてはならない）」

　　⇒（2008年特別報告の到達点：要約）教育制度システムの表面的な整備が報告されたが、数値など具体的報告の欠如がある。そこに情報の不確かさなど、教育権実施のフォローアップで語られる積年の反省点や実態把握上の古くて新しい問題が見え隠れしている。

「②＜アクセス可能性＞（2002年特別報告）すべての学齢児のためのアクセス障壁の除去（略す）、義務教育後のアクセスと利用負担の非差別（略す）」

　　⇒（2008年特別報告の到達点：要約）「教育アクセスを保障する法制度はある」が、しかし、「授業料免除や奨学金など」の援助については国によって違いがある。また「国内外の難民・被災者の法的地位は条件付きであり教育権保障の資源不足」がある。障害者についてアクセスの法的保障があっても、「インクルーシブ教育の実施には至ってない国も多いことなどがあげられる。

「③＜受け入れ可能性＞（2002年特別報告）低基準（教育の質・安全・環境保全などのための基準の実効）、教授過程（とくに目的・内容・方法・アカデミックフリーダム・規律などにおける人権法の適用）、学習過程（貧困に由来する障壁、学習言語、障害／能力などの障壁の除去）」

　　⇒（2008年特別報告の到達点：要約）「災害防止の基礎訓練への関心」はあるが、他方、「平和と人権のプログラム」の欠如、「教育の質のモニターに関する基準」の

欠如、教育機関の責務である「学校安全」などとかかわる「平和ゾーンとしての学校」指定の欠如といった問題が指摘された。報告書で要素③が進んでいないことが各国に示された。

「④〈適用可能性〉(2002年特別報告)年齢にかかわる権利の対応（雇用・婚姻・徴兵・刑事責任などの最低年齢と義務終了年齢の対応）、学校にアクセスできない者への学校外教育（自由を剥奪された人・難民・強制追放者・児童労働・遊牧の子どもたちに対する学校外教育）、すべての人権を享受できる教育による人権の擁護（中退者における人種主義や卒業者の失業のリストにおいて評価しうる人権に関する教育のインパクト）」

⇒ (2008年特別報告の到達点：要約)「緊急時の教育の重要性と、それを保障する可能性」など多くが指摘された。特別報告者へ十分な情報がなかったという。

上記のように、要素①「利用可能性」と②「アクセス可能性」に比べ、相対的には要素③「受け入れ可能性」と④「適用可能性」の情報は満足のいく状況ではなかったようである。教育権論の通説的区分になぞらえるなら、前者の要素①②は教育の外的な条件整備に相当するものであり、後者の要素③④は教育学習の内容・方法など内的な条件にかかわるものである。[41] こうした指標の整理では無差別平等原則を次のように捉えることが可能となろう。

無差別平等の法制上の原則は、教育権においても世界人権宣言以来、重視された民主的原則である。戦争によってハンディを負った（war − handicapped）者の再教育の意味が宣言当時こめられるなど、宣言起草に向けた各国提案（障害児への配慮など）に大戦直後の宣言成立の意義がよくあらわれたが（第1章）、その後、無差別平等原則の「対象」規定の範囲は積極的な拡大の一途をたどった。2003年特別報告では、見捨てられた子ども、児童労働、ホームレスの子など32個のカテゴリーを新たにあげ、各国における義務教育制度のなかで除外されてきた対象の権利保障の拡大傾向を示したのである。

しかし、前記一覧の"4Aスキーム"の構造化という枠組み自体、今日の時点で完成されたものとみることはできない。Beeckmanがいうように、まず教育の価値や尊厳にかかわる「質」の進度が測定できるのかといった本質的な難

問がある。[42]「親義務」と「国家義務」の調整ないし関係性の矛盾、または達成の実効性などグローバル・ミニマムの到達状況をどこまで具体的に検証し対応できるのかは難しい課題である。指標枠組みは社会権委員会などの条約機関によって教育権保障の進度をはかる基準評価として作成されただけに、どこまでその教育権侵害に対峙できる規範の実効性を担保できるのか、加盟諸国による報告制度や条約機関側の評価、あるいは通報制度や申し立て等の手続きや意義など「基準規制」の在り方は問われ続けているのである。

第6節 「権利としての保障」が覆される論理

多くの教育権規定が義務教育に関する「親と国家の義務」を規定する。しかし現実には、親と国家の「義務」（compulsory）の名による権力的介入や権利侵害などで「権利としての保障」が覆される危険がありうる。では、子どもの教育権の実効性はどのように確保され、検証されるのか。教育権の実質的保障のシステムを今後に展望するうえで、教育権論に即した問題点の所在を簡潔にまとめておく。

1）親（及び法定保護者）の教育選択権と子どもの権利

まず、国際人権規約13条第3項「この規約の締約国は、父母及び場合により法定保護者が・・中略・・自己の信念に従って児童の宗教的及び道徳的教育を確保する自由を有することを尊重することを約束する」という規定についてである。

自由権としての親の学校選択権と初等教育義務制（世界人権宣言）をめぐる解釈はMcCowanもいうように「親は、子どもに与える教育の種類を選択する優先的権利を有する」（第26条第4項）旨の親の優先的権利をどう位置づけるべきか、人権規約その他関連条約が継承する難問であった。

自由権規約第18条第4項（宗教的及び道徳的教育を確保する自由）と社会権規約第13条第4項（当該教育機関において行われる教育が国によって定め

られる最低限度の基準）を合わせ、徳育領域とくに宗教教育をめぐる学校選択権の扱いは基準化問題において試金石となってきた。[43] 近年は、文化・宗教・伝統の尊重と共存のための子どもの「安心できる空間（safe spaces）」の権利保障など人権概念の捉え方に注目すべき提起もある。[44]

これらの規定とかかわって、親の自由選択権確保で特定宗教の強制を否定する積極面と共に、他方で、親の強固なその権利が子どもの権利と矛盾する時、両者の権利保障の調整もこれまで問題視されてきた。

また、親による宗教教授の選択的確保——つまり公立学校の世俗性と対の原理——が教育権論の系譜において「私立学校の選択の自由」とされたことはよく知られる。世界人権宣言以来、私立学校の親の選択権については選択される教育内容上の課題（宗教教育あるいは特別なニード）などが重要な要件となってきた。

学校における宗教教授に関しては公立学校で教育裁判が頻発しているだけに条約機関は「もし、その見解・判断・表現などの自由が尊重され、偏見のない（unbiased）客観的な方法で与えられるならば、第13条第3項は、宗教・倫理の一般史の諸科目として公立学校の教授を認める」（一般的意見13号、パラ28）と述べている。[45]

宗教教育選択に関する親の指導権が強固な場合、精神的自己形成にかかわる子どもの主体的な権利との調整が必ずしも徹底されるわけではない。1989年子どもの権利条約においてなお宗教教育への「親」の決定権は払拭されてはいない（つまり子どもの「権利」不在）。「子どもの権利条約」第13条第1項は子どもの「表現の自由」を規定し第14条第1項は「思想、良心及び宗教の自由」についての子どもの権利を規定するものの、同時に、第14条第2項は、父母及び法定保護者の「子どもに対しその発達しつつある能力に適合する方法で指示を与える権利及び義務」を尊重すると、親が「指示する」権利を定めた。この点について Manfred Nowak は「子どもの権利条約」であるにもかかわらず皮肉にも、「子どもだけが現行国際法制のもとで自身の教育を選択する権利を有していないようにみえる」と指摘している。[46]

親の学校選択に関する論議は宗教教育に限らない。障害児教育に関する親の学校選択問題が70年代から浮上したが、今日では義務教育段階において様々なバリエーションをもつ学校選択性が国際的な広がりを見せ始めた。

では、社会権規約に関する一般的意見11号のいう「親の義務」と、それを尊重し履行する「国家義務」との関係はどう調整されるのか。学校選択権とは、親が子どもの権利に対して義務教育への就学アクセスの選択的確保の義務を負い、それを国家が義務として保障するという論理が基本となる。一般的意見11号によれば、条件整備に関しては授業料その他の費用を子ども・親ともに負担させない国家側の義務がある。初等教育就学はもはや親や国家に対する「子どもの義務」ではなく、「子どもの権利」にほかならないとするグローバル・ミニマムの確認が重要となる。

2) 教育権保障と教育内容基準化

繰り返しになるが国際教育権規定における義務教育は子どもにとって「義務」ではなく「権利」であり、日本の憲法・新旧教育基本法制の教育権規定ともパラレルな位置をもつ。しかし、権利としての「教育機会」を充足させたとしても、保障される教育の中身（内容・方法など）で子どもが教育権侵害を受ける場合はどうなるのか。義務教育権の実質的保障に関して、どのような保障システムの確保が実効性を持ちうるのか依然として原理的に解決されたわけではない。

一般的意見11号は、規約について「公的機関が設置するもの以外の学校を子どものために選択することは規約第13条の自由選択権と矛盾しない」と述べるが、しかし、学校選択とは親の選択決定権であり、そこに子どもの意思の関与はありえないのか。親の宗教教育を選ぶ自由に子どもの権利はどうかかわるのか。あるいは両者は常に対立的なのか。現実には、両者の調整システムの原理にかかわる難題（本論のいう基準化システム）が横たわる。それは、一般的意見11号のいう「義務」教育の質に関して「提供される教育が適切な質をもち子どもにふさわしい」のかどうか、それが「子どもの他の諸権利を促進」するものかどうか、親に選択される教育で「子どもの権利」と「子どもの最善

の利益」はどのように担保されるのか、といった問いにつながるであろう。

したがって、親の選択も子どもの関与も単独で子どもの教育権保障の実質化がはかられるものではなく、結局、成長発達につながるカリキュラムや内容・方法の基準化システムのあり方が教育権論においても問われることにならざるをえない。2002 年特別報告のいうように、確かに子どもの側の「主体 (subject) としての権利」保障が以上の論点とかかわってくるのである。

1999 年「教育権」人権委特別報告によれば、教育権における第 1 の義務はすべての子どもの初等教育就学を可能にする国家義務であり、第 2 の義務は両親の選択権を尊重する国家義務である。[47] そして、親の選択権と「子どもの最善の利益」が矛盾する場合、後者優先の原則があるとも考えられたが、今日では評価管理とかかわる質的保障をするための基準性のあり方が新たな難問として追加されたかたちである。

親の自由選択権は、国家義務との関係では教育の国家独占を制約する多元主義の下にある。[48] ところが、今日の各国・地域の学校選択には多様な形態があり（たとえば義務教育制度の世界的な民営化、アメリカのチャータースクールやホームスクール、日本の構造改革特区の様々な試行や学校区選択など）、これらの国家的保護で「子どもの最善の利益」が担保されるかどうかは不透明であり単純な回答が用意されるわけではない。

つまり、親の選択によって（あるいは子ども自身の選択によってさえ）教育権の実質的保障が担保されない事件が各地で頻発しているのであって（特定の内容や宗教教育の押し付けから虐待や負の自己決定まで多様）、義務教育の公共性や妥当性を誰がどのように保障するのか、新たな問題が派生したのである。

関連して、親と子どもの権利は本質的な対立関係とはいえない問題も解決しなくてはならない。堀尾輝久はかつて、「学習すること」は「生存のための、幸福追求のための基本的権利」であると述べ、そのことが「常に教育機会が国民のすべてに解放されたことを意味するのみでなく、教育の内容や方法についても‥究極の決定者が、教育の権利主体としての国民にあるということを

含んだものである」とし、「これは教育課程の自主編成あるいは、勤評の主体の問題を考える上でも、決定的に重要なポイントである」と述べたことがある。[49] また、「親の権利の思想が国家介入の思想を拒否する論拠として有効」となる側面に着目し、その根拠となる「私事性」に基づく組織化の積極面を「国民の教育権論」として主張してきた。[50]

佐貫浩によれば、その後の歴史的展開でこの「組織化」は「堀尾が構想したように展開はしなかった」が、その「困難がもたらした原因が『私事の組織化』という教育の公共性の空間を設定したこと自体にあるとして、その論理を撤回すれば問題がかたづくわけではない」と述べている。[51] この指摘は民主的基準化の論理を模索する本書の趣旨とも重なる。

「内容・方法まで含む組織化」はそもそも教育権の実質的保障のために必須となる観点である。では、どのような親と教師と子どもの（国家に対する）義務教育における権利（主体）関係と「教育の自由」の組織化が可能となるのか。結局は、当事者同士の教育内容（価値）・方法まで含む自律的で集団的な基準化システム（教育課程編成など）が課題とならざるをえない。

小括

国際人権規約第13条第3項の「国が定める最低限度の教育上の基準」の規定をどう解釈するかは、以上の問題群とかかわる難問である。その「国家基準性で教育権の実質を確保」する規定が教育内容への国家介入になりうる恐れは、国内外のみならず、国連人権委員会（今日の人権理事会）でも取り上げられてきた。

国連人権教育の10年を契機に、国連は教育目的・内容・方法全般への関心を強める傾向にあるが、[52] しかし、国連や国家が各国各地域の教育内容基準にただちに介入してよいということにはならない。

人権委への特別報告で、近年の地域紛争にみられる各国ナショナリズムについての歴史教科書等の記述内容などに教育内容面への権力介入の懸念が度々示されてきたが、歴史教科書記述など国際間ギャップのある事例の教育権適合性

の判断で難しいケースも人権委特別報告で指摘されてきた。いずれにせよ、教育現場を構成する子ども・親・教師その他の関係者間（とくに大学や研究機関を含め）での教育権保障をふまえた自律的な合意形成が強く望まれる時代に我々は生きている。

こうした事柄について、社会権規約第13条の「国が定める最低限度の教育上の基準」の規定の解釈も、「国」の役割に関する多義性によって解釈が分かれる可能性がある。字義どおり教育内容は「国」が定めるとみれば国家強制と解される恐れもありえるが、他方できわめて重要な「基本的自由」を国家が保障すべき旨を規約教育権その他が定めてきた事実を看過してはならない。

また、上記のFredrikssonには、教育実践に有効な法的実効性を求める論考で「教師の役割抜きには法制度と教育実践の関連性は論じえない」との注目すべき指摘がある。[53] つまり、教育実践における教育権保障を課題にする限り、結局は国家が基準性を決定するのではなく、教師（あるいは主体である子どもと親その他の関係当事者）が何らかの形態で関与する対話など多様なレベルの柔軟な基準化システムづくりと公共性の担保が現実的課題とならざるをえなくなるであろう。教育権の実質的保障を求める限り、教師権限を含む教育権の構造（関係論）的で民主主義的な保障が必然的に問われることになるのである。

本章では教育権の合意形成（審議）母体である人権委の設立時以来、人権理事会への機構改革を経て、機構問題や矛盾をかかえながら、[54] 義務教育の危機に対峙する国際規範（国家義務）の推移をみてきた。グローバルな格差貧困の拡大における初等義務教育の「無償性」の実施は新たな挑戦課題となっており、一連の「教育権」特別報告を介し、指標（indicator or benchmark）に基づく到達度測定で評価する試みまで生まれている。その基準指標による測定とはいったいどのようなものなのか。誰がどのように決定するのか、質的な内容を数値であらわすことは可能か、評価活動の実効性とは何かなど新たな難問も提起されよう。教師の役割や権限を含め、教育権論の構造化は子どもと親と教師等の関係性における教育権保障の実践的課題として次章以下に論議を引き継ぎたい。

注

1 UN Doc., E/C.12/1999/4,General Comment 11 (1999)、Plans of action for primary education（article 14 of the International Covenant on Economic, Social and Cultural Rights.
2 UN Doc., E/C.12/1999/10, 8 December 1999, General Comment No. 13, The Right to education（article 13 of the Covenant), Committee on Economic, Social and Cultural Rights, Twenty-first session, 15 November-3 December 1999,Implementation of the international covenant on economic, social and cultural rights.
3 UN Doc., CRC/GC/2001/1,CRC, "The Aims of Education, Article 29(1), (2001)", General comment 1. 17 April 2001.
4 UNESCO, *Comparative analysis, UNESCO Convention against Discrimination in Education(1960) and Article 13 and 14 (Right to Education) of the International Covenant on Economic, Social and Cultural Rights: A comparative analysis*, UNESCO. 2006、pp.37.
5 UN Doc.,E/CN.4/Sub.2/1998/10, E/CN.4/RES/1998/33, E/CN.4/1999/49, E/CN.4/RES/1999/25, E/CN.4/2000/6, E/CN.4/RES/2000/9, E/CN.4/2001/52, E/CN.4/RES/2001/29, E/CN.4/2002/60, E/CN.4/RES/2002/23, E/CN.4/2003/9, E/CN.4/2004/45, E/CN.4/RES/2004/25, E/CN.4/RES/2005/21, E/CN.4/2005/50, E/CN.4/2006/45.
6 UN Doc.,60/251, A/HRC/4/29, A/HRC/RES/5/1, A/HRC/RES/8/4
7 乾彰夫「『12年間の教育保障』の到達点と課題」『高校のひろば』季刊84号、旬報社、2012年。
8 UN Doc., E/C.12/1999/10, 8 December 1999, General Comment No. 13, The Right to education（article 13 of the Covenant), Committee on Economic, Social and Cultural Rights, Twenty-first session, 15 November-3 December 1999,Implementation of the international covenant on economic, social and cultural rights.
9 UN Doc.,E/CN.4/1999/49,p28.
10 UN Doc.,E/CN.4/2000/6, para.46
11 木村元「日本社会における学校の受容と接続問題」『教育学研究』第77巻第2号、2010年、149頁。
12 UN Doc.,E/CN.4/2002/60. paras. 7 – 13.
13 OECD, Learning for Jobs, 2010
14 UN Doc.,E/CN.4/2000/6, para.69. E/CN.4/2001/52,para.28
15 UN Doc.,E/CN.4/2000/6, para.42.
16 Fons Coomans, "Identifying Violations of the Right to Education" The Maastricht Guidelines on Violations of Economic, Social and Cultural Rights (1998) 125 – 146, Netherlands Institute of Human Rights, *SIM, Special No.* 20, p. 126.
17 UN Doc.,E/C.12/1998/SR.49 'right to education' summary record of the 49th meeting

第 5 章　年限延長論と条件整備論　173

at nineteenth session of the committee on economic, social and cultural rights.
18　UN Doc.,E/CN.4/Sub.2/1998/10.2005 年までの年次特別報告書のすべてをさす。
19　UN Doc.,E/CN.4/2004/45. Table 1
20　UN Doc.,E/CN.4/1999,/49, para.13.
21　UN Doc.,E/CN.4/2002/60. paras19-21.
22　UNESCO Doc.,,' The Right to Primary Education Free of Charge For All: ensuring compliance with international obligations',2008.
23　UNESCO Doc., EFA Global Monitoring Report, 2003/4 ほか。
24　Klaus Dieter Beiter, *The Protection of the Right to Education by International Law*, Martinus Nijhoff Publishers, 2006, pp2-3.
25　Klaus Dieter Beiter,op.cit., pp606 - 607.
26　Rita Asplund and Pedro Telhado Pereira, Returns to Human Capital in Europe, *The Research Institute of the Finnish Economy Publisher: Taloustieto Oy*, Helsinki1999.
27　Klaus Dieter Beiter,op.cit., pp608 - 609.
28　八木英二「PISA と全国学力テスト」『人間と教育』84 号、2014 年冬号。
29　Klaus Dieter Beiter,op.cit., p328.
30　申恵丰『人権条約上の国家の義務』日本評論社、1999 年、はしがき、序論、279 頁、318-1321 頁。390 頁などを参照。
31　E/CN.4/2002/60,op. cit., p.20.
32　Douglas Hodgson, *The Human Right to Education*, Ashgate, 1998. p41.
33　UN Doc.,E/CN.4/Sub.2/1998/10. paras.14-15,
34　UN Doc.,E/CN.4/1999,/49. para.48. ヨーロッパ人権条約の規定は他と違って、条件整備義務をもたない。同条約は特定の私学への助成を不必要としているが、他方で、自由権規約にかかわる規約人権委員会は「助成において公立私立の差別が許されない」立場を保持している。
35　Katrien Beeckman, Measuring the implementation of the right to education: educational versus human rights indicators, *The international Journal of Children's Rights*, 12:71-84,2004.
36　UN Doc.,E/CN.4/1999/49, pp18-26.
37　UN Doc.,E/1999/22(E/C.12/1998/26),paras.491-494.
38　田中秀佳「国際人権法における教育の漸進的無償化」『日本教育法学会年報第 43 号』2014、所収。同論文は、とくにこの点を重視している。
39　UN Doc.,A/HRC/8/10
40　UN Doc.,/CN.4/2002/60, p13. And A/HRC/8/10.
41　EFL の実務担当者であった北村友人も、「単に教育機会へのアクセスが保障されるだけでなく‥教育の量的拡大の側面のみならず、教育の質的向上に対しても注意を払う必要

があるということ」と、"4A枠組み"について同じような解釈をしている。北村ほか編著『国際教育開発の再検討』東信堂、2008年、所収第1章、7頁。

42　Katrien Beeckman, Measuring the implementation of the right to education: educational versus human rights indicators, *The international Journal of Children's Rights*, 12:71-84,2004.

43　近年の西欧における動向は次の論考を参照。ヤン・ドゥグルーフ（訳）葛西耕介、山岸利次「ベルギーにおける教育を取り巻く宗教的およびイデオロギー的状況」『日本教育法学会年報』第43号、2014。近年の西欧における動向が同論考でまとめられている。

44　Cornellia Roux, A Social Justice and Human Rights Education Project – A Search for Caring and Safe Speces, in *Cornelia Roux (Ed.)* ,Safe Space, 2012.

45　UN Doc.,E/C.12/1999/10, General Comment No.13

46　Manfred Nowak, *The Right to Education, in Economic, Social and Cultural Rights, Edited by Asjorn Eide, Catarina Krause and Allan Rosas*, Martinus Nijhoff Publishers, p190,1995.

47　UN Doc.,E/CN.4/1999,/49. para.44.

48　UN Doc.,E/CN.4/2003/9, p8.

49　堀尾輝久『現代教育の思想と構造』岩波書店、1971年、157頁〜158頁。

50　前掲、堀尾、162頁。

51　佐貫浩「国家権力と『教育の自由』」『戦後日本の教育と教育学』別巻、かもがわ出版、2014年、146頁。

52　UN Doc.,E/CN.4/2001/52. パラグラフ73「教育の受け入れ不可能性（unacceptability）の挑戦によって、カリキュラムと教科書の方針・内容、教師の権利と義務、教授方法、暴力に対する保護、教授言語、学校規律、世俗教育における宗教性その他について、多くの法体系がつくられてきた。人権委は、人権の知識が教育政策の優先課題にならねばならないことを強調し、特別報告者は、それ故、人権を教える前提要件としての教育における人権の確認に焦点をあててきた。子どもは、説教（exhortation）よりも観察力（observation）によって学習することはよく知られているので、教育において彼らの人権を確認することが人権教育をより発展させるものであろう。」。この記述にある問題群は、1995年から2004年の国連人権教育10年、および2005から始まる同国際年の継続における2つの方針とも重なる。実践が子どもと教師の誤りを含みつつ試行を繰り返す過程だとすれば、その実践過程を人権として尊重する観点と、「人権についての知識」を尊重する論理は異なる。

53　Ulf Fredriksson, What can be done to further closer agreement among legislation, political legislation and everyday practice? PROSPECTS, VOl,XX1X, no2, June 1999, p160.

54　International Herald Tribune紙2005年4月27日付社説'For a real UN commission on human rights'を参照。

第 6 章　機会均等と論争的な問題

　「教育機会均等」（Equality of Opportunity in Education）は「教育権」を構成する原則の一つである。論議の経緯は長く、新たなテーマではない。しかし、機会均等をめぐる論議の状況に変化が生まれている。教育権問題を扱う国連機関の（旧）経済社会理事会内の人権委員会（以下、人権委［旧］と略）は2006年に人権理事会（以下、人権理［新］と略）への衣替えをし、[1] 教育機会均等に関する活動を新たに開始した。前世紀末から事態が悪化するなかで人権理［新］としての対応が迫られたのである。

　日本でも機会均等をめぐる状況の変化は大きい。「学校制度の複線化構造を進める観点」から、[2] 義務教育段階からの学校選択制その他の制度的な教育基盤の解体を迫り、「行き過ぎた平等主義による子どもの個性・能力に応じた教育の軽視」（2002年文科省「21世紀教育新生プラン」）との現状認識の下で制度「改革」を進めている。

　国連「子どもの権利委員会」は日本の政府報告審査で、2010年の所見が「労働規制緩和と民営化による困難」や「子どもの貧困をなくす適切な措置」を指摘するなど、権利侵害の懸念から勧告を出すに至った。[3] 国籍のない子どもの教育権保障に関する勧告（同年の人種差別撤廃委員会）も機会均等にかかわる困難のひとつである。2011年東日本大震災における被災者奨学金大幅拡大や返済免除などの措置も危機への対応であった。2012年には国際人権（社会権）規約第13条第2項b項とc項の留保を日本政府が撤回し、無償教育の「漸進的な導入」を図るなどの機会均等にかかわる前進もある。機会均等に関する研究活動も活発化している。藤田英典の著書『義務教育を問いなおす』など、[4] 機会均等の危機的な様相などが今日の段階で問われる背景には格差貧困の激化や国家統治方式の変容も背景にあろう。

第 1 節　「教育機会均等」原則の新展開

　社会構造の激変下にある教育機会均等の在り方について、本章では人権理［新］で Kishore Singh が担当する 2011 年「教育権に関する報告書―教育機会均等の促進」（以下、「2011 報告」と略）を素材に問題点を深めておきたい。最初に教育機会均等原則の内容項目を次に示しておく。

　「(a)緊急事態にある教育への対応、(b)教育財政、(c)教育権に関する裁判での決着、(d)妥当性な質基準を満たす教育の保障、(e)私立教育の規制、(f)学校における人権尊重、(g)暴力からの自由と教育権」[5]

　これらの「教育機会均等原則」をめぐる公教育の状況悪化が国内外で共通する課題となったのであり、人権理［新］が機構変革の後も新たな対応を迫られたことが記述内容からも明らかであろう。まず「2011 報告」の末尾に掲載する勧告部分の冒頭（パラグラフ）を次に抄訳しておく。

　「(勧告の最初の項―引用者）：法と事実で教育機会均等の達成を目的とする規範的行為を明確に強化する必要がある。教育機会均等原則の適用は様々な国際人権条約に共通しており、国家義務遂行の更なる重視を求める」(71 項)
　「特別報告者は人権の枠組みを基礎とする教育機会均等の促進を次のように勧告する。(a)教育権保障の適切な法的保障とインクルーシブな次元における平等な享受を保障する：国家は国際人権条約の義務を国内法制に取り入れるべきである。教育機会均等のための国際基準をふまえ、原則の適切な法的枠組みの核心的意義を政府は確認すべきである。機会均等に基づく公立・私立の強い規制枠組みは、機会均等保障の政策・計画すべてを確立させる本質的基盤となる。(b)総合的政策によって不平等と差別の複合を明らかにする：教育において様々な形態の差別と不平等が重なり合う性質が前提なら、国家は総合的政策で複合的な不平等と差別の形態を明らかにすべきである。男女、富者と貧者など広範囲の教育アクセスにおける

格差は、平等志向のすぐれた政策が是正しうることを認め、特別の配慮をすべきである。追われた人々や弱い立場の人びとの学習がアクセス可能となるニードに政策的措置が応えなくてはならない。(c) 資源の適切な分配の保障：教育を提供する際の地理的格差の除去、並びに周辺化や排除の犠牲者である人びとの特別なニードに配慮しつつ、国家は最も必要とするところに資源の適切な分配を保障すべきである。周辺化と除外、あるいは貧困を減少させる戦略の教育的次元を明らかにするニードを考慮し、社会保障への投資と共に、給付金、奨学金、助成金などの資源を確保すべきである。(d)〜(h)は略」(72項)[6]

この勧告は2008年人権理［新］決議8/4に応えた「2011報告」のまとめである。教育権保障のための勧告作成、障壁の情報収集・検討・交流、人権と教育権の相互依存関係の再検討などが決議で特別報告者に求められた結果である。

この「2011報告」には、格差貧困の進行、地域紛争激化、災害などで新たに浮上した「緊急時の（in emergency situations）」の教育権保障と機会均等保障の課題設定がある。緊急時の子ども達の教育機会や教育内容（特に人権教育）は過去の2007年国連総会報告でも記されており、人権委［旧］の2005年〜2006年資料でも取り上げられたテーマである。[7]

機構改革後の2007年国連総会資料では「障害者の教育権」が扱われた点にも特徴がある。翌年の2008年資料では「難民と帰還者、国内の被災者、女性の大人と子ども、子どもの兵士、障害者、若者」など緊急時の対象を拡大させたのである。[8] 2009年資料では拘禁された子どもの教育を扱い、[9] 移民・難民・亡命者に焦点化して、2010年資料ではカリキュラムや教員にまで言及し始めている。[10] そして、特別報告者Kishore Singhに交替後、関心事項としてアフリカ地域の「(a)緊急時の教育に関する報告の更新」をあげ、人権委［旧］から人権理［新］へと緊急性のある優先課題が継承される経過を辿った。

経緯をさかのぼれば、Vernor Munoz担当時の人権委［旧］から人権理［新］への転換期でも、人権委［旧］時代と同じ教育権事業を引き継いできた。初代特別報告者Katrina Tomasevskiが提起した"4Aスキーム"は社会権規約委員会の一般的意見に取り入れられ、その後の2008年特別報告者報告でも継承さ

れたことは前章でふれた。[11]

　そこにも教育機会均等論の更新がうかがえるが、今回の「2011報告」では、教育権保障と教育機会均等の関係や実効性を模索する全面展開となっている。次の「教育機会均等」原則を成り立たせる諸要件の記述にその趣旨が示されている。

第2節　「包括原則」の実効性

1)「包括原則」（an overarching principle）

　「2011報告」のめざす機会均等の原則は第1に機会均等を単なる理念規定ではない実効性を求める「包括原則」にある。それはまた単なる教育権にとどまらない「他の人権をも実現する」ための「不可欠な手段」であり、「教育それ自身が人権である」という教育人権の包括性を意味するものである。これは1999年社会権規約委員会「一般的見解13号」をふまえた解釈であり、「人権中の人権」とされる教育権のゆえんである。[12]

　「2011報告」では、「適切な財源の確保」、「裁判システム」、「教育の質を確保する教職の条件と学習成果（learning outcomes）の改善」、「学校の国際人権法の基準遵守」等の機会均等の「包括的」保障要件が示された。

　しかし、すべてが新規といえないまでも、①財政条件の明示、②法的救済の整備、③質と成果を確保する基準化など、とくに「質と成果を求める」という点での実効性を目指す独自の論理が加えられた点で特徴的な機会均等論の文書となった。実は、「2011報告」が参照する資料（2001年「子どもの権利委員会」の一般的意見「教育の目的1号」）でもアクセスに限らない価値や質への関心が示されており、次のような指摘がある。

　「子どもの教育権はアクセスの問題（第28条）にとどまらない内容の問題である。グローバリゼーション、新技術、関連する現象などがもたらす基本的変化に対応するバランスある人権への応答を生活の場で達成するための努力として、第29条（1）諸価値に根ざす内容を

もつ教育はすべての子どもに不可欠な道具となる。略」(3 項)

「広い範囲の価値を教育がめざすことに加盟国が同意するよう第 29 条 (1) は規定している。この合意は世界の多くの地域につくられた宗教・国家・文化の境界線を超えるものである。第 29 条 (1) に示された多様な価値のいくつかは、状況によっては互いに衝突しあうように見えるかもしれない。パラ (1) (d) が述べるすべての人々のあいだの理解、寛容、友好を促進させる努力は、子ども自身の文化的アイデンティティ・言語・価値、子どもが生活し出身地である国家の価値、自身のものとは異なる文明、などの尊重を発達させる旨の、パラ (1) (c) に従って計画される政策といつも両立するとは限らない。しかし、この規定の一部は教育へのバランスのとれたアプローチのニードを認め、対話による多様な価値の調和と差異の尊重を得ることにある。略」(4 項) [13]

ここでは、「子どもの教育権はアクセスの問題」(第 28 条)だけではなく「内容の問題」、あるいは「第 29 条 (1) の諸価値に根ざす内容をもつ教育」をめざすとまで述べられ、本論第 4 章で批判的に考察した教育内容の価値にまで含み込む意味で「包括性」の語が用いられている。

したがって、「2011 報告」のいう包括性とは、以上のような、①初等教育から高等教育までを含む包括性、②途上国から発達した諸国までを含む包括性、③異なる教育階梯レベルへのアクセスと学校システム内の機会均等を含む包括性、などの叙述に加え、④価値内容をも含む包括性、などをさす文書となったといえよう。こうした包括性と合わせ、「2011 報告」は人権条約の解釈に関する一般的意見への留意を促している。[14]

以上の動向には批判的検討を要する論点が多いと思われる。とりわけ教育の内的事項にまで踏み込む「価値内容をも含む包括性の要件」が継続事業とされる問題は、価値の扱いに関する(とくに「教育の自由」との関連で)新たな問題を惹起するものと思われる。この論点(内的事項)は次章で深めることにしたい(第 7 章)。

2)「非差別・平等」

2つ目は、非差別（non-discrimination）、平等（equality）、公正（equity）などの要件についてである。これらは従来の単なる形式的な教育機会均等の平等性に留めない特別措置（アファーマティヴ・アクション）の考え方に近く、「2011報告」の意図もその点にあると思われる。このアファーマティヴ・アクションに関して、「2011報告」（24項）は、権利侵害とはいえないその措置に関する一般的意見13号（社会権規約委員会）を次のように引用している。

「男性と女性、及び不利な立場にある人々のための事実上の平等（de facto equality）をもたらす一時的な特別の措置（temporary special measures）は、それが多様な集団に対する不平等ないし別々の基準につながらない限り、またその目的が達成された後まで継続しないのであれば、教育に関する非差別（non-discrimination）への権利侵害とは言えない」[15]

教育機会均等の民主的原則は学校在籍といった校門の通過率だけで充足される課題ではない。学習の質を伴ってこそ実効性が達成されるという、教育目的から内容習得に至る（目標達成）過程における権利保障への関心がこの「2011報告」でも語られるようになった。

「2011報告」では、「教育機会が整う国々でも不平等は残存しており、教育機会均等達成への諸国のチャレンジは、1960年ユネスコ教育差別待遇反対条約（以下、教育条約と略）の実施に関する文書でも報告された。教育の質を確保した教育へのアクセスにおいて教育機会の不均等や社会的・文化的障壁などの困難がみられる」（14項）と述べ、特に教育条約との関連で「教育の質」を確保すべき課題を浮上させたのである。一般的見解13号でも「異なる地理で生活する人々の異なる＜教育の質＞に対する財政上の顕著な不平等（disparities）」として、教育上の差別に言及し、「諸国は、事実上の差別を確認して是正措置を採るために、関係する政策、制度、計画、財政、その他の措置すべてを含めて教育を綿密にモニターしなくてはならない」（37項）と、その実質化の方途を求めた。

3)「インクルーシブ(包摂)次元(inclusive dimensions)」

「2011 年報告」は、「教育機会均等促進」(勧告)の冒頭で「適切な法的保障とインクルーシブ(包摂)次元」をあげて、教育権保障における新たな包摂の要件を示している。それは次のように教育条約を前提とする提言であった。

「国際人権規約・社会権委員会は、<教育差別待遇反対条約にてらして>規約2条2項と3条を解釈してきた。同社会権委員会とユネスコの共同専門家集団による記述では、教育上の分裂を除去し、不平等をなくす上で、差別や排除を認めない教育権のインクルーシブ次元が強調されるべきである」(34 項)[16]

ではこの「インクルーシブ次元」とはどのようなものか。理念の出自は「インクルーシブ(包摂)教育」にあると考えられる。すでに 1994 年サラマンカ宣言や 2006 年障害者権利条約などで知られ、ユネスコも 2003 年資料[17] や 2005 年資料[18] の中で、その説明とガイドライン作成を行っており、特別支援教育では知られた理念である。

「2011 報告」の「インクルーシブ次元」では、2008 年第 48 回国際公教育会議勧告「インクルーシブ教育:未来への道」(以下、ICE 勧告と略)[19] や同年の前掲ユネスコ文書「インクルーシブ次元」の説明を加えた。たとえば、「社会的不公正と貧困のレベルは、インクルーシブ教育政策と戦略の実施への障壁であり優先課題」として、「2011 報告」では次のような論点があげられる。

ICE 勧告では「参加者はすべての教育権を定めた世界人権宣言 26 条を想起した。<質の高いインクルーシブ教育>は人間的・社会的・経済的発達(発展)の達成に基本的なものであることを確認する。」(ICE 勧告前文)と述べており、「質の高いインクルーシブ教育」を人間の「発達」や経済的社会的「発達(発展)」につなげている。また「すべての学習者の多様なニード」に力点を置く説明にも特徴がある。つまり、ICE 勧告では「すべての多様なニードを明確にして、公正で有効かつふさわしいものとなるよう、概念を拡大させた<インクルーシブ教育>の意義を確認」(前文)したというのである。さらに、2008 年ユネス

コ文書「インクルーシブ次元」では、「教育権は・・・何らの排除や差別を認めるものではない。・・・その視点（インクルーシブ次元）で教育権を広く促進させることは国家の義務である。」（22 項）とも記述した。

　以上の論旨とはやや異なる文脈であるが、インクルージョン（用語）に関する勝野正章による説明を対比してみよう。勝野は集計民主主義に対する熟議民主主義の「包摂・平等・理性・公共性」の4つの意義をあげ、その「包摂」については、「影響を受ける全ての人がその議論や決定の過程に参加することが求められることになるはずで、これが包摂（インクルージョン）」だと述べ、参加の視点を強調する積極的なインクルージョン理解を提示しようとするものであった。[20]

　ところが上記 ICE の「インクルーシブ次元」では「持続可能な発達」の質の観点から「多様なニード」を大切に、「すべての平等な学習機会」を確保するという、「教育ニード論」に力点のある論議となっている。ニードへの着目は教育実践で常に必須となる観点であるともいえるが、権利論の領域でその「ニード」それ自体をただちに「権利」と同義に捉えてよいかどうかは論争的な問題だといわねばならない。この論点も「参加・参画」（勝野）の視点を生かしながら、後述することにしたい。

第3節　論争的な問題

　機会均等の阻害要因として、「2011 報告」（4 部）は①物理的バリア（physical barriers）、②財政的バリア（financial barriers）、③言語文化的バリア（linguistic and cultural barriers）、等の3点をあげる。そこで、次の報告第 17 項のように、人的資本投資によって経済成長や貧困の減少をめざすという。

「教育の公正さはそれ自体が価値ある目標であり、公正さを高める政策と実践では、結局のところ、とりわけ人的資本投資としての教育によって経済成長と貧困減少につなげることができるのである」（17 項）[21]

つまり、ここでは機会均等の阻害要因を克服し価値ある公正さを追求する（機械均等の）ために世界銀行による人的投資論重視の方針がとられたことが分かる。かつての特別報告者である Tomasevski が世界銀行の投資政策を強く批判してきただけに、同報告からの方向転換（変質）は明らかである。人的投資論に対する批判のスタンスがこれまで特別報告「教育権」で必ずしも継続されてきたわけではない。しかし、教育権に関する国際的合意形成の論議でも論争的な問題群となっていることは確かである。

1）人的投資論の経緯

①前世紀の人的投資論

Shultz や Becker 等の仕事に象徴される前世紀の人的投資論は、60 年前後期以降、70 年代から 80 年代にかけて隆盛をきわめていた。宮本憲一は、当時の教育投資論を支えた国連機関の公共財政（学）や社会資本（論）を「国連経済学」と名づけ、その問題点の検討を早くから始めていた。[22]

元は費用・便益分析（Cost-Benefit）の計算から成り立つ経済学的論議とはいえ、教育権の論議では、その人的投資論の教育実践に与える影響が問題となる。例えば 70 年代の人的投資論で特筆すべき論議に、第 3 章でふれたユネスコ出版物掲載の D.Brradock による障害児教育投資論がある（ユネスコの公式見解ではない）。

障害児教育投資は、一般には費用・便益の計算で見返りの少ない分野と考えられてきた。しかし、D.Brradock は「成人軽度遅滞者の一生の稼ぎは、彼らの教育コストの何倍もあり正当化される」「中度遅滞者の利益は非常に少ない」など、脱施設化による節約などで企業や国家の負担は軽減されると述べている。

あるいは、「重度知的遅滞と情緒障害は教育費用が一生の稼ぎを上回る」とか、人的投資の正しい解釈は、その「見返りの可能性が一生で達成される自足

によるもの」とし、「IQ20以下でも少数だが稼ぐ可能性がある」という「発見」に基づき、費用見返りにつながる「自足」の教育目標を求めたのである（第3章）。[23]

しかし、こうした教育目標設定が人格の発達にかかわる教育条理に照らして妥当なものかどうかは極めて論争的な問題である。長年にわたり重度の障害者医療に携わる高谷清は「寝たきり」の状態にある「重症心身障害者」の「自己意識」や「（社会的関係の下にある）人格」の有様について次のように指摘している。

「＜意識＞はないが＜自己＞は存在している。・・意識として感じなくても、身体や心が感じている。・・よく馴染んでいる人とそうでない人に対しての反応が異なる。そこには人間関係があり、安心があり、身体がリラックスしており、たぶん本人は気持ちよく感じて＜快＞の状態にある。・・その＜快＞という状態にあることが＜人格＞のもっとも基本にあるのではないだろうか」[24]

障害の有無にかかわりなく、また稼ぎの多寡にかかわりなく、高谷のいう「（社会的関係の下にある）人格」の「発達のために」という位置づけは国際的合意に共通する教育目的の含意でもあるとすれば、「稼ぎと自足」に連動させるD.Brradockの人的投資論の特異性が理解できる。投資論にかかわる同様の問題点については、勝野正章の次のような指摘もある。

「個人の教育に対して投資したものが・・跳ね返ってくることを期待して・・そういう教育要求をつきつける親ばかりではない・・子どもが持っている学校への思いだとか・・要求があるはずです。・・これが見えないと先生たちは息苦しくなってくるわけです」[25]

人権委［旧］のTomasevskiによる2000年「教育権」特別報告は、既にこうした教育の目的や本質を損なう人的投資論の意味を次の如く批判するまでに到達していた。

「人的資本の観念は人権を支える個々の人間の固有な価値を問題視し、人権の保護と促進における教育の役割を傷つけるものであると、特別報告者はこれまで考えてきた。・・人的資本のアプローチは、経済的に意味のある＜知識、スキル、能力＞だけに教育を形づくり、人権の価値を損なう。教育とは学習者が、親となり、政治参加をし、社会的結合と寛容をめざすためのものである。教育の成果主義的な見方（a productivist view）は教育から目的と本質の多くを枯渇させる。」(67 項)。[26]

Klaus Dieter Beiter はこうした Tomasevski の人的投資論批判に賛意を示し、規約教育権の権利論的意義との対比で「人的投資論は教育の目的と本質を枯渇させるものである」と断じている。[27]

②人的投資論の現段階
「2011 報告」（26 項）は、機会均等原則を含む「一般的意見 1 号（子どもの権利条約委員会）」にもふれている。一般的意見 1 号には前世紀以来の人的投資論の負の側面を批判しうる目的論の位置づけがあるが、Tomasevski による「人的投資論」批判以後、10 年が経過した段階（「2011 年報告」）で逆に人的資本論の肯定的評価に方向転換したことになる。

Tomasevski は人的投資批判の翌年（2001 年）から「2002 報告」まで世界銀行の人的資本政策について同銀行との協議を継続させたことがある。2003 年の著書では人的投資の意味を敷衍して、Amartya Sen の「教育は本質的に利潤追求になじまないもので、消防と同じような公共性をもつもの」とする人的資本論批判を引用し、自身のスタンスを補強する論陣もはっていた。[28] しかし、国際的合意形成の方向を変えるまでには至らず、Tomasevski の急逝後も機関内の論争課題として今日に及んでいる。

2000 年以来の OECD の PISA 調査の背景にも人的資本論がある。[29] OECD は教育投資論を堅持する立場であるにもかかわらず、OECD 発行の文書でも賛否両論が掲載され始めた事実は興味深いであろう。Brian Keeley の著書

2006年『人的資本』に、その論議の典型をみることができる。

　OECD事務総長のAngel Gurriaは「知識、スキル、コンピテンシー、資質」に依存する人的資本の意味を著作『人的資本』の序文で語っており、多くの人々が「能力を全面的に発達させるための機会（the opportunity to fully develop their abilities）が与えられていない」し、「人的資本がOECDの優先課題となってきた」という立場を主張している。また、移民・少数民族・幼児・障害者等すべての人々がそれらの能力を伸ばすという「基本的なニーズ」にも同書は着目しており、PISAがその観点から実施されてきたことが示された。ところが、同著でも、「個人の人的資本に焦点化すれば、すべての人の生産性を上げる助けとなる組織内の集団的なスキルや能力を無視する危険を犯す」など、人的資本論にある欠陥のいくつかも列挙したのである。[30]

　成果主義的な教員評価の賛成論者と反対論者の賛否について、OECDの2005年報告書「教師問題の重要性」も両論を紹介したことがある。賛成論者の論拠は、「すべて平等に扱うより成果を出すものに報酬を与えるほうがよりフェア」「パフォーマンス成果による報酬は教師を動機づけ子どもの到達度を促進」などであり、逆の反対論者の論拠は、「パフォーマンスは客観的に確定できないので公正で正確な評価は困難」「教師間の協力が損なわれる」「教師は報酬で動機づけられるものではない」等であった。[31]

　あるいは、人的投資論を前提とする2006年OECD報告書『人生の始まりを強く：乳幼児の教育とケア（Early Childhood Care and Education─以下ECCEと略）』でも投資論批判は紹介されている。[32] このECCEのテーマは2008年ICE勧告でとりあげられ、上記「2011報告」は同勧告にも留意している。さらに、90年代以降のILOによる構造改革批判などの新自由主義的な教員政策への警戒に明らかな如く、人的資本論にかかわる国連諸機関の論争課題を浮上させたのである。

　また、1960年ILO/ユネスコ「教員の地位に関する勧告」のフォローアップにかかわる2008年「日本における教員の地位勧告不遵守に係る教員団体からの申し立てについての中間報告」では、次のような成果主義的な学校運営に

かかわる所見が述べられており、セアートが機関としてその報告に同意するまでに至っている（第8章と第9章）。

「報償に連動させる評価は、専門職の自由と責任を衰退させる可能性がある」（報告19項）「評価制度では、この数十年、民間および公共部門における経営で顕著になった目標と結果に関する経営コンセプトが教育の特別なニーズや制約を必ずしも反映するものとなっていない」（74項）[33]

2）教育ニード論について

かつての人的資本論は、60年代以降の世界的に増大する公教育を支え、公共投資の意義をある程度合理化する役割を持った。その後、世界のグローバル化のなかで、各国の政策は人的資本の名による質保障や成果主義への志向、学校選択や教員評価、新たなガバナンス（NPM）やアカウンタビリティなどを求める動きを強めるようになる。そして、受益者（消費者）の「教育ニード」を「平等に」満たすという、機会均等の新たな意味づけがなされるようになってきた。

①教育機会均等と「特別な教育ニード」

すべての国連機関の活動等で教育権論がニードを重視する人的投資論にとって代わったということではない。「2011報告」も教育権のスタンスを保持しつつ機会均等の意義を強調するものである。該当箇所には次のような記述もある。

たとえば、「(b) 総合的政策によって不平等と差別の複合を明確にする」課題では、「政策的措置は、追われた人々や弱い立場の人びとの学習がアクセス可能となるニードに応えなくてはならない」と記し、「(c) 資源の適切な分配の保障」の課題では、「教育提供の地理的格差の除去、周辺化や排除の犠牲者である人びととの特別なニードに配慮しつつ・・資源配分し」とか、「周辺化・排除・貧困の減少戦略の教育的次元を明らかにするニードに留意し、・・資源

を確保」などと述べ、内容・方法につながる条件整備論としての「学習者の多様なニード」の扱いに注意を向けている点は教育実践で尊重されるべき論理と受け止めることができよう。[34]

　これらの「特別なニード」に応える記述には、①すべてのアクセスを満たすこと、②教育実践プロセスでニードを満たすこと、などの異なる次元の意味づけが含まれている。前者は大戦直後以来の用法と同じで、「特別な教育ニード」をもつ「すべての」人々に教育機会の保障を拡大させようとする権利保障などを含意するであろう（第１章）。後者はいずれの教育実践でも重視すべき「学習者の多様なニード」の意義を強調するものであり、前者の権利論と無関係ではないが、それ自体は別次元の教育実践論的な文脈といえよう。「2011 報告」のみならず、後述の多くの「特別なニード」論がこれらの権利論と実践論を混在させる結果、権利論上のニード論の位置づけをいっそう分かりにくいものにしている。

　こうした状況の下にある「消費者ニードと教育権」の対抗について、国連人権委員会（現在は人権理事会）の初代「教育権」特別報告者 Tomasevski による 1999 年報告には次のような指摘がある。

|資料|　1999 年「教育権」報告 33 項

　「ヨーロッパ人権条約以外の国際人権諸条約は初等教育が無償であることを定めている。しかし、初等教育を無償にという要請は、教育に関する最近の国際政策では繰り返されなくなった。1990 年ジョムティエン宣言は、この要請を含まない。教育権の代りに＜教育へのアクセス＞とか＜学習ニードへの対応＞といった語句をジョムティエン宣言は用いた。同宣言は、子どもの権利条約採択後１年以内に採択されたもので、これら２つの異なるアプローチは同一基準の政策を妨げている。・・・略」[35]

　Klaus Dieter Beiter もまた 2006 年の著書で Tomasevski のニード論批判を受け継ぎ、1990 年宣言や 2000 年ダカール宣言など国連の「万人のための教育（EFA）」の一連の活動では権利の観点が「ニード論」で弱められたと批判した。

その批判は教育権侵害をもたらす教育の市場（万能主義）化・商品化の動向に向けられている。[36]

結局、教育財政が公共管理の下に置かれることなく人的投資政策として機会均等に対する侵害と格差をもたらす本質をもつのであれば、皮肉なことにTomasevskiの当初の危惧が的を射る論点であったということにならざるをえないであろう。

②学力や能力の制約

「2011報告」にある、人々につきまとう多様な「学力や能力」の制約をどう平等論に引き取るのかは極めて論争的な課題である。この「学力や能力の制約」も前記の教育ニードに深く関連する論議である。そのことについて「2011報告」は次のように述べている。

「教育権は初等教育から高等教育まで拡大される。；その享受は、非差別・平等の基本原則を尊重するが、学力ないし能力の基準の制約（subject to the criteria）は受ける。初等教育へのアクセスのみならず、能力を基礎とする中等・高等教育までの漸進的なアクセスの範囲を人権条約の国家義務は含む。教育権とは、権利資格としてのみならず、発達援助（empowerment）の源泉として確認される」（11項）[37]

この「学力ないし能力の基準」（the criteria of merit or capacity）とは具体的にはどういう意味なのか。法的基盤である1960年教育差別待遇反対条約は「高等教育を個人的能力に基づいて」「初等教育を受けていないか修了していない者の教育と個人的能力に基づく教育の継続」（第4条）等と規定し、人権規約は「高等教育は能力に応じ」（第13条）とするなど、能力への「個人的（individual）」という修飾語の有無で両条約に違いが生じていた。それゆえ、両条約機関共同による条約解釈の調整が行われた結果、「個人的能力」（教育条約）の記述には「適切な専門性と経験により評価される」との説明が追記されたのである。[38]

ここでもまた、子ども・教師・親の「当事者主体」間の関係性に基づく基準化システムによる教育価値の扱いが示唆されている。「2011報告」ではさらに2001年「ダーバン行動計画」にある教育パフォーマンスや成果の平等などの視点が次のように組み込まれた。

「行動計画は、差別のないすべての教育へのアクセス、教育アクセスの障壁の除去、良質の教育などを保障し、不利な立場にある子どもの教育的パフォーマンスのモニター、子どもの教育の成果（outcome）における不平等を明らかにするための資源確保などを諸国に対し行うよう勧告している」(37項)[39]

こうして「学力・能力」に「成果 outcome」が加わり、両者を関連づける機会均等実質化（あるいは格差分断）の論理が前述の「ニード論」と絡み合って展開する複雑な状況になっている。同じ特徴が日本でみられるのも興味深いであろう。こうしたニード論をめぐる相対立する2つの方向を例示しておきたい。

1つには、機会均等の権利論における積極的なニード論の可能性を説く渡部昭男の議論がある。渡部は旧教育基本法の「能力に応ずる」規定の新法への動きを検討し、「能力に応ずる教育」から「必要に応じる教育」への転換を展望しつつ、「＜教育の機会均等＞条項の意義を未来に向けてさらに発展させるためには、＜能力に応じて（応ずる）＞という能力程度主義・能力原理を越え出て、＜必要に応じて（応ずる）＞という必要原理を展望すべき」であり、「＜必要＞概念は＜ニーズ（needs）＞の訳語にとどまらず、人権保障において大きな可能性を秘めている」とまで述べている。[40]

2つには、教育とは異なる社会福祉領域においてであるが、渡部とは逆方向のニード論への警戒がある。植田章は70年代後半から提起されてきた三浦文夫の「ニード論」を検討するなかで、三浦の社会福祉ニード論が「ニーズを個別的な＜生活の支障＞としてきわめて狭く理解し捕らえる方向」があるとし、そのことが「社会福祉を市場原理に導く露払いとしての役割を担った。つまり、社会福祉の水準を低く抑えるために、誤った理解でニーズという用語が使

われているとも言える」と厳しく批判した。

　これはニーズ論自体の否定ではなく、権利概念と「ニーズ」を区別しながら、「ニーズ」に還元されない「権利」としての「社会的資源の創出」という真田是の立論につなげる重要な問題提起となっている。[41] われわれは、この真田のいう社会的資源論に教育の条件整備の権利論を重ねてみることもできるであろう。

　これらの論点が人的資本・市場原理・商品化のもとにある上述の国際的合意形成の論争的な問題群とも重なることは明らかであろう。こうした市場化原理の下で「教育（消費者）ニード」のフレーズが多用される動向が国内的国際的にも共通するだけに、そのニーズ概念と権利概念の双方の文脈の区別と関連に留意すべきであろう。

　すなわち、両論の前提には教育実践においてすべての子どもの教育ニーズは無視できないという基本問題があるはずである。「教育ニーズ」は個別具体的な教育実践に伴うものであり、しかし、個々のニーズそれ自体が権利であるとはいえず、ひとまず「教育権」の概念とは厳密に区別せねばならないと考えられる。

　他方、多様なニーズが組み込まれる個々の教育実践は「教育の自由」が保障されねばならず、その多彩な創意ある実践過程への政治的行政的介入は「不当な支配」となる（第7章）。つまり、具体的な教育実践における個々の「教育ニード」は多様に変化しつつ関係性の中に織り込まれる具体的な単位なのであり、それぞれに異なるニーズを含み込む多彩な実践総体が「教育の自由」を前提とする主体の人権（教育権その他）として統一的に保障されねばならないであろう。こうして両者の概念（多様な実践的「ニーズ論」と主体の統一的な「権利論」）の区別と連関に関する分析的視点が求められることになる。

　「教育ニード」のフレーズは、大戦後の早い時期から国連機関における機会均等原則の対象を拡大適用させ権利論の枠組みに位置づけた前史があった（第1章～第4章）。[42] ところが現代の日本では、規制改革会議の「学習者のニーズに合った教育を自由に選べる機会を拡大」（2007年）など、個々のニーズで

サービスを選択した結果を利用者の自己責任に委ねてしまう傾向の肥大化が社会問題化している。その市場主義的な教育改革を「ニーズ論」で誘導させる傾向が新たに生まれたのである。

それゆえ、教育ニーズ論が新たな教育権侵害をもたらす事例さえ目立ち始めたのであり、谷口聡が批判する「学校選択、学校評価、バウチャー、学力テストの結果公表が一つのパッケージになることで、学習者の多様なニーズ能力・適性に応える学校教育サービスの提供」がなされ、被教育者ニーズを悪用する教育権侵害になりかねない転倒した事態まで現出させていると断じることも可能である。このように今日の段階では、本来的に教育実践で尊重すべきニーズ論と教育権侵害につながりかねないニーズ論の政策的利用を区別すべき新たな課題が提起されていると考えられるのである。[43]

3）教育条約に対する評価

「2011 報告」には、国際人権諸条約のなかでも、Tomasevski が批判する「万人のための教育（EFA）」などのグローバルな政治的関与（と評価）のみならず、教育条約の評価も記されてある。

教育条約にも言及した「2011 報告」に関連して、2008 年前掲文書「インクルーシブの次元」の基準化に関する該当箇所を紹介しておこう。一般的な記述ではあるが次のような同条約への評価が記されてある。

「質の規範について、より多くの関心をもって教育権はモニターする必要がある。質の問題は万人のための教育（EFA）の核心である。教育の規則、基準、質の問題の重要性を確認する教育差別撤廃条約のフォローアップとして＜最低限の教育基準＞を考えるべきである。質の高い教師の不足は、専門職の地位や労働条件を尊重しない、貧しい教育基準に由来する。＜教員の地位に関する勧告＞は、公立・私立両方の教員に適用されるが、その目的のために測定の法的枠組みを提供するものである。すべての人々に対する質の高い教育へのアクセスを普遍化し、農村・都市・僻地の教員配置について、各国レベルの行動がもっと強められなくてはならない」（61 項）[44]

「2011 報告」は、こうして教育機会均等と教育権の国際諸条約群と憲法規範の整合性を各国に求めた。ユネスコの教育権保障の活動を長年にわたり主導してきた Kishore Singh のスタンスがそこに反映していると思われる。具体的には、人種差別撤廃条約、女性差別撤廃条約、障害者権利条約、全ての移住労働者及びその家族の権利の保護に関する国際条約、などの一連の合意形成があり、「教育機会均等は、ほとんどの人権条約における包括的原則である。それは、諸国に対し、教育機会均等を尊重する仕方で、・・諸条約の国際的義務を課す」（32 項）というものである。

また、これらの諸条約とは区別しながら特別の項目で 1960 年採択の教育差別待遇反対条約を重視している。同条約が条件整備にとどまらない内容・方法を含む教育権保障の実質化に腐心した教育条約といえる基本的条約であった（第 2 章）。「2011 報告」は「同条約は、教育機会均等と非差別の基本原則を規定する中心的な条約である」とまで述べており、「とりわけ条約加盟国に対し、＜諸条件と各国の用法に見合う適切な方法によって、機会と扱いの平等性を促進するような各国政策を作成し発展させ適用する＞義務を規定している」（33 項）と評価したのである。

同条約のこれほどの位置づけは、近年の研究書を除き、[45] ユネスコ関連以外の国連文書にはあまり見当たらない。機会均等原則と差別を扱う条約であったという意味でも 1960 年教育条約の再評価が求められる時代となったことを示唆するものである。

「2011 報告」の提起をふまえ、教育条約の基準化論理に先の教育ニーズ論を重ねるなら、「ニーズ論と権利概念」の区別や関連の下で、①「（機会均等で）学力ないし能力の基準の制約（subject to the criteria）は受ける」という規定が排除の論理であってはならない、②「該当機関による内容・方法の民主的基準化」という教育条約の先駆的提案を媒介に、先の「個人的能力」（同条約）に関する「適切な専門性と経験により評価される」という説明を視野に入れ、③「発達と教育階梯の段階的区分」に関する仮説も加えつつ、[46] ④旧来の「能

力に応ずる」機会均等原則については、全面否定ではなく、「等しく、その発達にかかわる教育（実質的な機会均等）」などの言葉に置き換える、そして⑤それらを総じて、先の植田章のいう「権利」としての「社会的資源の創出」、つまり民主的教育システムに相応する条件整備を構想すべく今後の課題として、より発展的に捉えることができる。

しかし、「2011 報告」にある教育実践上の「価値内容を含む包括性」との関連においても、価値の国家規制に陥らない民主的な教育システムの論議が深まったと単純に同報告を評価することはできない。[47]

教育条約の合意形成過程で鮮明になりつつあった、内容・方法に関する基準化の民主的合意形成（自由と基準性の論議）プロセスを「2011 年報告」の論議で更新させた形跡は見当たらないのである。今世紀初頭、「質保障」（quality assurance）が高等教育の「質」を破壊しない保障は一体どこにあるのか、と皮肉なコメントを Daniel が行ったことがある（ユネスコ主催「高等教育の質保障に関する国際会議」の基調報告）。[48]「統治（国家統制）の一様式」[49] となり始めた基準化システム自体が「教育の質」をも破壊しかねない事態から教育をどういう条件の下で守るのか、こうした基準性の論点は、「2014 報告」をめぐる第 7 章の論議に引き継ぐ。

小括

機会均等について大戦後の活動経緯や「2011 報告」を素材に連関し合う問題群の様相を批判的にみてきた。「2011 報告」自体は教育における合意形成をはかるための国際行政上の文書にすぎない。阻害要因をまとめた「2011 報告」末尾では、「事実上の教育機会均等を達成するための障壁と戦うイニシアティブ、そして教育機会均等に影響する主な要因の＜概要＞を扱うのみ」と言うように、課題を全面的に扱ったものではない。

しかし、「2011 報告」は機会均等の国際的合意形成における論議の一定の到達点は示しており、実効性を求める新たな動きを確認することができた。それは特別報告者 Kishore Singh の持論もふまえた、国家権力を律する民主的な憲

法規範等の整備を国際機関として期待するものであった。現実的な意味がそこに示されたが、皮肉にも「2011報告」が支持する「国家による人的投資政策」では機会均等危機の激化につながりかねない矛盾もまた顕在化したのである。

「2011報告」にみられる初代特別報告者Tomasevskiとの方法論の違いや対立も、その問題群とかかわる。見方を変えれば、Tomasevski以来継承される"4Aスキーム"による国家関与のあり方がどこまで正当性を持ちうるのか、国民国家の集合体で成り立つ国際機関が教育の「民主的な公共性」をどう担保でき、国家にどのような是正を要請できるのかはなお挑戦的な課題であり続けている。

黒田一雄は、「ジョムティエン会議以降のEFAの国際的潮流」に、①ユニセフ・ユネスコなどの「基礎的ニード」や「人権アプローチ」、②世界銀行などが投資効果を期待する「開発アプローチ」、という2つの分岐を指摘しており、それらが、「お互いを有効なパートナーとして‥＜共闘体制＞を敷いたことに成功の基がある」という。[50] しかし本章で明らかになったのは、教育機会均等をめぐる新たな動きのなかに、むしろ逆の対立・矛盾もはらむということであった。

注

1　UN Doc.,A/RES/60/251
2　中教審答申『21世紀を展望した我が国の教育の在り方について』1997年。
3　UN Doc., CRC/C/JPN/CO/3, Consideration of reports submitted by States parties under articles 44 of the Convention.para.66-67.
4　藤田英典『義務教育を問いなおす』ちくま新書、2005年。学費問題については、田中昌人『日本の高学費をどうするか』大月書店、2005年など。
5　UN Doc.,A/HRC/17/29, Report of the Rapporteur on the right to education, Kishore Singh － The promotion of equality of opportunity in education, 18 April 2011.
6　Ibid., p.18.
7　UN Doc.,E/CN.4/2005/50, E/CN.4/2006/45.
8　UN Doc., A/HRC/8/10 & A/63/292.
9　UN Doc., A/HRC/11/8-the right to education of persons in detention, 2009.

10 UN Doc.,A/HRC/14/25- the right to education of migrants, refugees and asylum-seekers, 2010.
11 UN Doc.,A/HRC/8/10
12 UN Doc.,General Comment 13. "on the right to education"., E/C.12./1999/10.
13 A/HRC/17/29,op.cit.p.18.
14 UN Doc.,General Comment 11 plans of action for primary education., General Comment 13., General Comment 1. "the aim of education, article29(1),(2001)"
15 A/HRC/17/29,op.cit.p.8.
16 ibid..p.10.
17 Unesco, *Overcoming Exclusion through Inclusive Approaches in Education?* ,2003.
18 Unesco, *Guidelines for Inclusion: Ensuring Access to Education for All*, 2005.
19 UNESCO Doc.,ED/BIE/CONFINTED 48/5, Inclusive Education: The way of the Future, Conclusions and Recommendations of the 48th Session of the International Conference on Education (ICE).
20 勝野正章「教育と憲法」『法学館憲法研究所報』第5号、2011年、4頁。
21 A/HRC/17/29,op.cit.p.7.
22 宮本憲一『社会資本論』有斐閣、1967年。
23 Unesco, *Economic Aspects of Special Education*, Unesco, 1978.
24 高谷清「「人権」「人格」と「パーソン論」」世界思想38号、2011年春号、世界思想社、49頁。
25 前掲、勝野正章、14頁。
26 UN Doc.,E/CN.4/2000/6, p.23.
27 Klaus Dieter Beiter, *The Protection of the Right to Education by International Law*, Martinus Nijhoff Publishers, 2006, p.607.
28 Katarina Tomasevski, *Education denied*, Zed books Ltd, 2003, p33.
29 八木英二「PISA2009と新リテラシー政策」『教育』2011年6月号、国土社、所収。
30 OECD, *Human Capital*, OECD, 2006, p116.
31 OECD, *Teachers Matter*, OECD, 2005, p184.
32 OECD, *Starting Strong II- Early Childhood Education and Care*, 2006. 邦訳『OECD保育白書』明石書店、2011年。
33 ILO Doc., CEART, Report of the Fact-finding mission to examine allegations of non-application of the Recommendation concerning the Status of Teachers in Japan, 20-28 April 2008.
34 UN Doc., A/HRC/17/29, Report of the Rapporteur on the right to education, Kishore Singh — The promotion of equality of opportunity in education, 18 April 2011.
35 UN Doc.,E/CN.4/1999/49, pp.11-12.

36　Klaus Dieter Beiter, op. cit., p.328.
37　A/HRC/17/29,op.cit.p.6.
38　Unesco, *Comparative analysis- UNESCO convention against discrimination in education and articles 13 and 14 of the International covenant on economic, social and cultural rights*, 2006. p16.
39　A/HRC/17/29,op.cit.p.11.
40　渡部昭男『格差問題と「教育の機会均等」』日本標準ブックレット No.3、2006 年、67-68 頁。
41　植田章『社会福祉援助実践の展開』高菅出版、2011 年、86 － 89 頁。
42　前掲、八木英二、2010。
43　谷口聡「現代における教育条件整備基準解体の枠組みと手法」世取山洋介編『公教育の無償性を実現する』大月書店、2012 年。142 頁〜 143 頁。
44　UNESCO Doc., Inclusive Dimensions of the Right to Education: Normative Bases, Concept Paper, Prepared for the Eighth and Ninth Meetings of the Joint Expert Group UNESCO(CR) /ESOCOC(CESCR) on the Monitoring of the Right to Education － 2008.
45　Yves Daudet & Pierre Michel Eisemann, *commentary on the convention against discrimination in education*, UNESCO, 2005.
46　八木英二「教育目標・評価の発達的視点」『「評価の時代」を読み解く』下、日本標準、2010。
47　2006 年 9 月 6 日ユネスコ本部に於いて八木英二が行った Kishore Shingh へのインタヴューでは、教育条約の基準化が「国家」ではない「当該機関 (the competent authorities)」によるとされたことについて、その当該機関とは国家を指すというのが氏の解釈（主張）であった。それは人権規約の解釈としては正しいが、教育条約の成立経緯からみて課題が残る。
48　Daniel, John S., *Quality assurance, accreditation and the recognition of qualifications in higher education in an international perspective*, UNESCO,2002.
49　勝野正章「『政治的中立』と教育の公正」『教育』2015 年 9 月号。
50　黒田一雄「障害児と EFA」、前傾『国際教育開発の再検討』所収、228 頁。

第 7 章　学習到達度評価と基準作成「主体」
― 子ども・教職員・保護者・住民・研究者など

　前章の 2011 年人権理事会「教育権」報告は「質の高い教育」を重視した。それは次の 3 つの報告や決議に引き継がれている。2014 年 5 月人権理事会「教育権」報告―子どもの到達度評価と教育権の実施報告と勧告―（以下、「2014 報告」と略）、[1] 同 7 月人権理事会「教育権」決議（以下、「2014 年決議」と略）、[2] 同 9 月国連事務総長「教育権」報告（以下、「2014 年総会報告」と略）等である。[3]

　本章では、この 3 文書の要点を最初にまとめ（第 1 節）、教育内容編成にかかわる基準化の枠組みを考察するための素材とし、第 2 節では、かつての 1976 年旭川学テ最高裁判決等の教育裁判の論点などを念頭におきながら、McCowan の論議（教育権における教育価値の扱い）も参考に、「2014 報告」と基準化の分析枠組みを批判的に考察していく。第 3 節では基準作成の手続きに関する当事者間の対話や価値の自律的生成の意義を仮説的に論じるが、教師の関与については教員評価の視点を加えた第 3 部で扱うことにしたい。

第 1 節　教育権と「教育の質」

　前章の教育機会均等（例えば校門の通過率）が保障されるにしても、教育権の実質的保障のための内的事項はどのように確保されるのか。教育価値はどういう条件（基準システムを含め）で生成されるのか。教育権論議からその回答が得られるのか、上記の国連文書も手がかりに教育実践過程と教育権保障の関係を考察することにしたい。

1)「教育到達度評価」に対する疑念

　国連関係機関の「人権教育」論を除けば、教育の内的事項にまで言及する文

書はユネスコ以外の国連機関であまり見当たらない。その意味で到達度評価の在り方にまでふれた「2014報告」は際立っている。国連の「教育権」文書で到達度評価などの内的事項まで扱うのは「国際行政介入」にならないのか。「教授学習過程」「到達度評価」「教育の質」等々の提起まで行う同報告の性格を明らかにする必要があろう。

「2014報告」の主題は「子どもの到達度評価と教育権の実施」である。その論点は、教育権の目的に規定される数学的リテラシーや言語能力領域などの「教育到達度評価」(the assessment of student attainments) に対する国際動向批判にあった。それは、「人格の全体性」にかかわる「教育目的（価値規定）」を根拠とする。長くなるが上記3文書の該当箇所の抄訳を次に示す。

①「2014報告」

「39：評価の仕組みを創設する上で、略・・多くの途上国がOECDのやり方を真似る。・・・略。いくつかの国は数学的リテラシーと言語スキルの評価に焦点をあて、他のすべての学習領域を学習成果から除外することがある。無作為調査による諸国のランキングは、国内の教育状況を正確に表すものではない。教育の質を論議する上で、学習成果だけを特別扱いすることは、狭い質の概念をもたらし、教授学習過程 (the process of teaching and learning)、質保障の本質的なインプットなどを無視し、その質 quality を公正さ equity から切り離す」「40：ほとんどの国際的・地域的な評価は一般に言語・数学・科学の3領域における基礎知識とスキルの子どもの習得レベルを扱う。多様な背景のある子どもの発達ニーズに効果的に対応できず、欠陥の多い、また基礎教育のインクルーシブ的性格を強める改革を損なうような、学校外ステイクホールダ（関係者）のための総括評定となっている。また、ユネスコ・IBE調査が、＜特に幼い子どもの標準テストは、教師と子どもの相互交流の質を損ね、カリキュラムのあり方を歪める。評価のバランスをもって、教授学習のプロセスを改善しうるよう教師がデザインし、クラスを基礎とする形成的評価を強調すべきとIBEは確信する＞という点で、総括評価は教育制度や生活の子どもの成長への直接的なインパクトをもっていないのである」「41：学習成果の偏りをもつ国際的評価の仕組みが人権を基礎とするアプローチを無視している。・・略」「43：読・書・算は、学習到達度のすべてを完全に表すものでなく、子ど

もの学習はなおさらである。到達度のみを過度に強調する傾向は教育の人間性を育てるミッションを損なっている。国際的に流布するパフォーマンス評価は、単なる経済用語の開発という概念で主導される教育の手段的役割に依拠している。人間的価値を無視した経済発展という狭い意味で教育の物的価値を問題にし、学校を工場に似せた＜インプット・アウトプット＞モデルの学習成果を求める偏りがある」（いずれも番号はパラグラフ）

②「2014年決議」

「1．すべての人々のための教育権の完全実施を保障する人権理事会教育権決議の完全な実施措置をとるよう諸国に要請する」「2．とくに国際人権法に従う評価システムを発展・適用させる教育権の全面実施を諸国に勧告する。①子どもの到達度評価における人権の尊重と促進で全体的（holistic）なアプローチを発展させること、②教育の質を保障する評価の仕組みの確立、③教育の質を高める教師の職能（capacity）の発達と強化、④国際人権法に合致させ教育課程の更新利用を奨励　・・・略」

③「2014年国連事務総長報告：公共性をもつ教育価値の回復と増大」

「112．国家の本質的義務として、また発展の基盤として、諸国は教育に対する公共投資の重大性を認めねばならない。民営化の援助ではなく、差別された人々や貧しい人々への教育機会を拡げるための公正 equity というイニシアティブにより、政府は公教育に最大限の資源を投入しなくてならない。民営化の財政援助になり代わり、国家が規制を行うパラダイムの転換が求められる」

　上記文書で検討すべき第１の課題は教育の「価値」を扱う文脈についてである。「2014報告」は世界人権宣言の教育目的規定を引用し、子どもの権利条約29条第１項や一般的意見第１号の「人権の価値」「民主主義的シチズンシップ」「文化的多様性」等の価値規定に従い、2015年以降のポスト・ミレニアム発達目標（MDG）をも含む「我々共通の人間性に対する新たな倫理」など、倫理的領域にまでふれている。標準テストなど近年の国際動向にみる教育評価は「狭い（narrow）」ものであってはならず、「広く（broaden）」すべきだという。

「2014報告」は教育権規定の人権アプローチを前提とする「全体的な holistic」目的（価値）に従って、国際到達評価（TIMSS）や2000年来の子どもの学習到達度調査（PISA）の国際地域調査のあり方まで批判したのである。また「2014報告」に基づく上記「2014年総会報告」は教育民営化に抗し「教育は利益獲得のビジネスでない」こと、「無差別、機会均等、社会正義と公正の原則」を担保する教育の公共性の強化をめざすなど、教育権保障に果たす国家の積極的な役割を記した。

しかし、人権委員会（現人権理事会）による一連の「教育権」報告で「教育の商品化」が批判される一方で、近年の「報告」が人的投資施策を支持するなど複雑な矛盾を抱えるだけに（第5章と第6章）、取り組みによっては教育産業や国家主導による困難をもたらしかねない恐れもある。上記の「2014報告」が「学習成果の偏りをもつ国際的評価の仕組みが人権を基礎とするアプローチを無視している。・・略」「読・書・算は、学習到達度のすべてを完全に表すものでなく、子どもの学習はなおさらである。到達度のみを過度に強調する傾向は教育の人間性を育てるミッションを損なっている」等と標準テストの動向を悪しきテスト主義と批判するにせよ、国際機関や国家が教育の内的事項に関与しうる批判の主体たりえるのか別に検討すべきこともある。

そこで第2に、教育における「内外事項」の区別と当事者性にかかわる課題が浮上する。「質保障をする仕組み」「教師の職能発達」「教育課程の更新」「職業教育の刷新」「到達度評価の調査研究」（2014報告）などの各論には当事者（子ども・教師・保護者等）の自律的な関与を抜きに内容・方法編成の妥当性を論じることができるのかという検討すべき教育の根本問題が提起されているように思われる。

近年の標準テストでは、「子ども自身、教師、保護者、地域住民」などの当事者主体がテストの課題設定・評価・反省作業等の一連の過程から蚊帳の外に置かれがちである。国家・自治体が強制する国際規模のランキング競争が激化している。テストの客観性が強調されるものの、PISA調査の内容やランキング結果の信憑性の疑念も国際的な広がりをみせる。[4]

本来のテスト（ないし調査）であれば結果が関係当事者自身に返却され、学習活動のあり方を当事者同士（子ども・教師・親その他）で問い直すことができるが、日本はPDCAサイクルの管理システム下で、「何のためのテスト（あるいは調査)なのか」を当事者が問うのは難しい。「2014報告」のいう「パフォーマンス・テストは、子どもの理解・コミット・日々の行動等のなかで人権価値が組み込まれる程度を明らかにすべき」（87項）等、内的事項にまで踏み込む主体は誰なのか、国際行政文書としての妥当性を含め検討を要するであろう。一般的な目的（価値）規定にとどまらず人権価値の「程度を明らかにすべき」との提起まで行う以上、当事者性を担保した教育価値の生成をめざしうる「主体」の民主主義的な関与システム（基準化）が確保されねばならない。

　したがって第3に、価値に関する「評価様式（assessment modalities）」が課題となる。「2014報告」では次の3つの論点が提起された（①キーとなる教師の役割、②定期的な教育課程の更新、③適性テスト）。

　まずパフォーマンス評価における「教師の役割」について「ナショナル・カリキュラムを子どもに伝えるのは教師である」（パラ68）とする記述には留意すべき点がある。

　「2014報告」は教師養成におけるプログラム、教師評価、現職教育などの意義にふれており、国家や地域の各レベルの「基準枠組み standard[s] framework」へのニードを強調する。しかし、国家レベルの「教授学習の質」を対象とするその教師評価は国家介入ではないのか等、実態の検証抜きに「2014報告」を無前提には是認できない。[5]「2014報告」もふれた1966年ILO/ユネスコ「教員の地位に関する勧告」の規範枠組みはその実効性にかかわるものなのである（第3部）。

　「基本的自由」等の人権価値を各国に求めることが規約教育権の規定上妥当であるにせよ、「ナショナル・カリキュラム」の運用実態に関する検証は常に求められるが、「2014報告」73項の「教育課程の更新」の全文訳を次に示しておこう。

「普遍的に認められる人権価値と民主的原則はすべての教育制度及び基礎教育ナショナル・カリキュラムに組み込むべきである。増大する要請に応えるため、公共的機関（public authorities）がナショナル・カリキュラムをレヴューすることが重要である。公立私立のすべての学校の教科書とカリキュラム内容が国際人権条約及び人権条約機関の規定する教育的価値に目的を合致させることも必要である。さらに、カリキュラムと教育内容は人類共通の人間性の倫理に対するグローバルな関心事項と合致させるものでなければならない」[6]

また、「適性テスト（aptitude test）」がカウンセリングとスキルの発達のために推奨されるが、その記述内容は注意を要する。各国事例を紹介しながら、親と教師の協議で子どもの学習到達度の向上が目指されるべきとし、主な理念は「学習の（of）評価ではなく学習のための（for）評価」にあるなど、一種の学習論まで国連文書で論じられる状況にある。ユネスコ教育条約や「教員の地位勧告」の規定が前提とされるものの、内容・方法に関する基準化や運営システムの決定「主体」は何か、当事者（間）の関与する基準化システムの仕組みを介して保障すべき教育権の位置づけはここでも曖昧なままである。

同報告は2007年のユネスコ専門家委員会の文書を引用し、「最低限の基準」に基づく「基礎教育」の権利保障で「弱い立場の子どもを含むすべて」の学習到達度評価を「国のシステム」として肯定的に認め、PISAやパフォーマンス・テストの問題性に対し言及するが、どのようなシステムで内容・方法におけ「教育の自由」が担保され、教育課程の更新がなされるのか等、当事者の自律性と国家規制の関係に検討すべき課題が残る。[7]

2）「教育の質」のための規範

「2014報告」は2012年教育権「教育の質のための規範的措置（normative action）」（以下、「質報告」と略）を継承するものであった。[8]「質報告」もPISAやパフォーマンス・テストなど到達度評価が抱える問題性を指摘するが、「教育の質」を国家が主導することには注意が払われていない。その該当箇所を次に抄訳しておこう。

| 資料 | 2012年質報告

2　質の低い教育に対する不安の拡大

「15：国によっては、国際教育到達度評価のあと教育の質への関心が表面化した。OECDのPISAは、世界の教育を評価する3年毎の調査であるが、15才の読解・数学・科学的リテラシーのパフォーマンスをテストし、他の参加国に対し自国のパフォーマンスのベンチマークにしたことが知られる。・・略」

3　教育の質のための全体の概念枠組み

「21：教育の質という概念枠組みは、次の諸点から構成される。①学習者の知識・価値・スキル・コンピテンシー習得の最低限のレベル、②学校の十分なインフラ、設備、環境、③十分な資格のある教師集団、④すべての人々で、とくに学習者、親、コミュニティの参加に開かれた学校。それらは、教育の質が要請に応える相当の資源なしには達成できない問題と関連する」

4　教育の質と基準への権利

A　国際的な規範の枠組み「23：世界人権宣言、国際人権規約、子どもの権利条約は、教育が人格の全面発達と人間の尊厳の尊重を目的とする旨、規定する・・・略」「24：女性に対する教育の平等を保障する国家義務は女性差別撤廃条約で説明される。・・略」「25：教育差別撤廃条約（1960）は、・・略」「26：ILO/ユネスコ「教員の地位に関する勧告」（1966）は、・・略」

6　教育における質の国内的な法的政策的枠組み

「38：教育の質への権利は多くの国々の法で規定され、国際的義務が国内法制に反映する仕方を明らかにする。教育の質への権利は憲法上の規定とする国もある」

7　教育における質のための規範や基準の主要素

C　教職のための規範枠組み

[教育方法のパラグラフ]「66：略・・子どもに寄り添い、励まし、動機づけをするような新たな教育学的アプローチが大切である。教師は、学習者を動機づけ、批判的思考を発達させ、道徳的価値を育てる必要がある」「67：教師の教育学的パフォーマンス評価と目的の基準の設置は特に変化しつつある。特定行動の禁止や専門職行為の期待の表明までの、教師の行動綱領やガイドラインの作成を含め、諸国は何らかの措置をとってきた・・・略」

D　国の教育課程の内容と基準

「68：国内の教育課程が国家的にコアとなるように標準化された共通コンピテンシーを諸国の法律と政策が定める。文部省関連の担当機関は、学校のための教育学的な教材開発に従い、しばしば国内の教育課程の作成を行う・・・略」[9]

　この「質報告」（2012年）では国家の「規範norm・基準standard・政策policy」の役割が示される。ユネスコ教育条約第1条をはじめ積年の合意形成にも従いつつ、2000年ダカール世界フォーラム以降のユネスコ国際活動プロジェクトEFAやMDGにおける「教育の質」を強調し、2011年「教育機会均等」報告（第6章）を引きついで、[10] 各国が質への権利を含む「規範」を各国が定めることを求めた。

　ここで第1には「質」の定義が問題となる。まず、同報告のいう「道徳的価値を育てる必要がある」（40項）など、「質」にかかわる「徳育価値」の強調をどうみればよいか。同じ時期に同じ趣旨で書かれた2012年「教育の質という概念の迷路（maze）を超えて」（ユネスコ関係者3名の共同執筆— 以下、「文書」）は、「質報告」も依拠する文書であるだけに検討に値しよう。[11]

　同「文書」（2012年）は、1990年ジョムティアンEFAから2000年ダカール行動計画に至る「量的拡大と教育商品化（the commodification of education）」の下で行われたPISA等の大規模調査が「教育過程educational process」における発達的視点を「狭く（narrowly）」捉える弱点があると批判していたのである。このPISA批判まで含む「価値・態度・情意」の重視は「2014報告」と同じである。[12]

　「文書」のいう、「学習過程・教授学習の方法・カリキュラム計画などの概念化」、「教育的プロセスの計画と運営のやり方」におけるパラダイム転換の指摘にも特徴がある。[13] その「転換」とは、「ぶつ切りされたバラバラな知識の概念から、周辺地域や学校のレベルによって違う多様な可能性と学習領域に基づく統合的な内容に向かう」ことだというのである。[14]

　また、これらの問題意識から「文書」は教育実践プロセスを念頭に、その「質」の概念化における、①学習者中心（learner centred）のアプローチ、②入口

(input)―過程(process)―出口(output)のモデル、③多次元の社会的相互作用(multidimensional social interaction)、の３つのアプローチにより教育実践過程にまで踏み込む論陣をはった。[15]

これら３つのアプローチのうち、①と②を除く、③「多次元の社会的相互作用」をとくに重視する。それは「織物モデル a fabric model」と呼ばれ、「異なる諸次元とシステム間の緊張によって定義づけられ実践される教育の質の概念」であるとも説明された。教育プロセスの「入口―過程―出口」は旧来モデルだといい、「歴史、社会経済、政治、文化など全体的分析の観点」にたって「革新的な決別」を行い、関係者どうし「政策、家族、コミュニティなどの諸要因間が交差」する所で質の高い教育を期待するというものである。[16]

第２には国家義務の在り方の問題がある。例えば、「C 教職のための規範枠組み」では、「子どもに寄り添い、励まし、動機づけをする新たな教育学的アプローチの大切さ」「教師は学習者を動機づけ批判的思考を発達させ道徳的価値を育てる必要」等、教育方法にまで踏み込む提言は、国家施策の在り方として妥当なのか。「D 教育課程の内容と基準」では内容編成に対する国家介入と受けとられかねない記述もある。それが教師や学校の目標・評価に関する国家統制を意味するなら、勝野がいう次の危険もありえよう。

「スタンダードと到達目標の設定そのものが、学校と教師の自律性を制約し、子どもの学習主体としての個性を損なうことがありうる。それは、抽象化・外化・縮約化された教育の質が発揮する訴求力のなせる業である」[17]

「(到達度)目標―評価」では学期・単元・授業時間などの確定に役立ち、自律的な実践の創意に生かすことはできる。子どもは教育の「対象」であるだけでなく実践の構成「主体」であり、その「主体」が活動するプロセス自体が変化に富んだダイナミックな運動であること、学校における教育の「全体計画」(植田健男)が常に問題となること等、数多くの単位がその教育実践事実には介在しており、そもそも教育課程編成は子どもの生活実態に応じるもので

ある。されば「目標―評価」の一元的な行政統制に服するものでなく、そこで「教育の自由」と民主的基準化の規範が生かされねばならない。「質報告」や「文書」では、国際的広がりを見せる標準テストの手法に対する批判や教育目的の扱いの狭さが批判されたが、実践事実のプロセスまで重視するのであれば、当事者「主体」（子ども・教師・保護者）の人権と民主主義、及び教育権規定を基盤とする課程編成は不可欠となるのである。

第2節　教育目的と基準作成「主体」

　「質報告」の翌年（2013年）には教育権の実効性に関する特別報告者「教育権」報告「司法判断適合性」が人権理事会に提出された。「国際条約と各国法制化で確認される権利として教育権を尊重・保護」し、その実施における「教育権の法的審判の役割」があると積年の主張が示されたのである。[18] 1960年ユネスコ教育条約や関連条約の「教育の自由」を含む「司法判断適合性」があれば、[19] 次の「教育の質」に関する基準化の段階で、その基準を誰がどのように作成し、教育権保障をどのような仕組みで担保するのか、「教育目的と基準作成主体」を基盤とする「主体（間）対話と価値形成」（次節）などが課題とならざるをえない。

　前記「文書」では、教育内容・方法編成（教育価値の生成）にかかわる当事者性が定かではなかったが、そもそも「誰」が「何」を編成するのか。いずれも教育権の実質的保障にとって試金石となる論点である。

　教育実践過程の「入口・過程・出口」のプロセスに従って「入口の"権利"・過程の"権利"・出口の"権利"」とバラバラに権利を分割するだけで、基本的人権としての人格の主体性や全体性を保持できるのか。前記「文書」や「質報告」についての以上の論点をふまえ、次の、1）「人格の全面発達」や「人格の尊厳」の教育目的の意味、2）主体（間）の基準化、3）応用問題としての学力テスト問題などを視野に、いくつかの「教育権」論議を整理しておかねばならない。

1）「人格の全面発達」(the full development of personality)

　教育権侵害の観点から標準学力テスト体制を批判する McCowan の論議を取り上げてみよう。[20] 人権理事会報告「教育権」への直接の言及はないが、McCowan の『人権としての教育 — 学習への普遍的な権利の原則』(2013年)における教育権の叙述には「入口・過程・出口」の教育実践過程とかかわる前記「文書」の文脈と重なる論点がある。[21]

　McCowan によれば、世界人権宣言等における権利のカタログは相互にトレードオフ出来ない両立可能なワンセットの規定として存在し、人格の相互関係性もふまえ「教育過程内の人権（human rights within education）」規定に着目するという。世界人権宣言の教育権規定にあるグローバルな目的、とくに「人格の発達」の総括的目的では「曖昧さ vagueness」を強調した。また、彼は教育権に関する Spring の学テ批判にも着目し、Kandel の言説を取り上げて次のように述べる。

　「人権条約の一般的意見では部分的な言及があるにしろ、教育実態への教育権の沈黙（silence）は、1947年に Kandel が述べた＜教育権の概念化（conceptualization）＞を想起させる」と。そして、「教育権規定とその実効性に関する研究は多いが、例外を除き教育の意味が論じられることはない」ともいう。つまり、「世界人権宣言には目的（価値）がある。しかし、教育実践過程のなかでは（within education）、目的に注意が払われていない」と述べ、教育過程における目的まで視野に入れた教育権保障のあり方に言及している。[22]

　彼は世界人権宣言が「教授学習のあり方（ways）には注意を払っていない」がゆえに、「アクセスへの権利保障があっても、ナショナリスティックな教化や人種差別などの学校教育（schooling）における権利侵害に陥ることがある。価値規定の意義を認めても、教育実践過程における教育権侵害の有無は確認できない」など、具体的な問題には対応できない教育権論の「弱点」だとしたのである。[23]

　日本の事例を振り返れば、1947年旧教育基本法もまた世界人権宣言採択の前年に教育の「目的」にかかわる「人格の完成」（第一条）を掲げてい

た。その公定英訳では1948年世界人権宣言と同じ the full development of personality（人格の全面発達）の用語が使われている。その価値規定の扱いは日本でも長く論争の的となってきたのであり、この「人格の完成」概念については現実の教育裁判でも多義的に使用されてきた経緯が報告されている（成嶋隆、2014）。[24]

世取山洋介によれば、この教育目的は子どもの権利条約第29条1項においても同様の議論があって、世界人権宣言よりも詳しい「国際理解、平和、人権、環境」などの価値規定について論争（価値への過度の介入）が続いてきた。「（世界人権宣言と同じ子どもの権利条約における教育目的規定が）『教育の自由』に反するのではないかとの疑問が西欧先進主義国から端的に提出されながらも、いかなる法的性格をもつべきなのか、ということについての明確な決着がつけられないまま導入されたという経過がある」という。[25]

一方で、世界人権宣言の「人格の全面発達」規定は教育権法理として継承されてきた。その価値規定がたとえ曖昧かつ抽象的であるにしても、教育史を概括しうる根拠もある。[26] それゆえ、教育学的概念として「主体」の人格形成（教育価値）にかかわる意義をも示唆しうる規定である。しかし、あくまで「抽象的」かつ「多義的」な「大綱性」にとどめておく目的の法規定における限界を自覚しなくてはならない。

つまり、①教育権の「目的」規定が個々の具体的な実践上の教育目的（価値）を指示するにはどうしても無理がある、②しかし、それが「大綱」的な位置づけであれば個々の実践の関係者による自律的な反省（振り返り）を促す役割はもちうる可能性がある、③そこで自律的民主的な基準化の主体形成を保障するための条件整備が法的には求められる、などの諸点で教育権の積極的意義を位置づけることはできよう。

「教育権とは教育過程（プロセス）に関与する権利である」という McCowan の指摘は以上の文脈に重ねて評価することが可能だが、[27] それが入口・過程・出口の教育プロセスにおける権利の分割になることは避けねばならない。

教育目的・目標の法規定について、成嶋隆が「旧教育基本法の教育目標規定

につき、教育実践を法的に拘束する裁判規範ではなく、一種の宣言・訓示規定と捉え、具体的な教育実践にとってこれらの目的規定は1つの指針であり、それ自体が教育実践を通して内容的に充実・発展させられるべきものと解する」と述べたことも、以上の論点と同じである。[28]

　これらの指摘をさらに敷衍し、本論では自律的で反省的な当事者（間）の教育内容編成作業システムとして発展的に捉え直し、基準化の作業を担う関係者の権利保障をも目的規定が支えるものと考える。国家による人格主義的な価値への介入の危険性は常に看過できないが、「人格の全面発達と教育の自由」の条文規定は、価値の大綱性を前提に関係者の自律的集団的参画と内容編成（基準化）システム及び民主的手続きの活動を保障しうるものとなる。

　ちなみに、次の社会権規約委員会の一般的意見でなされた公権解釈は、第1章、第2章でふれた目的規定の原則（基本的自由と全面発達）を継承するものである。

|資料|　1999年教育権に関する一般的意見13号（社会権規約委員会）

第13条第1項：教育の目的

4　締約国は、公教育か私教育か、公式なものか非公式なものかを問わず、あらゆる教育は第13条第1項にあげられた目的及び目標を指向することに同意している。委員会は、これらの教育目標は国際連合憲章第1条及び第2条に掲げられた国連の目的及び原則を反映していることに留意する。また、その大部分は、世界人権宣言第26条2項にも見出されるものである。但し、第13条第1項は3つの点で、宣言になかった要素を付け加えている。すなわち、教育は人格の「尊厳についての意識」を志向し、「すべての者に対し、自由な社会に効果的に参加すること」を可能にし、かつ、諸国民の間及び人種的又は宗教的集団のみならずすべての「民族的［ethnic；公定訳では「種族的」］」集団の間の理解を促進しなければならない。世界人権宣言第26条2項と規約第13条第1項に共通の教育目標のうち、おそらく最も基本的なのは「教育は人格の全面発達を指向」するということであろう（和訳は申恵丰による—青山法学論集第43号第4号、2002年所収—引用者による一部修正がある）。[29]

2）主体（間）による教育内容編成の基準化

1948年世界人権宣言の教育権規定は採択前年の起草段階からユネスコでも検討されている。専門家チームによる人権論の解説が1949年に出版されているが（『人権 ― 解説と解釈』）、[30] 同書掲載のI.L.Kandelによる次の説明（内容編成への教師の関与）は振り返る意義があろう。[31]

> 資料　I.L.Kandelによる教育権の解説
>
> 「自由のための教育はよく言われる教授の内容・方法のレッセフェール的プログラムを意味するものではなく、責任と義務についての理性的認識を伴う。この考えが正しいとすれば、それは、教師の地位と教育指導の変革をも意味する。教師を試験でテストする知識の単なる運び屋以上のものだと考えるなら、指示される教授法、あるいは視察inspectionと審査examinationなどコントロールによる詳細な学習指導要領を教師に課す伝統的な統制は、教師の望むような教授準備へと、その概念を新たにしなくてはならない」[32]

Kandelのよく知られた「内的事項・外的事項」の区別―「指導内容・方法」への「国家統制」の排除と「教育の自由」論議は、内容・方法に関する放縦（レッセフェール）ではない。[33] その後、ILO・ユネスコ1966年「教員の地位に関する勧告」では、「教育内容（価値）編成」に参画しうる教師権限が規定されたが、後年の日本における76年最高裁学テ判決が「（内面的価値をもつ文化的営みに対する国の権能は）抑制的に行使されるべき」と判示し、その論点に世取山が共鳴できると述べたことも上記のKandelが国家介入に警戒した論理と通底する。

しかし、同学テ判決について世取山がさらに「こどもの成長発達の合法則的保障とそれに応じる教師の専門職性」を示さない難点もあったというように、[34] その「教師の専門職性」にかかわる教育内容編成システムは必ずしも明確でないまま今日に及んでいる。本論の課題意識（第3部）ともかかわるが、「教育価値の形成」に関する目的規定（「人格の全面発達」や旧教育基本法の「人格の完成」）と整合する教育内容編成作業を担う関係当事者の位置づけについ

3）学力（調査）テストをめぐる攻防 ── McCowan の論議

かつて 1976 年最高裁学テ判決が「教師の教授の自由」に一定の制約を課した判示には「機会均等をはかる上からも全国的に一定の水準を確保すべき」との理由があった。しかし今日では、「機会均等」や「一定水準の確保」を求める従来の「福祉国家論的平等主義」に代わり、「イデオロギー的な教育支配への志向が明白な場合」と、「子どもと親の個別・具体的教育ニーズに対する応答能力の優越性が根拠として主張される場合」の、2 つの政治的・行政的介入があらわになりつつある（勝野正章、2014）。[36]

国際的広がりをもみせる学力テスト体制の新たな困難について、学校教育への就学権（a right to school）が充足されても学校内の「ハイステイクス・テストその他のプレッシャー」による「極度のストレスと長時間の学習にさらされる」とする McCowan らの論議がある。[37] 前記「2014 報告」の標準テスト批判や価値の相克あるいは「論争的ニード論」（第 6 章）に由来するプレッシャーも、「スタンダードと到達目標への『自発的』な同一化を促す『柔らかな統治』」（勝野正章）という今日の基準化（到達目標）をめぐる共通の困難であろう。[38]

標準テスト体制下にあるこうした教育実践過程と教育権侵害の関わりについて、McCowan は「教育 education」の在り方を現実の「学校教育 schooling」と区別しつつ、①教育内容 content、②目標にかかわる成果 product、③伝達プロセス process、という 3 つのカリキュラム・モデルで示し、①と②の欠陥を③に対比して次のように述べている。[39]

「あらゆる文化価値のすべての内容が人権規定で満たされるわけではない。教育目的やプロセスのアプローチ面の正当化が必要となる。カリキュラム内容を広義に捉えるなら、教師の資格レベル、施設設備、終学年限、学校空間、などが視野に入る。教育権の基礎にある＜学校へのアクセス＞はインプットにすぎず、それ自体で「教育」は保障されない。＜受け入れ可能 acceptable＞な教育権の基礎である＜内的インフラ、教師資格、教科書＞などの規定

を加える必要がある。美しい教科書が棚に飾られたまま、資格ある教師の労働過重、収入不足でアルバイト等の問題もある。教師不在の問題もあり、教室が意味ある学習空間になっているかどうかが肝要」[40]

　最初の教育内容モデルについては、特定科目群の教育権保障ができない。人権委や人権理事会の「教育権」特別報告（第５章、第６章）と同じ批判的論理がそこにある。次の成果モデルには、教育諸条件に関する実態把握（測定）の不適切さが指摘される。学校施設へのアクセス拡大から学習成果（outcome）の測定や質で評価の方向と力点が変わるが、目標達成が教育権保障の根拠とならないという。[41] PISA調査やBerberの伝達学など、国際機関における学習成果（outcome）の強調が際立っており、教育の煩わしいプロセスよりも量的データのみに頼る傾向があるとMcCowanは批判する。[42]
　こうして「１つには学テの成績以外に学習評価方法がある。２つには数学・科学・国語の他に重要科目がある。３つには学力テスト結果データの処理には学習上の妥当性がない。４つには教育の質は学習結果に限らない」等、McCowanは学力テスト体制に抗する論陣を張ったのである。[43]
　一方で、前記のようにMcCowanはプロセスとの関連で権利論を重視している。そのプロセスとは「質疑 enquiry、対話 dialogue、読む力の発達 development of reading comprehension、熟考 deliberation、差異の探査 exploration of difference」などの実践過程の内部に分け入るもので、国際教育権の相互連関や統一性をふまえて国際機関のいう「発達的な人権アプローチ」に留意すべきという。[44] これらの教育論の権利論的意味についても、前記のように、積極面と共にその限界（法律で教育実践のすべてを語ることは不可能）に注意を払うべきであろう。

第３節　基準作成主体と手続き：主体（間）対話と価値形成

　McCowanは「教師と子ども、環境などの諸関係、参加や教授スタイル等か

ら成る教育的経験の性質が重要」とも述べて教授学習活動の「教育の質」を重視したが、その「質」論議は教育実践過程内の主体（間）の自律性と対話がなければ自主的民主的な教育価値の生成に至らないであろう。

「教育の自由」や「価値の公共的編成」を共に担保しうる基準化システムとはどういう条件下で実現するのであろうか。前掲「文書」のいう「織物」論議やMcCowanの提起についても、当事者主体（間）が「対話・調整・決定」の過程に関与しうる条件整備は必須の要件となる。

こうして、内的事項と外的事項の編成主体における本来の対話・調整・決定のプロセスとして、国家・地域・学校・教室のそれぞれが相互に複雑に浸透し合う諸関係のレベルの違いがあって、いずれの段階の活動も保障され、それぞれに教育価値生成に関与する自律的・自治的な「参加・対話・調整・決定」（教育基準化）の見通しをもつ必要がある（佐貫浩、2014）。[45] 実現はされなかったが、歴史的な取り組みの経験知から継承すべき教育課程及び編成基準化の足跡を振り返ることはできよう。日本の事例を次にあげておく。

資料　1950年文部省「学校の教育課程及び編成の基準に関する法律案（第一次試案）」

「第四章　基準設定の責任　（二）過去（この法律制定以前）において幼稚園、小学校、中学校、高等学校、盲学校、ろう学校、養護学校及び各種学校に対して基準を定めた文部省及び内閣の文書は、いかなる種類のものといえども以上の諸学校に対し法的拘束力を有せざることを確言する。かかる文書の規定はすべて本質上助言的示唆的のものと考えるべきで、いかなる意味においても命令的のものではない。文部省発行の学習指導要領もまた同じである。それは教員を助ける意味のもので、決して都道府県市町村の教育委員会の管轄する学校に対し命令的のものでもない。（三）都道府県の教育委員会は、法律に矛盾せざる範囲において都道府県、市町村教育委員会の管轄する諸学校に対し、拘束力を有する次の事項に関する最小または最大限度の基準を定めて差し支えない。（イ）学校における教育課程、実施する課程の大綱に限る。細目を学習指導要領に印刷し、またはそれと同様のものを都道府県教育委員会が発行した場合、それは市町村の教育委員会の管轄する諸学校に対し拘束力を持たな

い。・・・略」[46]

　上記の試案では、学校に対するいかなる国家レベルの文書も「命令的」なものであってはならず、学習指導要領もまた「教員を助ける意味のもの」であった。地方自治体においても、都道府県教育委員会や市町村教育委員会は「学校」に対して「命令的」であってはならない。学校では「拘束力を有する次の事項に関する最小または最大限度の基準を定めて差し支えない」が、それは「実施する課程の大綱に限る」ものである。「細目を学習指導要領に印刷し、またはそれと同様のものを都道府県教育委員会が発行した場合、それは市町村の教育委員会の管轄する諸学校に対し拘束力を持たない」等である。

　1947年学習指導要領は現に「試案」であったが、かつて兼子仁が強調した「指導・助言」行政（当時の文部省設置法、現在の文部科学省設置法）に委ねる構想も、大戦直後の「命令によらない」基準化の経験に由来する一面があったこともわかる。論争含みではあったが、「人格の完成」（旧教育基本法1条）をめざす目的規定と、「国民全体に対し直接に責任を負って行われるべき」旨の教育行政規定（同10条第1項）をあわせ教育価値は自律的に担保できると考えられていたのである。

　また、内容・方法等に対する政治的行政的強制を避けるという「教育の自由」にかかわる基準化論議にとどまらず、制度論上も、中嶋哲彦が「教育委員会は、教育的価値実現への志向性をその存在意義に深く組み込まれて誕生した行政機関である」というように、教育的価値を生成しうる積極的な基準化の方途は依然として振り返るべき意義ある経験であったといえる。[47] しかし現実には歴史の経過で上記資料と逆の内容統制強化の方向を辿り、曲折を経て今日に至る。

　そもそも教育実践は自由（放縦としてでない自由）でなくてはならず、教育権が「意図的なプロセス（purposeful processes）への権利」（McCowan）であるとすれば、「意図をもつ」という実践過程での主体的実践的な教育内容・方法のあり方が問題とならざるをえない。[48]

したがって、身近な公共圏の段階的構築とかかわる学校や授業の場における第一次的な当事者の、教師（同士）と子ども（同士）の対話dialogueの主体的・関係的・参加的な教育プロセスにかかわる内容編成が模索されねばならない。その意味で、授業過程レベルでの「対話・調整・決定」における教育内容編成作業が重要な課題となることはいうまでもない。[49]

後年に構想された次の河原尚武のいう子どもに対する授業実践と教育内容・教材・指導方法編成をめざす基準化システムは、以上の作業とかかわって、大綱的基準化としての教育課程が具備すべき条件づくりを教室レベルから教育実践評価システムに関係づけた注目すべき提起であった。

この河原の内容編成では、①「a 授業実践と内容構成の往還」と②「b 内容選択における教育論（価値）との往還」に③「c 学校を基礎とする実践評価サイクル」が加わり、内容・教材・授業過程の身近な基準化の重層的な公証プロセスが全体として進むことになる。[50]

> 資料　教育実践過程における教育内容の選択（河原尚武）
>
> ①　「授業を画一化、硬直化させないためにも、教育課程の基準の内容が大綱から離れ、過度に細分化されて教科内容の細目とならないように構成されること」
>
> 　　　　　　　　　　a 授業実践と内容構成の往還
>
> ②　大綱としての教育課程の基準は、教育内容選択の根拠を教育論として解き明かしたものでなければならない」
>
> 　　　　　　　　　　b 内容選択における教育論（価値）との往還
>
> ③　「国の定める基準が大綱的なものであることを前提にして学校に基礎をおくカリキュラムの開発が奨励され、教材の開発、教授—学習過程（授業過程）の成果や経験がまた大綱としてのあり方の再検討を促す、そのようなカリキュラムの構成と評価のサイクルの必要性、すなわち学習指導要領自体の評価システムを設けること」
>
> 　　　　　　　　　　c 学校を基礎とする実践評価サイクル

注：a,b,c は引用者（八木）の整理

河原による提起と前掲のユネスコ「文書」のいう価値づけの論理は重なる面があるが、河原の場合、当事者性が確保される学校が基盤となっており、自主的・自律的・自治的な当事者主体による合意形成過程の「織物」で教育価値の生成が担保される構想である。それは、「教科・教科外にわたる教育活動の全体計画」（植田健男）としての教育課程づくりをめざす提起とも通底する構想であったといえる。[51] さらに、教育内容編成の要件において子どもと教師の授業過程を基礎としつつも、上記の「b 内容選択における教育論（価値）との往還」、あるいは、河原のいう「教育内容選択の根拠を教育論として解き明かしたもの」であるためには大学や学会その他の研究機関との接合を想定することも必要となるのである。

　本論の用語では「重層的な実践評価サイクル」とも言うべきこのシステムを媒介とする教育内容選択において教師（同士）や子どもがもっとも重要な役割を果たすのはいうまでもない。1966年ILO/ユネスコ「地位勧告」の「学問の自由」や「専門の自由」の規定にてらせば、内容・方法・教材などの基準化編成における教師側の排除は考えられないであろう。まして、近年の国内で散見される行政統制や議会決議や首長主導などによって当事者性の教育価値を損なうものであってはならない。

　地位勧告の指導原則（6項）にある専門職規定の「個人的・共同的責任」を前提にすれば、2012年ILO『教職ハンドブック』の次の解説も、「自由」原則と「専門の自由」のバランスをとる措置（合意形成プロセスを含む）を求めたものといえよう。

「学校の『学問の自由』を促進させるには、"言論（speech）の自由"と"専門職の自律性"のきびしいバランスが必要であり、一定の『専門の自由』とともに国や地方で民主的に選ばれる教育当局が定めるカリキュラムの基準化と統一がめざされる」「教師に自由を保障する出発点は憲法その他の法規上定められる自由一般の規定にある」「しかし、その自由はバランスがなくてはならず、ヘイトスピーチや差別などから子どもと親は保護される」「教室内の教師の専門の自由は、原則として平等と公正さを保たねばならない」[52]

ここで「民主的に選ばれる教育当局が定めるカリキュラムの基準化と統一」を行うとする解説は、地位勧告と同様に、前記の河原の提起と重なる「教師の専門職性としての地位と教育権限」と、「子どもの発達のための権利」に基づく教育実践の主体（間）関係性が教育内容（価値）編成への主体的な参加と選択を支えるものとなる。

　そこで、教育内容（課程）編成における民主主義的な基準化システム化と、その過程に内在する客観的評価と主観的評価の矛盾、さらに子ども・教師・保護者・住民・学会関係者など当事者（間）による主体的自律的な基準化過程こそが国際的合意形成のダイナミズムをも突き動かす動因となるであろう。この過程における教職評価の問題点は後述する（第9章）。

　次の第8章でも取り上げるように、地位勧告につながる大戦後の1954年ILO決議（教職基準）も当初からすでに文化・科学・教育学など広い枠組みの視点を保持し、専門職の専断的支配には委ねない積極的な見通しの持てる対話システムの痕跡はあった。その歴史的社会的条件と教師側の権利保障課題を統一的に捉える視点もまた教育実践過程を深める上で欠かすことはできいであろう。

　日本の76年学テ判決について当時の高柳信一が、「現代の公教育の全面化の状況の下では、いかに教育の自由が謳われても、公務員たる教師が専門職能上の自由、政治活動の自由、労働基本権中の最重要部分を剥奪されていたのでは、＜人権としての教育＞はほとんど実現の条件をもたない」と喝破したこともなお継承発展させるべき論点となっている。[53]

　こうしてみると、関係者の合意形成をただ悲観的にのみ捉え、「教師間の討議や親を含む第三者からの批判」には期待できないとし、76年学テ最高裁判決が消極的に考え教育内容の決定権限を最終的には国家権力に委ねざるをえなかったとすれば、そのことは教育価値の形成にとっていかに不合理かが本章で検討した諸点に照らして明らかと思われる。

小括

　教育内容・方法の編成・開発に関与する教師の権限は、第3部でふれる1966年「ILO・ユネスコの教員の地位に関する勧告」の次の61項と62項が明確に規定している。

61項「教員は、職責の遂行にあたって学問の自由を享受するものとする。教員は、生徒に最も適した教具及び教授法を判断する資格を特に有しているので、教材の選択及び使用、教科書の選択並びに教育方法の適用にあたって、承認された計画のわく内で、かつ、教育当局の援助を得て、主要な役割が与えられるものとする。」
62項「教員及び教員団体は、新しい課程、教科書及び教具の開発に参加するものとする。」（文科省ホームページ仮訳）

　これらの規定で教育課程編成や教科書選択の教師側の排除は考えられない。同時に、それは教師側の恣意と独断を支持するものでもない。では、教育内容はどのような仕組みでどのように決定されるのか。その基準化システムをめぐる「重層的な合意形成過程」の実相を見据え、「絶えざる再定義のプロセス（対話・調整・決定）」で教育的価値を主体的に生成すべき方途を如何にすべきかが問われているのである。[54]

　当事者主体（間）の重層的な「対話・調整・決定」の場で教育内容（価値）は編成されていくが、そこで教育権における目的規定は自律的反省を絶えず積み重ねて確かめるための自己対話・相互対話に求められる鏡の役割を果たすものである。国際教育権の「人格の全面発達」規定は曖昧かつ抽象的であるがゆえに実践（内容編成）一般の条件整備のための脇役を果たしうるのである。その意味で、教育権の目的規定も「内容」編成の範囲を示す大綱性のみならず、内容の国家統制とは真逆の主体的活動の方向を（指針や宣言として）示しうる点での大綱性があるとみることができる。

　ただし、具体的な実践上の目的・目標の扱いに関しては、教育における市場万能主義の影響を受ける到達目標の設定・管理によって、「子どもの学習主体

としての個性を損なう」（勝野正章、2015）などの内面への抑圧をいっそう深める基準化に陥る危険は常にある。[55]「目標―評価」の基準化システム自体が現実には歴史的社会的な条件の中にあって「自由と民主主義」を左右する本質を有するであろう。日本の1976年学テ判決では、教育内容編成における「教師間と親との合意形成作用」においてさえ「自由の濫用等による弊害」が危惧されたことも想起しなければならない。その判示について、国家による政治的行政的介入にはその「教育専門的調整」に比べられない危険があると喝破した兼子仁の指摘も教育の民主主義的本性をよくついていたと思われる。

基準化に関与する当事者間の「調整」課題は、1960年教育条約の「権限のある機関（competent authorities）」の規定につなげて理解することが可能である（第2章）。世取山は「教育人権に対応する国の義務（「権限がある機関（competent authorities）」が設定する）とし、学校制度義務を規定している」点に社会権規約第13条、子どもの権利条約第28条、第29条などの特徴があると述べている。[56] それは、主に外的事項に関する教育条件整備に関する重要な指摘であったが、教育条約の審議ではむしろ内的事項が「権限のある機関」における主な作業内容として想定された（第2章）。しかもその内容編成作業は国家による一元的な基準設定（統制）に委ねられるものではなかったのである。

教育条件整備に関する国家義務を根拠に教育内容編成面における「国家の関与義務」を主張する行政解釈がなされることが日本であるが、本章で見たように外的事項と内的事項の両者はもとより同列に扱うことができない。教育の「内的・外的事項」に関する権力行政の関与には多様な実態に相応したレベルの区分があって、それぞれに相応する対応が求められる。

例えば、学校制度的基準のような法的決定に委ねる段階、教育内容レベルに関する参考基準や非権力的指導助言制度、教師の実践内容に関する自治的決定というように、「段階的な差異」があるとの佐貫浩の指摘は示唆に富むもので、この「対話・調整・決定」のレベルと様相の違いに沿って教育の自由と国家による条件整備は具体的に判断されよう。[57]

新たな法制が具備すべき基本は、「教育条件整備基準と公費支出の水準」が「（子どもの教育人権の実現のための）教育的必要を充足するもの」であることと、「関係当事者の協働」によるあり方や支出の決定にある、とする世取山による条件整備論の指摘と合わせ、[58] 内容編成に関しても何らかの「協働」による決定が行われる。

　世取山のいう「協働による決定」は議会や行政に限らないすべてのレベルで行われるものである。だが、それぞれの仕組みは異なる。学校運営費の決定など条件整備に関しては議会その他の行政による関与義務が必須となるが、「教育課程計画や教材作成、あるいは教師の関与」等における基準化では国家や自治体の関与は抑制的でなければならず、教師自身は学校内の直接の当事者であるものの、専断としてではない関係当事者（間）の「対話・調整・決定」と「基準化の在り方」が実践上の必須の課題となる。教育内容編成への国家統制としてでない、その自由で民主的な関係当事者（間）自身の基準化作業に必須となる条件整備（特に人権保障と教育権保障）が教育行政には求められるのである。

注

1　UN Doc., A/HRC/26/27, Report of the Rapporteur on the right to education, Kishore Singh – Assessment of the educational attainment of students and the implementation of the right to education, 2 May 2014.

2　UN Doc., A/HRC/RES/26/17, 26/17 The right to education: follow-up to Human Rights Council resolution 8/4 11July 2014.

3　UN Doc., A/69/402, Right to education, 24September 2014.

4　八木英二「学力テストは何をもたらすか―その歴史とシステムの検討」『人間と教育』2007年、55号。同「PISAと全国学力テスト」『人間と教育』2014年、84号。

5　国際文書にも記され、しばしば推奨される「シチズンシップ教育」もまた批判的市民性の剥奪につながりかねない側面を持ちうる点について、佐貫の指摘に留意しておきたい。佐貫浩『道徳性の教育をどう進めるか』2015年、新日本出版社。

6　A/HRC/26/27, op. cit., p.16.

7　UNESCO Doc., ED/BAS/RVE/2009/PI/1

8　UN Doc.,A/HRC/20/21, Report of the Rapporteur on the right to education, Kishore

Singh – Normative action for quality education. 2 May 2012.
9 UN Doc.,A/HRC/20/21
10 J.Zajda, K.Bcchus, N.Kach, (ed.) ,*Excellence and Quality in Education*, 1995. P ii .
11 UNESCO Doc., Sobhi Tawil,Abdeljalil,Beatriz Macedo,unesco education research and foresight, "occasional papers ―beyond the conceptual maze: the notion of quality of in education ',2012.
12 Ibid., p.3.
13 ibid., p.4.
14 ibid., p.4.
15 ibid., p.8.
16 ibid.,p.11.
17 勝野正章「『政治的中立』と教育の公正」『教育』2015年9月号、39頁。
18 UN Doc.,A/HRC/23/35, Justiciability of the right to education, 10 May, 2013, para.13.
19 UN Doc.,A/68/294
20 Tristan McCowan, *Education as a Human Right*, Bloomsbury, 2013.；Joel Spring, *The Universal Right to Education*, Lawrence Erlbaum Associates, 2000.
21 McCowan,op cit.
22 ibid., p67.
23 ibid.,p73.
24 成嶋隆「教育目的・目標法定の意義と限界」、日本教育法学会編『教育法の現代的争点』法律文化社、2014。
25 世取山洋介「子どもの権利条約と学校教育」国土社『教育』94年9月号。
26 全面発達、あるいは調和的発達などの価値的概念が長きにわたる人類の教育目的として自覚されてきた教育史的経緯については、次を参照。前田博『自由人の育成と一般陶治』未来社、1970年。
27 McCowan,op cit..p.82.
28 前掲、成嶋隆、12頁。
29 UN Doc., E/C.12/1999/10, 8 December 1999, General Comment No. 13, The Right to education (article 13 of the Covenant), Committee on Economic, Social and Cultural Rights, Twenty-first session, 15 November-3 December 1999,Implementation of the international covenant on economic, social and cultural rights.
30 UNESCO Doc., Human Rights‐Comments and Interpretation, A Symposium edited by UNESCO with an Introduction by Jacques Martain, 1949.
31 日本においても第2次教育使節団の一員として来日するなど、彼の「内的事項・外的事項区別論」を含め、1947年教育基本法成立当時の状況をうかがうことができる。

32　I.L.Kandel, Education and Human Rights, in *Human Rights*,UNESCO 1949
33　佐藤修司『教育基本法の理念と課題―戦後教育改革と内外事項区別論』学文社、2007年。
34　世取山洋介「北海道学テ事件最高裁判決の現代的意義」『日本教育法学会年報』第37号、2008年、74頁。
35　中嶋哲彦『教育委員会は不要なのか』岩波書店、2014年。
36　勝野正章「教育のガバナンス改革と教職の専門職性」『日本教育法学会年報』43号、2014年、74頁。
37　McCowan,op cit.
38　勝野正章「『政治的中立』と教育の公正」『教育』2015年9月号、38頁。
39　McCowan,op cit., p71.
40　Ibid., pp.74-75.
41　ibid., pp.75-87.
42　ibid., p.85.
43　ibid., p.86.
44　ibid., p.81.
45　佐貫浩「国家権力と『教育の自由』―『国民の教育権論』を継承する」『戦後日本の教育と教育学』教育科学研究会、かもがわ出版、2014年。
46　稲垣・肥田編『教育課程総論―戦後日本の教育改革』東京大学出版会、1971年。279頁～280頁。
47　中嶋哲彦『教育委員会は不要なのか』岩波ブックレット、2014年、22頁。
48　McCowan, op cit.. pp.82-83.
49　河原尚武「教育実践過程における教育内容の選択」斉藤浩志編『教育実践学の基礎』青木書店、1992年。
50　斉藤浩志編『教育実践学の基礎』青木書店、所収の河原論文。引用の便宜上abcを追加―八木。
51　植田健男「学校の教育活動をめぐる実態と教育法」『子どもと教師をめぐる教育法学の新課題』有斐閣、第39号、2010、23頁。
52　ILO, *Handbook of good human resource practices in the teaching profession*, ILO, 2012, p87.
53　前掲、成嶋隆、49頁。
54　McCowan, op.cit., p10.
55　前掲、勝野。
56　世取山洋介編『公教育の無償性を実現する』大月書店、2012年。6頁。
57　前掲、佐貫浩、139頁-140頁。
58　世取山「公教育の無償性を実現する新しい法制の骨格」前掲書所収。

第3部　教師の専門職性・ストレス・評価問題

　教育権保障をめぐる合意体系の中で1966年「ILO・ユネスコの教員の地位に関する勧告」（以下、「地位勧告」）はどういう意義をもったのか。同勧告をフォローアップする「地位勧告適用に関する共同ILO/ユネスコ専門家委員会（CEART）」（以下、セアート）の活動実績の全体像を本論文で扱う余裕はないため、第3部では教師専門職の役割変化や教員評価に限定して国際機関における論議と合意形成の状況を整理し、「地位勧告」が一体どういう位置にあるのかを検討する。

　第8章では教師の専門職性のあり方が大戦後に意識され始めた事情をまとめ、初期のフォローアップ活動に関する時代区分と論点推移を扱う。そこで70年から加盟諸国からの申し立て（allegation）を受け付けるセアートの活動を整理し、教員のストレス問題に関する実態把握が教員の役割変化をめぐる重要な指標となる事実を明らかにした。

　第9章は、2008年に日本での現地調査を行ったセアートの報告書と勧告を素材に、教員評価（評定）の「客観性」が要請される一方で、実践的力量を基礎とする評価が本質的に「主観性」を含まざるをえない「評価基準」の二律背反を分析し、今後取り組むべき方向を示唆している。

第8章　「地位勧告」の成立と展開

　教師「専門職性」の在り方が意識され始めた第2次大戦後の経緯を辿るとき、1966年「地位勧告」の意義と影響力は大きいものであった。大戦後以来、教員の専門職性とその労働条件に関する合意形成の多大な努力が払われ多くのテーマがとりあげられてきたが、主たる内容は教職の特殊性にかかわる専門職性の規定にある。[1]

　「地位勧告」成立後の間もない時、当時の教育裁判をめぐる問題状況の下で

宗像誠也らの共同研究は既に機敏に対応している。[2] 日本へのインパクトについては、後年になって「教師＝専門職観が社会的通念として確立されるのに決定的な役割を果たしたのは地位勧告であった」などと（市川昭午、1986）評価されるようになる。[3] しかし、アカデミックフリーダム等の課題は山積し、「地位勧告」に反する実態は今なお深刻である。

第1節 「地位勧告」成立の意義

同勧告成立の経過を検討する意義は次の諸点にあろう。

一点目は、1966年「地位勧告」の実践的意義についてである。まず、法的拘束力の弱さというだけで「地位勧告」の意義を疑問視する向きもあるが、日本政府が自ら賛同して特別政府間会議で採択した事実は強調されるべきである。

「地位勧告」は条約に準ずるものとしてILO・ユネスコ両機関の憲章規定がその適用状況に関する定期報告義務を加盟諸国に課した。「元の文書（勧告）が拘束的ではないのに報告義務は拘束的という変則的な形」を有するユニークな性格を持っている。「地位勧告」採択後の1970年第14回ユネスコ総会と第167回ILO理事会では、フォローアップ機関セアートの設置を決議し、加盟諸国からの「申し立て（allegation）」をセアートは受け付けて今日に至る。

国際的合意形成と日本国内との関係がどうあるべきかについては、憲法前文の「国際社会において名誉ある地位」を望むとの国家の道義上の国際的責務がある。その点をもふまえ、教員の社会的地位の改善を模索しなくてはならない。日本の教員組合による「申し立て」（2002年）へのセアートの対応（勧告と報告）は後の第9章でふれる。

二点目は、教師専門職性と子ども・保護者の諸権利を相互に矛盾させない教育人権の総合的保障の方向が、新たな段階に立ち至っていることである。今では1989年子どもの権利条約をも含む国際教育権規定との連関においてもセアートの国際活動を位置づけることが求められよう。

世界人権宣言の条約化作業は1948年直後から開始された（第1章、第2章）。その結果、教育関連の論議は人権規約にすべて盛り込まず、人権規約との関連をもたせながら、1960年教育条約及び1966年「地位勧告」がそれぞれに別個の独立した条約・勧告として成立している。

結局、「地位勧告」とセアートの今日の到達点は、それが教師個人のためであるのみならず（教師自身の人権と健康の保全は最重要の課題であるが）、子どもの成長と全体的発達にかかわる権利、教師の人権と教育権限、親の権利、市民の権利などのそれぞれの諸関係の本質的な相互の対立としてでない、連帯しうる関係構造のなかで重要な位置を占めるものである。

第2節　大戦直後の専門職性論議

「地位勧告」成立期の背景と制定過程は宗像らの1968年『共同研究報告書』所収の三上昭彦論考でおよその概要が示された。[4] 本節ではその制定過程における専門職性の論点を取り上げ継承すべき歴史的痕跡を明らかにしておきたい。ILOとユネスコは最初から共同して同勧告の作成作業を行ったわけではないが、両機関ともに大戦後の早い段階からそれぞれに教師専門職のあり方に強い関心をよせた事実がある。両機関が共に調整の必要を自覚する以前の初期段階から、原案作成に直接かかわる時期までを最初にみておきたい。

1）「教員憲章」作成と教員調査

ユネスコは大戦直後の発足当初から「教員」問題について独自の活動を行っていた。課題のひとつは教員の「憲章Charter」づくりにかかわる「教員の国際比較調査」である。[5]「教員」問題がいかに切実であったかは、教員の権利と自由を求める教員憲章の採択が要請された当時の事情によくあらわれていた。

この「教員憲章」づくりは既にユネスコ第2回総会（1947年）で取り上げられ、事務局長に対し「教員諸組織による草案作成を勧告する」よう求めてい

る。翌年 48 年の総会では、国際教育局（IBE）と協力し「憲章作成をめざし、教員の訓練と地位の基礎的情報を収集する」と定め、51 年から作成作業に必要な一連の国際比較調査を実施してその結果を公表したのである。[6] ユネスコは 50 年段階に教員養成の国際調査を加えるなど活動を活発化させた。

しかし、「地位勧告」との関連で当時の経緯をみると、初めから何らかの国際基準化を意図して活動を行っていた ILO とは異なる。[7] 後年の「地位勧告」につながる当時の取り組みとして、以上の「教員憲章」作成の動きを特筆しておかなければならない。

「地位勧告」の専門職規定には、当時の M. Lieberman の専門職論（1956）の影響が知られるが、「憲章づくり」の動向との関連がとくに重要である。当時の早い時期の ILO、ユネスコの専門職論議の背景にある M. Lieberman の次の記述には教員団体内部の「倫理規律」としての性格をも合わせもつ憲章づくりの意義にかかわる当時の米国の状況がうかがえる。

「全米弁護士会は 1908 年に綱領を採択。全米医師会は 1912 年に綱領を採択したが、高度の基準作成の歴史はさらに古い・・略。最初の州教員組合の倫理綱領採択はジョージア州の 1896 年である。25 年後も、8 州のみが専門職倫理委員会を設立したにとどまる。1924 年に、NEA が専門職の倫理に関する委員会を設立。本委員会が 1929 年に NEA で採択された倫理綱領を作成したのである。同倫理綱領は、1941 年と 1952 年に改訂された」[8]

しかし、奇妙なことに国際機関内の論議では調査結果の整理を待つうちに憲章づくりが大幅に遅れ、その後ユネスコの作成作業も立ち消えとなってしまった。50 年当時の次の記録によれば、憲章作成がすぐにでも作成できると考えられた形跡もある。当初、ユネスコ・IBE 側の憲章づくりには極めて楽観的な見方があったようである。

「教員憲章の準備：生徒に対する教員の価値を改善し展望を広げるために、これまでユネスコの特別研究課題となってきた教員の国際交流を増大させる問題を総会はとりあげる予定

である。このすべての要点について、関連する原則を実施するための措置の採用を促すよう総会は教育省に直接勧告を行うであろう。1950年のうちに、学校教員の養成と給与の基準を含め、すでに行われている作業をIBEは継続する予定である。とくに、IBEは、初等教員の給与の調査を終了し、中等教員の養成の調査を開始するであろう。初等学校教員の養成の調査はすでに終えている。調査研究の結果は教員憲章における要素となるもので、IBEで出版されることになる。他の問題では、義務就学と心理学の領域での調査がある」[9]

　調査活動でユネスコ・IBE は憲章作成という問題の大きさを自覚したのか、また専門職の条件整備を求める教員憲章は教員自身（団体）の自主的・自立的な内部規律でもあり、それが社会への表明となれば、世界の教員団体・関係者と相当の協議が不可欠となるため何らかの問題が生じたのか、作成されなかった理由は不明である。いずれにせよ、「国際教員憲章なるものを誰がどのように作成するのか」という憲章づくりの難題にユネスコは大戦直後から直面せざるをえなかったのである。

　しかし、「地位勧告」成立の端緒は1950年以前からの憲章作成作業に遡る経緯があり、後の66年「地位勧告」は大戦直後の国際基準化前史における「教員憲章」の性格を反映する一面があったとみてよい。

2）大戦直後の教育権保障と専門職性

　一方のILOもまた1946年段階で既に教員問題に取り組むが、それは「経済的地位」問題に限らず、子どもの教育権保障にかかわる「専門職性」の確立をめざす事実が重要である。後年1966年「地位勧告」の出自からみてこの点に留意しておきたい。

　教員問題へのILO側の関心自体は古く、起点はさらに「労働は商品ではない」とした1944年フィラデルフィア宣言にまで遡る。[10] 世界人権宣言（48年）に先立つ動きには、1946年メキシコのILOアメリカ列国会議がある。同会議の「専門的職業者の状況についての決議」（1946年4月15日採択）は既に「労働者でも被雇用者でもない」という言い方で教員の特殊性をあげ、次のように

ILO理事会に教職の調査を要請していた。ここで萌芽的ではあるが労働諸条件改善に教育専門職の視点が加えられたのである。

　「専門的職業者と教員職の大多数は、労働者でも雇用者でもないという理由で、特殊な状況にある」「ILOのアメリカ加盟諸国連合の第3回総会は次のことを要請する。専門的職業者と教員職の諸条件に関連してILO事務局がすでに行った調査研究で明らかになった成果に従い、この問題の諸側面を国際労働総会（ILC）に提出するために、成案化と更新のために最も適切な方法をILO理事会が検討すること。」
　「教員スタッフ・・中略・・この問題は、疑いもなく非常に複雑な問題である。しかし、この事実はまさしく、担当グループの労働者の生活と労働条件の主な側面の研究を行うための追加的論議をなすものであると思われる。観察できるのは、保育所、初等中等・高等教育の施設、技術職業訓練施設など、どの教員も、そのすべてにかかわる特定の特殊な問題に直面しているということである。…多くの諸国が疑いもなく、教育システムと教育専門職（the teaching profession）の再構築を検討するであろう。・・略」[11]

　こうしてILOの憲章上の義務との関連が意識され、教員の地位に関心を寄せる相当の必然性があったことがうかがえる。1950年ILO第33回会合では成人教育施設の規定と義務教育延長にかかわる決議が採択された。同決議は「世界人権宣言に規定される原則にしたがった両性の子どもの無償義務教育への関心」の再確認を行い、「成人の基礎教育の発展への関心」を強調して、世界人権宣言とのかかわりで専門職基準化の推進力になったのである。[12]
　その後の1952年ILO「給与所得労働者と専門職諮問委員会第2回会合」（以下、ILO「諮問委」）の全労働者を対象とする報告書は、「教員の生活と労働の諸条件はILOの重要目的の一つ」とし、前年以来の調査をふまえた教員の地位を位置づけた。国際機関の役割についても、「教育的職業的機会の平等を保障する世界的計画をもつ国々についてはILOが後押しをするという一般的重大義務をもつことを想起すべき」（同上）と期待を寄せた。[13] また、後年の「地位勧告」につながる論点の多くが既に提起されたという意味で1954年第3回

ILO「諮問委」会合の論議が重要である。[14]

そこで、「ILO は、教員に影響する問題の経済的社会的諸側面に関し特別に扱い勧告する担当能力がある」とし、「適当な時期に教員と雇用者が有効に代表される教員関連の会合を開催する」と述べ、機関に固有な被雇用者代表を含む特別会議の作業を確認して、ユネスコ・IBE との共同を要請している。

以上の経緯の中で 1954 年 ILO「教員問題についての ILO の活動に関する決議 27」及び「教員スタッフの雇用諸条件に関する決議 28」が行われ、次の専門職性に関する初発の論議が行われる。いくつかの論点を列挙しておこう。

「すべての教員は人間的事柄にかかわる特別な貢献をし、一般的な雇用条件は彼らのために専門職の尊厳と責務及びその社会的文化的重要性に比例して生活水準を確保し、文化的科学的教育学的基準を維持し強化できるようにしなくてはならない」「教授専門職の専門職性基準は教員組織共同担当機関か教育専門職自身により定義され維持されなくてはならない」「教員の高度専門職性の自覚は、それ自体これらの基準適用の基礎的保障である」「教員はその専門職の仕事を行ううえで、完全なアカデミックフリーダムを享受すべきであり、その信念や私的生活にかかわる外部の介入はあってはならない」[15]

これらは、経済的社会的地位を専門職性で論拠づける論議であったが、とくに条件整備の論点をも視野に入れながら、「教員組織共同担当機関か教育専門職自身により定義され維持される」とする教職の「自律性」基準を明示した論点は極めて重要である。ILO は先の経緯と合わせ全体として単なる教員不足や経済問題だけに論議を限定したわけではない。決議 27 と決議 28 の一部も次に示しておく。

決議 27：「ILO の諮問委員会（The Advisory Committee on Salaried Employees and Labour Workers）は、ILO の理事会を開催し、1954 年 5 月 10 日から 21 日までの第 3 回会合をジュネーヴで行い、ILO の課題で準備されたレポートに基づいて、教員スタッフの雇用の諸条件を検討し、・・中略・・1954 年 5 月の 21 日に次を採択した」

「ILO 事務局に次のことを通知することが ILO 理事会には求められる。(1) 教員スタッフに影響を与える問題の ILO、ユネスコ、IBE 間での望ましい協同の検討。(2) 教員に影響する諸問題の社会的経済的な諸側面、とりわけ給与の決定、退職年金、教員組織の性格と機構などの原則について、適切な質問による調査。(3) 適当な期間をおいて、教員と雇用者の有効な代表を得て、教員の諸問題にかかわる会合の特別開催を行うこと。(4) 必要な情報をさらに収集し、すべてに利用できる情報となるよう、職業技術教員選抜・雇用・訓練の諸問題などについて最も適切な方法による研究を継続すること。」[16]

決議28:「教員の一般的権利・・略・・:2、世界人権宣言にある市民的権利を行使するために教師は自由(free)でなくてはならない。5、教師は専門的な仕事を行ううえで、完全なアカデミックフリーダムをもつべきである。また、信念や私的生活にかかわる外部の介入は許されない。・・中略・・。雇用と社会保障の諸条件:・・中略。学校における諸条件:12、学校施設、設備、クラスサイズなどとの関連で、満足のいく諸条件のもとで教育義務が果たされることを可能にするような措置をとるべきである。13、教員と生徒のどちらの健康のためにも、教員には最初の(initial)健康チェックがなされねばならない。教員が定期的な医療検査を受けることにあらゆる奨励の努力が払われるべきである」[17]

第3節 「地位勧告」採択と性格

　1966年「地位勧告」正文は、ILO 原案(63年)とユネスコ原案(64年)による共同草案化(65年1月)とそれらを討議する専門家会議(66年1月)、[18] 及びユネスコ主催・特別政府間会議(66年9－10月)までの審議を経て成立したものである。

　採択後の経緯に関する資料には同会議に参加した当事者として相良惟一(専門家代表、後に日本代表)の書いた体験記録がある。[19] ここでは、その相良の記録について検討すべきいくつかの問題点を記しておく。

　まず審議過程では「なぜ、(教育に)ILO が口ばしを入れるのか」(相良)との主張まであったようであるが、今日からみると、ILO の関与なしに「地

位勧告」はありえなかったのであり、その事実は「勧告」の性格を把握する上で看過できない。

「(「地位勧告」がひとつの契機となって) 教師は、専門職か、労働者か、聖職か、という三者択一の形で問題」になったというより、「これら三つの概念は、教師像全体を構成する一つの側面」(名越清家) であるという観点がむしろ当時の論議の状況をよく示すと思われる。[20] 以下、平板な記述が長くなるが経緯を素描しておく。

前記ILO諸問委以後のILO「教員問題専門家会議」(58年) はユネスコやIBEとの組織的関係を発展させる契機となり「地位勧告」の下地となった。同会議では教員に影響する社会的経済的諸問題の一般的検討、就学前期から大学レベルまでを対象にした学校本来の役割や子どもの発達への援助等、国際教員団体の教員憲章への注目や「完全なアカデミックフリーダム」等への課題意識をふまえ、当初から専門職性を論究している。

教員に関する調査研究の継続、会議勧告の実効性、教員参加の会議開催などで検討すべき課題が残った。[21] その後の「産業部門委員会」では、研修や昇進の扱いが「専門家会議の議題として一般的すぎる」と政府代表、雇用者代表共に反対する動きや、米国雇用者代表の「(私学は) ILOの担当能力が疑われる」との疑念が出されるなど、ILO理事会ではいずれも専門職論議のなかに入れた。[22]

続いてILOは「初等中等学校教員の社会的経済的諸条件に関する専門家会議」(63年) を開き、両機関の共同作業に関し「ILOは教員の社会的経済的諸問題に関する準備作業に責任があり、ユネスコは教員養成・採用・継続訓練・教育専門家などに関するすべての諸問題に責任がある」とILO/ユネスコ間の一応の分担関係を明確にしている。

同63年会議は58年会議と同様、①教員に影響する社会的経済的諸問題の一般的検討、②教員給与決定の諸原則、③教員の社会保障の諸原則、の3点を議題とし、「初等中等学校教員の社会的経済的諸条件に関する結論」、及び「教員の諸問題に関するこれからの行動についての決議」が、各国政府・国内関係

組織や関係国際組織に送付された。58年会議と異なる点は、時間的制約から大学などを除外したこと、教員の給与・社会保障の議論を深めること等に議論の幅を限定し国際規範を作成する必要性を提起して合意形成に弾みをつけた。「初等中等レベル、及び技術職業訓練学校（大学レベルの技術学校を除き）の公立私立の学校で雇用される教員」など対象範囲もこの段階で決められた。[23]

ユネスコ側は、12回総会（62年）の決定で作業を本格化し64年に専門家会議を開催した。ILOの63年・58年会議報告や、D. J. Johnson（英）・Henri Grandjean（スイス）・Jean Thomas（仏）等の個別報告等を素材に、66年開催予定の特別政府間会議で採択される国際規範のユネスコ側の原案作成を行った。[24]

「地位勧告」とそれ以外の国際的合意形成の関連が重要となる論点は次のようである。すなわち、合意体系全体からみれば、「地位勧告」は、①宣言・規約の教育権規定、②ILO関係諸条約、③教育差別待遇反対条約などとも連関し、原案作成・採択・展開過程を通じて「子どもの教育権」保障を重視しており、成立の経緯から「教育における国際的合意形成」の一定の体系（子ども・教師・父母一般）が一応整ったことを意味する。「勧告」に示された「（教職）労働者性」は教師専門職性と本質的に矛盾しないと考える当初の問題提起が次第に具体化されていった。

相良体験記録では、文部省草案中（Profession）の仮訳「プロフェッションないし職業」の不十分さを指摘するとともに、ILO原案の「団体交渉」(collective bargaining)の用語が草案で「協議」(negotiation)に変えられた例をあげて、労働者規定は専門職性に反するとの強いスタンスを当初から保持していた。しかし、現実には労働者性は専門職性と合わせ諸側面の統一的観点が堅持されて推移する経過を辿るのである。

「教員組合は労働組合でない」等、相良の記録には強い労働者説否定の立場がある。ただ、戦後当初からのユネスコ・ILOの経緯では問題の性格（専門職性）への留意は明らかであり、ILOの参加に否定的な相良自身さえもがILO代表の専門職理解（66年時点）には驚きを示すほどであった。

アカデミックフリーダムに関しても相良は「学問の自由」や教科書選択・作成を自由に行う教師側の主体的な「参加」に否定的であり、関与を制約する立場に固執していた。ソビエト（当時）代表の慣行（国家統制）まで例にあげて、「学問の自由」を否定する国家統制の意義を強調したのである。

また、相良は、「当初、日本に送られてきた勧告草案よりも、さらに強化された点であると思われるのは、中略・・国家は何から、何までなすべきでない、中略・・国家の統制ではなくして、教育に対する援助、奨励であるべき」とも述べている。単なる国家統制に固執するだけではなかったのである。その制約ある「自由」論議は以後の日本における経緯でも焦点的課題となり続けるが、W. G. Carr（米NEA書記長）、J. Thomas（仏）、E. W. H. Briault（英）、D. J. Johnson（英）等による64－66年の報告や運営、あるいは当時のリベラルな西欧的論議の相良に対する一定の影響をうかがうこともできる。

「地位勧告」の内容構成を「子どもの教育権」との関連からみると、「継続的研究」「専門的知識」「特別な技術」（指導原則6項）等や国際的影響力をもつ専門職としてのアカデミックフリーダムの規定が重要となる（61項「教育職は専門職としての職務の遂行にあたって学問上の自由を享受すべきである」）。

「地位勧告」のいうアカデミックフリーダムについてはほぼ同時期、日本国内の教育裁判において展開された堀尾輝久の提起が思い起こされる。これは教師の役割を限定しようとした相良の論理とは対極にある論議であった。堀尾は単なる「学問研究一般の自由」（つまりアカデミックフリーダム）との完全な同一視は避けつつも、「地位勧告」の学問の自由（アカデミックフリーダム）は、「『その職務遂行上』必要だという論点にとくに注目したい」と述べて、次のような論理で「教師の研究と教育の自由」を擁護していた。

「教師の研究は子どもや青年（国民）の学習権を充足させ、『国民の教育を受ける権利』（憲法第26条）の実質を保障するために要請されている。つまり、教育ということがら自体が、教師に一つの学問研究を要請するのであり、そこからまた教師の教育研究は、逆に教育の本質によって規定（制限ではない）され、その研究の領域と方向が示されているのである。そ

して、学問の自由の規定（憲法第 23 条）は、この教師の教育研究の自由をも、それが研究である限り当然いかなる制限もなく保障するものである」[25]

　また、勧告という形式と採択方式について長く最終段階まで論議がもつれた経過にもふれておきたい。準備過程では合意文書の数は複数か単一か等の討議が重ねられたが、結局は「経済的・社会的・専門職的な諸側面は緊密に関連しあっている」理由で単一の勧告に統一され、66 年 1 月の専門家会議に提出された両機関共同の草案編集作業が前年 2 月には完了した。[26] そして、同会議で 29 カ国の専門家の審議により、改訂草案を完成させたのである。

　最終的には後のユネスコ執行委員会の手続き決議によりユネスコ主催・特別政府間会議（両機関の加盟諸国が異なるため）の形で採択されたが、採択の時点で大幅な草案変更は少なかった。[27] 相良は勧告（条約でない）である事情についても「各国の憲法上の習律に従い、かつ、学校制度の性格を考慮しつつ加盟国に委ねるためである」（草案）との理由をあげ、当時の日教組が求めた条約化を批判していたが、文面に残された論点からみると、教育実態の多様性をふまえる勧告の実効性への留意があったとも推測される。

　文書の形式にかかわる論議はその後も続き、条約化の可能性についても両機関とも放棄せず、80 年代にかけてその論議は一時活発化した。国際的にみて当時の日教組だけが条約化にこだわっていたわけではない。

　「地位勧告」には、教職労働の特殊性に基づく「専門職としての基準」（141 項）の方向性を「教員不足」への対応としても次のように位置づけた。教職とは「子どもの成長・発達」に深くかかわるものであり、子どもとの関係から規定される教師の指導・教育のあり方や教職の実態分析に基づく多面的な検討が求められると述べており、後年のセアートのフォローアップ活動にその論点は継承されていく。

　地位勧告のパラグラフ 141「教員の不足　(1) すべての教員の緊急補充問題は、あくまで臨時の措置としてのみ考えられなければならず、すでに確立したあるいは確立されるべき専

門職としての基準をいかなる形にせよ引き下げ、または危うくすることがなく、生徒に対する教育上の損失を最小限にとどめる方策によって処理することを指導原則としなければならない」

第4節　90年代までのフォローアップ

「地位勧告」は国際労働基準（ILO 条約）に準じる共同勧告であるが、前述のように ILO とユネスコ両機関の憲章規定は加盟諸国による措置の報告に義務を課している。勧告のフォローアップに果たすセアートの役割は大きく、同委員会は 70 年から加盟諸国からの申し立て（allegation）を受け付けるなどの活動を開始した。

1）「地位勧告」の適用・実施状況と更新・条約化の期待

セアートによるフォローアップの推移は報告資料によって追跡できる。[28] 審議は公開されないが、記録資料で①政府報告の不十分さと比較の限界、②事務局による「地位勧告」更新及び条約化の提起、③教育困難への新たな対応などの初期の動向も時系列にそって確認できる。[29]

当初からフォローアップが順調にすすんだわけではない。①国際基準の実効性、②教育基準化の難しさ・条件整備性・大綱性、③国家や社会的権力と「人権保障」の関係、④ NGO や個人の役割、の諸点で多くの難題をかかえ、とくに実施状況に関する国際比較の方法的妥当性（限界）は関係者を悩ませたようである。

第1に、「地位勧告」の意義を再確認して提言をまとめるセアートにとって、国際比較のための各国対応や比較方法上の制約は最初から明らかであった。「地位勧告」採択後の当初（68 年第 1 回セアート）の論議では、[30] 教員・雇用者組織等各機関による関連情報の収集・検討、及び作業方法などを審議している。法的義務のない「地位勧告」のガイダンス的性格と、政府側から必要な資料が得られなかったことから、一般的傾向の評価にとどめ各国毎の評価は行

わない状況が続く。

 だが、70年第2回セアートで、[31] どの国でも不十分さがみられるアカデミックフリーダムなどの勧告適用に関し、新たな国際基準化の見地から、ユネスコとILO機関において国際調査を再び実施している。「教員の地位の変化」に関する情報や初等学校教師の準備、中等学校教員の教育学的準備など逐条的実施状況の質問項目を作成したのである。しかし、調査の結果は満足できるものではなかった（76年第3回セアート）。回答国数（126カ国中77）は前回から減少し（144カ国中72カ国）、アカデミックフリーダムと給与問題については新規情報が得られなかったのである。

 64年以来先進諸国では出生数減（学齢児減）等が続き、もはや教員不足問題は存在せず過剰傾向が生じる一方で、途上諸国では財政難による教員不足の悪化等の指摘もなされた。

 アカデミックフリーダム規定の再整理は第2回セアート（70年）以来の討議で重視されたテーマであり、同じ問題への対応は以後も継続する。また、討議資料に付された元セアートメンバーのBen Morris（UK）に委ねた研究報告ではアカデミックフリーダムの権利が次の3つのカテゴリーに区分整理された。[32]

 「①他の市民と同じ教員の市民的自由の享受、②とくに教育カリキュラム・方法にかかわって教員が当該学校で享受する自由、③教育政策・計画の発展に参加する自由」

 さらに、「通説でない見解をも自由に表明する教員の権利」を確認し、同時に「教員がクラスの前で自分の考えを表明する絶対的自由は行使できない」「教員は生徒の年齢と知的成熟のレベルを考慮しなくてはならない」等と専門職の自由を説明している。

 以上の80年代にかけた論議は、ILO・ユネスコ共同注釈書「教員の地位」（1984年）の作成に生かされ、国際基準の整理（事務局側の）が一定進んだこともセアートの到達点となる。[33] 同注釈書では、市民的自由と職業上の自由

を区別し、後者の自由は制約のある自由だが、「カリキュラム・教授方法を計画、更新する権利」を含め、「多様な教員の仕事量を正確にとらえることは難しい」と教職の無限定性が指摘され、例示（90項）を含むすべての要因を考慮する仕事量の確定など労働条件の模索も新たに開始している。

80年代以降のフォローアップでは、「新技術のインパクトによる教育状況の変化、家族の役割の低下」など従来の資料的限界から新たな情勢に応えるべく勧告更新の必要性と条約化の規範強化が要請された。「地位勧告」更新は76年の第3回セアートで既に提起されていたが、新たな国際規範化（81年ILO共同会議）や条約化論議（82年第4回セアート）を経て、「地位勧告条約仮案」（85年第2回特別部会）までまとめられた。

当初のテーマは「専門職の自由」「教員給与」「社会保障」に絞られ（79年第1回特別部会）、更新規定リストに沿った討議が進められたが、①社会経済状況の悪化、②教員不足から過剰への状況、③勧告の実施は十分でなく普及が問題、等の論点が浮上し始めた。[34]

試案の項目を列挙すれば、①勧告対象の範囲は変えず、②教員調整政策に関わる勧告3部、4部、12部は変更し、③伝統的教育サービスの改善可能性にかかわる教員調整、④学習過程への生徒の参加・同僚その他との協同・学校外教育への責務等を加味した教師養成、⑤75年国際公教育会議での「他職の役割の意義」、⑥76年報告につなげて「すべての教員に対する無償の継続教育」、⑦過剰な雇用を考慮しILO勧告119号を参考にする、⑧公共サービスにかかわる78年ILO151号条約への留意、⑨教員の権利、教育条件（過重労働の検討を含む）、給与、社会保障関連で変更すべきでない、等である。

82年第4回セアートを受けた85年第2回特別部会では、条約化の可能性を本格的に探求することになる。しかし消極的な国は多く、結局、条約化作業は頓挫する結果となった。

「教員」は成人教育やノンフォーマル教育の指導者まで含むかどうか、「学校」における教科外特別活動の有無から用語に至るまで各国の齟齬が目立ち、柔軟な解釈・運用の意義、改正の困難さ、不必要、などの主張までなされた。

「各国の条件に従い」「教員組織と協議して」などの要請もあり、「教員の教育計画に果たす積極的役割」「専門職の評価」等の論点が追加されたものの、各国の実態をふまえた国際規範としての条約化作業は仕切り直しとなったのである。[35]

2）教職ストレス問題の浮上

90年代に至る経緯では第1回「教員の労働条件共同会議」（1981年）の報告書を特記しておかねばならない（以下、「共同報告」）。

それは、教師のストレス・バーンアウト問題を多面的に提起する国際機関における歴史上初めての文書として、セアートの仕事がその延長上に位置づけられる画期となっている。

「共同報告」は形式的にはセアートとは異なるILOの新設機関における提案であり、管見の限り日本では注目されてこなかった。しかし、教師の健康やストレス・バーンアウト問題を新たに重視する視点から、教職の労働加（過）重、教育諸条件の改善、学校管理のあり方などの再検討を行うという、専門職をとりまく諸困難に対峙すべき不可欠な課題を提起するものであった。「共同報告」の抄訳を示しておく。

資料　1981年「教員の労働条件共同会議」報告書（筆者を含む弁護団チーム訳）[36]

「39（資料パラグラフ一以下同じ）中略‥教師の労働時間の基本である、科目数・持ち時間・分掌の仕事・教科外活動や超勤などは、「良質の教育」を確保できるレベルまで減少すべきであり、授業準備にも十分な時間をあてなくてはならない。先進国において、授業・学校経営のすべてに責務を負う、極小規模校（少数クラス）の教員に対しては、十分かつ適正な配慮が必要である。十分な、時間的・人的（助手も含めた）・財政的保障が、教員の仕事量を減らすには必要である。‥中略．労働時間の削減が提起する困難さは、結局は子どもの教育に否定的な影響をあたえることになるので、改善を先送りにする口実にならない」

「50：さまざまな子どもを抱えるクラスは、その規模の大小が、教員の健康に影響を与え

る。障害のある児童、移民児童、マイノリティの児童を、通常のクラスに抱える場合は、心理的にも肉体的にも、専門的力量を発揮するうえでも、明らかに教員の負担は大きくならざるを得ない‥中略。児童にとっての人権問題でもあるから、教員は様々な児童の混じったクラスを支持するかもしれないが、重荷を自分だけでしょい込むべきではない。教育困難な児童に特別のクラスや小さな集団を配慮することに加え、通常のクラスで一緒に教育を進めるには、さまざまな子どもを抱えるクラス人数を減らすことが、事態改善の道になる」

「53：近年、ストレスが教育職の重大な健康問題となっており、したがって教育の質そのものにも影響せざるを得ないということを共同会議は確認した。しかし、政府側メンバーの中には、教育が他の職種と比べ、特にストレスの大きいものとは言えないとする人達もいる。共同会議は数多くのストレスの現われを示したが、次のようなものである。教室での教師の孤立感や無力感；特に若い教員における病欠や仕事拒否の増加；退職につながるような教育活動への不満足の増大などである。ストレスの原因は複合的である。教員に対する尊敬の念の欠如、児童との関係や生活指導上の問題、すしづめ学級、年齢や社会的位置が多様なクラスや、農村における生活実態なども、労働側は言及した。仕事に自分自身の方針が反映されていると感じる教員のストレスレベルが小さいということは、調査をしたいくつかの国で明らかになっている。‥略」

「54　いくつかの国では、ストレスのより大きい要因として、教員に対する暴力問題があげられる」

　このストレス問題は、その後、終焉したわけではない。90年代以降のセアートの報告書においてますます重視され今日に至るのであり、「共同報告」はその歴史的端緒をなしている。

　上記「共同報告」の要点を繰り返すなら、まず教師の労働時間が長いとの指摘がある。労働時間が過度になる理由については、拡大し始めた教育困難、教育内容の劇的変化に応じる教職の難しさ、対応すべき労働の「強度」（労働時間量の多さだけでない同じ時間内の質）の進行など、教職の役割変化として当時の調査資料に基づく整理がなされた。

　こうした教職の変化に伴い、「子どもの教育権」を保障するための十分な授

業準備時間等の「教育条件整備」や教師側の「労働条件改善」に関する抜本的対応が求められる事情を明らかにしたのである。例えば、通常のクラスに障害児が帰属するとき教員の負担は大きくならざるを得ないことから、移民児童、マイノリティの子どもに対応すべき問題群と共に、「特別な教育ニード」を要する子どもへの対応の抜本的な条件整備が追加された。

また、教師の重大な健康問題などがストレス問題と関係していること、しかも、その困難は教室における教師の孤立感や無力感を生じさせる要因となること等、国際機関として歴史上初の意義ある「共同報告」による提起となった。

また、ストレスの大きな原因となる教師への暴力問題も記されるなど、子どもの問題行動、対応すべき労働条件の改善、学級規模の縮小、あるいは困難をかかえる子どものための特別なプログラム等の配慮すべき事項が、ストレス問題との絡みで条件整備事項として問題提起された文脈が重要である。つまり、従来の教職の条件では対応できない「特別な教育ニード」をもつ子ども達の「教育権」を保障すべき教師専門職性に求められる要請であった。

それは、「教育の民主主義化が求められる時代にあって、一時しのぎの対応にすぎない」障害児やマイノリティへの政策対応の実態を批判し、「教育レベル、クラス社会の同質性・異質性、構成員の知的水準、異文化の生徒、身体的精神的教育の障害をもつ生徒、などの諸要因を考慮しなくてはならず、クラス定数ないし生徒－教員比率の一般基準確立は困難」など、現場に応じたリアルで柔軟な基準化を求めるものでもあった。

教師ストレス問題の研究自体は古く溯ることができるが、「共同報告」は欧米で大規模な外国人労働者の移入、通常学級における「学習障害や適応障害」などに対する新たな対応がせまられた70年代以降の変化とストレス研究の成果を背景とするものであった。

教師ストレスの改善を求めたのは、単に健康という教師側の人権問題でとどまるものではなく、「子どもの成長と発達」のためにこそ必要との教育権保障の観点からである。それは国際社会における新たな教師像の模索でもあり、同様の観点は1984年の「地位勧告」共同注釈書『教員の地位』にも引き継がれ

たのである。[37]

　例えば、「地位勧告」パラグラフ10の1984年共同注釈書では「厳密な用語としての基準設定というよりも、ガイダンス的性格をもつものである。教育システムの望ましい到達点を明らかにするために勧告が特定のモデルを押し付けるものではない。反対に、個々の国がその特別のニードに合致する教育政策を作成し、現存の資源と技術を利用する責任があることを確認するものである」と、強制としてでない基準化のフレクシブルな観点が示されたことも重要である。

　「基準」化の指標には、①生徒の数、②授業の計画・準備・評価、研究への参加、カリキュラム計画、監督業務、カウンセリング、両親との協議等に要する時間量、③より高い訓練を要求できる必要時間、④日々の授業の異なる種類、等があげられている。いずれも専門職技術の外的な条件整備にかかわる専門職性の論議であり、教員の「健康と安全」にかかわるストレス促進要因の観点から詳細に論じたのである。

　これまで「教員不足から過剰へ」へと変化した後、再び「過剰から不足へ」（ストレス要因などでクラス定数改善も不可欠など）と、「教員の地位と信頼」問題を再浮上させ、子ども教育権保障と専門職確立の関連を問い直したのである。

第5節　90年代以降の専門職性論議の新段階（構造調整）

　90年代以降の市場万能主義・新自由主義の新段階がもたらす変化は、セアートの専門職性論議の「構造調整」（Structural Adjustment）に関する記述に反映している。[38]

　例えば、91年の第2回ILO「教員労働条件共同会議」では、「民主的多元主義への移行の再強化と奨励を行う上で教育は特別の役割をもつ」などが指摘される。崩壊直前のソ連代表が出席する激動期の会合であり、ILO理事会の「教育者検討委員会」設置決定を受け、「国際社会が次第に教育を"人的資本"へ

第 8 章 「地位勧告」の成立と展開　243

の投資とし始めたが、教育のための国家収入は沈滞・減少」したと、構造変化の教職に与えるインパクトが検討された。

　同会議では、①教員の労働条件に関する結論、②教員に対する将来のILO活動に関する決議、③教員の労働条件「構造調整」政策の影響に関する決議、④世界の教員労働組合に関する決議、⑤66年地位勧告25周年に関する決議、等を採択している。

　経済危機のなかで「教育の質」を維持発展させるために「良質の教員」を確保する焦点的課題があるとされ、「教育の権利」を保障しうる「教員の地位保障とILOの役割、教員組織を含む意思決定への共同参加、無償教育への政府の責務」などが喚起された。上記81年共同会議で指摘された教職固有の困難性やクラス定数の重要性なども再確認された。かつての条約化論議は影をひそめ、調査活動などILO・ユネスコ共同作業の役割を果そうとしたのである。『教員：90年代の挑戦』と題する国際比較研究冊子の作成も行われ、「教員の雇用とキャリアの構造；男女の機会の平等と扱い；労働の諸関係；報酬；労働加重；教育改革；構造調整」などの次期10年間の課題設定もなされた。[39]

　94年第6回セアートまでの期間に提出された教員からの当時の訴状が史上最大となった事実には90年代の社会的激変がうかがえる。[40] 自由権等に関する各国教員組織からの深刻な訴状（殺人、行方不明を含む）のILO「結社の自由委員会」における受理もある。個人の訴状受理要件に関し、セアートは「教員組織を通じての再提出」を勧め、手続きなどILO／ユネスコ両機関によるガイドラインの作成を今後の課題としている。しかし、「地位勧告」の改訂作業は行わず、広報と再解釈の作業に重点を置き、「地位勧告」の基本的内容すら実現されない貧困な実態（人権侵害や不識字の未達成など）への対応が重視された。[41]

　また、「平和の文化（a Culture of Peace）を建設する教員の役割」（96年ユネスコIBE決議）等の文言には「冷戦」後の地域紛争激化の予兆が反映し、ILOやセアートのいう「構造調整」のなかで「東欧諸国の急激な政治的発展の所産」（97年第4回特別部会）といわれる転換がもたらされた。

90年代以後の活動変化には教職デザインに関する研究調査の重視もある。従来の作業方式（質問紙等）の「反省」(88年第5回セアート) から第3回特別部会 (91年) で方針転換がなされ、[42] 94年第6回セアートからは新たな研究調査の模索が始まった。[43]

　それは、教職における参加・協議・団体交渉や教員の異動、ストレス・バーンアウトの国際調査、教職の満足や困難、ストレスに対する分権化のインパクト、ジェンダー等、多彩な問題群に関する国際比較研究の画期ともなる。マイノリティや「特別な教育ニード」にかかわる教職実態の検討が求められ、各国動向をより明確にするセアートメンバー自身の研究上の貢献も要請された。

　1981年 ILO 共同会議の提起に端を発し、90年代以降も強化されたストレス・バーンアウト研究は専門職性論議の展開との関連でも注目しなくてはならない。

　94年セアートでは、Tom Cox（英）らの研究結果「職業上のストレスと教師のバーンアウト」が提出され、[44]「諸国にわたる範囲」「組織、教職デザイン、社会要因などの諸原因」「不登校や生徒への悪影響などの結果」などのストレス・バーンアウト問題を改めて確認し、一次的対処のマニュアルづくり、二次的対処の「諸国別の情報の入手・分析・普及」、三次的対処の「カウンセリング・休暇・補償」を示すなど、更なる検討の必要性も提起された。

　その後、ILO 小委員会で作業は継続され、2つの冊子「教育部門における最近の発展」と「教員の雇用・訓練に与える構造調整のインパクト」がまとめられた。

　ここでも、発達した諸国の初等中等学校教員は、25 - 33％が危険なストレス状態にあること、全世界的問題であること、社会制度問題や労働条件といった原因の複合性と共にストレスの影響（教員の不登校、仕事の低下、生徒への影響）があること、管理運営強化の恐れもあること等が指摘され職場環境改善の方策が提言された。[45]

　「地位勧告」に関連する他の活動にはユネスコ/IBE による1996年「第45回国際公教育会議の宣言と勧告」も特筆しておかねばならない。この勧告に

第8章 「地位勧告」の成立と展開　245

も90年代の社会変化とかかわる教師の役割変化に関する次の重要な指摘がある。[46]

「同時に、多くの社会と教育システムは深刻な社会統合の問題に直面している。その中には、民族間の紛争と暴力、増大する失業（とりわけ青年の）、道徳的価値観の低下、子どもの社会化における家族的紐帯・指導力の衰退とその役割変化が挙げられなければならない。もし、これらすべての挑戦と問題が短期間に克服されなければ、未来の世代にとって特に致命的である不安感とペシミズムを増大させる危険がある。・・略」（序文）

　この決議には「『地位勧告』の実施は予想以上に困難だった」との評価があるが、ユネスコ・IBE側（ILOの協力はあったが）の「地位勧告30周年」記念事業的な広報を基調にし、「国際公教育会議が教員の労働条件を分析する適切な討議の場でないにしても」（勧告7）と言われるように、「地位勧告」の更新文書とは異なる性格がある。同決議の内容は特別部会（第4回）やセアート（第7回）に引き継がれるが、経緯からみて、1975年「教師の変化する役割ならびにその教職の準備と現職教育に及ぼす影響に関する勧告」（第35回国際公教育会議）の延長上にある同公教育会議としての合意形成であった。[47]
　同勧告にユネスコ/IBEの1996年決議を加え検討素材にした第4回特別部会（1997年）では、「教授の民営化が金を払える生徒の優先扱いを生み出して」おり、「家庭・経済界・政治家等による教員への不当な批判」によって才能ある学生が教員になりたがらない風潮等、新自由主義下の新たな困難が取り上げられた。
　専門職性を確保する方途としての「参加・協議・団体交渉」に関する権利保障や、「系統的でない、有効でない、教員に支持されない」現職教育などの克服、労働過重の研究の意義、等も「地位勧告」規定にてらした研究を継続している。ストレス・バーンアウト研究を深化させるべきとの提言を合わせ、[48]「生徒以外の関係を含む労働時間」「クラス定数」等の条件整備に関する基準等を引き続き俎上にのせたのである。[49]

また、1997年ユネスコ「高等教育の教育職員の地位に関する勧告」では、[50] カバーすべき対象範囲を初等・中等教員（地位勧告）から高等教育教員まで拡大させ、各国の法的改善措置を求めている。

第6節　教員評価システムの新展開

前世紀末の新自由主義・市場原理主義の圧力が国際的に高まる中、教育全般の市場主義化の下で各国地域が多様性をもちながらもすべてが選択権に供される「一般的な状況」が拡大したことから、教員評価の考察がセアートの新たな重要課題となってきた。そのことは、教育差別待遇反対条約の新解釈（2005年同条約コンメンタリー第2条に解説）の次の指摘にも表れている。

「別個の教育システムの運営が差別的ではあってはならない条件がある。一般的にいえばその問題は当該教育制度の提供する教育の質についての国家の役割とそのモニタリングや評価にかかわる」[51]

そもそも教師専門職性とは、「判事・法律家・医師」などと「同じ」専門職であると定義されてきたが、新たな役割変化の段階で教職の特殊性をふまえた専門職性のあり方が必ずしも順調に共通理解として定着し始めたわけではない。

「地位勧告」の規定自体にも検討すべき課題を持ちこしている。同勧告には「教員評価や人事考課」に関する規定があり、これが90年代以降の教員をめぐる情勢の激変、教育全般の商品化・選択サービス化が進行する中で、グローバルな評価国家施策の新展開として、勤務評定やパフォーマンス評価のあり方などが提起され始めた。[52]

例えば、「地位勧告」自体、給与に連動する勤務評定自体を禁止していない問題がある（勧告124項のコンメンタリー）。しかも、多くの加盟諸国が評価結果を財政配分に連動させる政策をとる以上、国家で構成される国際機関に

あってコンメンタリー改訂で評定・評価部分（勧告119）の廃止が望める状況ではない。

　評価（実際には評価というより「評定」）が客観的であるべきとの正当な論点が共有されたとしても、賃金に連動する評定の「客観」基準は妥当であるか、あるいは本来の客観的な教員評価が技術的に可能か等の難問は山積する（第9章）。給与に連動する教員評価の客観的基準について「地位勧告」（119項）がこれまで資格水準（Levels of qualification）、経験年数（Years of experience）、責任度（Degrees of responsibility）などを限定的に定めてきた背景には、こうした事情もあったと思われる。

　給与決定に連動する「教師評定」は、こうして勧告119項のコンメンタリー解釈では「客観」的基準に限られる。査定（評定）の決定プロセスでは、妥当な手続き規定のみならず職場での日常的な対話と合意が確保されなくてはならない（第9章）。ところが、勧告124（勤務評定 merit rating system）では、給与決定などの「評定」の根拠となる評価システムが必ずしも明示的ではなかった。教員給与に教員評価を連動させる実態は多様であるが、新たな資質向上・学校活性化の施策の下で成果主義的な教員評価システムを志向する国際動向が明らかとなり、矛盾をかかえることになった。

　かねてよりセアートは曖昧で恣意的な教員評価基準の問題性に関心を寄せてきた。「教員評価」論議については、「地位勧告」が1966年に定められた歴史的制約もあって、セアートによる現実的な対応が新たに迫られることになったのである。課題のひとつは、「主観的」な教員評価を含む給与決定で別個の深刻な問題（日本では教師の「実践的指導力」）を派生させたことにある。つまり教育実践における情意領域まで勤務評定の視野に入れてしまう教員評価の問題性が「地位勧告」（124項：勤務評定）の規定にてらしても提起され始めたのである。この重要な論点は第9章で詳述する。

　「地位勧告」（61項）は教育内容や方法を「判断」すべき教師の「権限」と教材選択・適用における教師の「役割」を明確に定める重要な規定である。留意すべきは、その職務における「学問の自由（アカデミックフリーダム）」の

享受を前提とする内容・方法の編成という「専門の自由」にかかわる問題である。その内容・方法の選択・適用の自由裁量要件として、「承認されたプログラムの枠内」「教育当局（the educational authorities）の援助を受ける」ことが定められてきており、2012年段階におけるILO教職ハンドブックでは同勧告の「専門の自由」規定に関する次のような説明がなされている。

「学校の＜学問の自由＞を促進させるには"言論（speech）の自由"と"専門職の自律性"の厳しいバランスが必要であり、一定の＜専門の自由＞とともに国や地方で民主的に選ばれる教育当局が定めるカリキュラムの基準化と統一がめざされる」「教師に自由を保障する出発点は憲法その他の法規上定められる自由一般の規定にある」「しかし、その自由はバランスがなくてはならず、ヘイトスピーチや差別などから子どもと親は保護される」「教室内の教師の専門の自由は原則として平等と公正さを保たねばならない」[53]

いずれにせよ、「地位勧告」（61項）の「学問の自由」と「専門の自由」の2つの規定の区別と関連にてらし、内容・方法・教材編成における教師の役割の排除などがあってはならない。これら2つの「自由」規定の関連は、かつて日本の60年代から70年代にかけた教育裁判で、憲法23条「学問の自由」や同26条「教育を受ける権利」とのかかわりで重視された論点でもある（第7章）。前記本章第2節でふれた当時の論議は今なお振り返る意味があろう。

小括

教師専門職性の論議に焦点をあてながら「地位勧告」の初期の展開過程を見てきた。ILO「教員と国際基準ハンドブック」（1990年）でも、[54] 判事・法律家・医師と同様の倫理綱領確立やアカデミックフリーダムの意義を教員専門職性の文脈で論じていた。専門職性の「公共性、専門技術性、専門的自律性、専門職倫理、社会的評価」などの諸要件も、[55] 時々の展開で力点の置き方には特徴がみられる。最後に、今後の課題を簡潔にまとめておく。

「地位勧告」成立後の経過で専門職性規定に相応する改善課題（とくに教職

の条件整備）が深められない中、1981年時点でのストレス問題の提起の意義は大きかった。そこで、専門職性の今後の課題の1つは、80年代初頭にかけての「労働加（過）重や労働時間の規制」などについて、「教育の大衆化や年限延長への教育権」など子どもの権利との関係における教職の役割変化として深め、子ども把握（「子どもの権利条約」）の深化で関連づけることにある。

　2つには、新たな教育「改革」動向の中にある学校制度の改善課題とかかわって、「労働基本権と市民的自由」「内心の自由・結社の自由・研修の自由」「教育の自由」など地域・父母との関係における専門職性の公証システム確立の視点で「自律性」原則（教育における自由と基準化）を深め関連づけることである。

　3つには、民営化・市場万能主義・成果主義のもとで新たに構築すべき教職の公共性をめざし、「子ども・教職員・保護者・住民・研究者（間）」の諸関係における役割変化として「教師の人権と教育権限」「同僚性のあり方と開かれた学校づくり」などの民主的なあり方を深め関連づけること、などがある。

　授業妨害行為や特別な教育ニーズへの対応等に起因する蓄積疲労その他、教職の困難をもたらす教育的社会的な諸条件を多角的に改善すべき行政責務の諸課題は今日のセアートにも引き継がれている。

　かつては「信頼できる教育の知識と技術の確立」[56]が専門職性の自律性を支えるとの論議がなされたこともあるが、今日では管理統制の強化・非正規化・労働過重など、教職の専門職化を阻む厳しい状況にあるといわねばならない。

　「地位勧告」採択時に遡れば、専門職性規定を最初から評価した宗像誠也はその根拠を真理・真実の代表性においた。[57] しかし、その要件とされていた「真理・真実の代表性」を担保できない様々な社会状況がその後派生したのであり、本章でみてきた「関係性の変化からくる教師の役割変化」に組み込んで再検討すべき新たな課題が提起されたのである。

　「地位勧告」の成立以来、教職の権限にかかわる専門職の自由や自律性の規定は積極的な論議の基盤となってきた。国際的合意形成の全体系において、なお死文書としてでない「地位勧告」の存在意義は大きい。

注
1 本論の分析視点は、D. H. ハーグリーヴスのいう「関係課題（relation theme）」「地位課題（status theme）」「能力課題（competence theme）」の三つの整理とも重なるものがある。次のハーグリーヴスのいう諸課題は教職が位置づく諸関係の「役割変化」につなげて統一的に論じることができるが、地位勧告の意義も同様の視点からみることができる。久冨善之によれば、「D. H. ハーグリーヴスは近代学校の教師が歴史的にも背負ってきたそうした課題群を「関係課題（relation theme）」「地位課題（status theme）」「能力課題（competence theme）」の三つに整理している。一つは、教師の仕事に必ず伴う教師＝生徒関係、教師＝父母関係、教師＝地域関係のいずれもが教師にとって難しい関係・・。二つは、社会的地位の低さ、ないし不安定さである。・・三つは、「目標と達成の不確定性」のゆえに、教師としての自分の力量を明確に示し、他者にも自己にも確認することが難しいということがある。教師同士は、個々人の教師としての力量についておよその判断を相互に持っていると言われるが、それは確実さで明示できるものではないだけに、そこに「能力課題」という悩みがつきまとう」という（（久冨善之編著『教員文化の日本的特性』多賀出版、2003、4頁）。なお、日本の教師ストレス研究は欧米より遅れて90年代において活発化したが、国内外の経緯からみて地位勧告フォローアップにおける教師ストレス指摘の意味は大きかったと思われる。教師の「役割変化」の分析に際してもその分析視点はきわめて重要となる。
2 宗像誠也「共同研究：「教師の地位に関する勧告」と日本の教育行政」東京大学教育学部紀要第10巻、1968年
3 市川昭午編『教師＝専門職論の再検討』教育開発研究所、p5、p42-43、1986年。
4 三上昭彦「『勧告』の背景とその制定過程」、前掲の宗像誠也『共同研究』所収論考。
5 一連の国際比較調査には次のものがある。
   ① IBE publication No. 147, *Primary Teachers' Salaries' from information supplied by the Ministries of Education*, ⅩⅥth International Conference on Public Education convened by UNESCO and the IBE, Geneva 1953.
   ② IBE publication No. 149, *Primary Teachers' Training*, ⅩⅥth International Conference on Public Education convened by UNESCO and the IBE, second part. Geneva 1953.
   ③ IBE publication No. 155, *Secondary Teacher Training*, ⅩⅦth International Conference on Public Education convened by UNESCO and the IBE, Geneva 1954.
   ④ IBE publication No. 157, *Secondary Teachers' Salaries*, ⅩⅦth International Conference on Public Education convened by UNESCO and the IBE, Geneva 1954.
   ⑤ IBE publication No. 182, *Training of Primary Teacher Training Staffs' － A Comparative Study*, ⅩⅩth International Conference on Public Education convened by UNESCO and the IBE, Geneva 1957.

第8章 「地位勧告」の成立と展開　251

6　ILO Doc., CEART/11/1970/4, Joint ILO/Unesco committee of experts on the application of the recommendation concerning the status of teachers, Second Session, Paris, 27 April − 8 May 1970, p3.
7　UNESCO, IBE, *Primary Teacher Training*, 1953.
8　M. Lieberman, *Education as a Profession*, 1956, p．417
9　UNESCO, *UNESCO COURIER*, *1*．February 1950
10　この「労働は商品ではない」という規定については、「労働力」が商取引の対象になる事実と、その労働商品が人間の「労働」が人格をもつ人間活動であるがゆえに「特殊な商品（資本主義の下）」でもある事実の統一として捉える必要がある。近年の論稿に次の石田眞論文がある（「ILO『労働は商品ではない』原則の意味するもの―労働法との関連をめぐって」早稲田商学部第428号、2011年3月所収）。
11　ILO Doc., 'Resolution concerning the situation of professional workers', Letters of Convocation for the Third Conference of the American States Members of the International Labour Organisaton (Mexico City, April 1946), ILO Official Bulletin, 5 September 1946. Vol. ⅩⅩⅠⅩ, No. 2. p. 111.
12　① 'Resolution concerning the Extention of Compulsory Education and the Provision of Facilities for Adult Education' submitted by Mr. G. Tessier, Workers' Adviser, France (Adopted on 1 July 1950), Official Bulletin, 1 April 1950. Vol. ⅩⅩⅩⅢ, No．1．p. 60. ② ILO：Official Bulletin, Vol. ⅩⅩⅩⅢ, No, 2, 1 August, 1950, pp. 60 − 61.
13　ILO Doc., 'General Report − advisory committee on salaried employees and professional workers' second sesseion, Geneva, 1952. ILO. 1951. p. 97
14　ILO Doc., "The Recruitment and Training of Technical and Vocational Teaching Staff, Technical Documents, Vocational Training" (Ronewd document　D．　1　(8) 1953).；ILO., Conditions of Employment of Teaching Staff, Report Ⅲ, Advisory Committee on Salaried Employees and Professional Workers, Third Session, Geneva, 1954.
15　ILO Doc., Official Bulletin, Vol. ⅩⅩⅩⅦ, No．3, 15 September 1954, pp79-80.
16　ILO Doc., 'Resolution (No. 27) concerning Action by the International Labour Organisation in Respect of Teachers' Problems', Official Bulletin, 15 September 1954. Vol. ⅩⅩⅩⅦ, No．2．pp. 79 − 80.
17　ILO Doc., 'Resolution (No. 28) concerning Conditions of Employment of Teaching Staff', Official Bulletin, 15 September 1954. Vol. ⅩⅩⅩⅦ, No．2．pp. 80 − 81.
18　① UNESCO Doc., 70EX/3, Paris, 26 March 1965, Preparation of one or more international recommendations concerning the professional, social and economic status of teachers. ② ILO, Unesco, "Joint ILO − UNESCO Meeting of experts on the status of teachers", Geneva, 17—28 January 1966. (METS/1966/R．1).

19 相良惟一『教員の地位勧告と教職の専門性』明治図書、1969。採択前後の収録論考。
20 名越清家「教職の専門職化をめぐる意識と実態」、前掲『教師=専門職論の再検討』所収、80頁。
21 ILO Doc., Meeting of Experts on Teachers' Problems, Report of the Experts (G. B. 141/I. C./D..2/1), Geneva, 20 - 31 October 1958, (METP/1958/13).
22 ILO Doc., Report of the Committee on Industrial Committees, Ⅱ. Meeting of Experts on Teachers' Problems, (G. B. 141/12/31), Geneva, 10 - 13 March 1959,pp5- 7.).
23 ILO Doc., Report of the Meeting of Experts on Social and Economic Conditionings of Teachers in Primary and Secondary schools, Geneva,21 October - 1 November 1963. p 3. (G. B. 157/7/40) (METP/ Ⅱ /1963/ 9).
24 Unesco Doc., 67 EX/5, Paris 18 March 1964 "Preparation, in co-operation with the international labour organization, of an international instrument on the status of the teaching profession".；Unesco/ED/206, Paris, 31 August 1964 "Expert Meeting on Teacher's Status" Paris, 4-15 May 1964. Final Report.
25 堀尾輝久『現代教育の思想と構造』岩波書店、1971年、333頁～338頁。なお引用文発表当時の原題と掲載文は、「現代における教育と法」岩波講座『現代法』第8巻所収、1966年。
26 Unesco Doc., 70 EX/ 3, Paris, 26 March 1965 "Preparation of one or more international recommendations concerning the professional, social and economic status of teachers".
27 Unesco, 72 EX/ 9, Paris, 7 April 1966 "Convening of a diplomatic conference on the status of teachers".
28 UNESCO Doc., 77EX/9, Paris, 18 August 1967, "Implementation of the Recommendation concerning the Status of Teachers"；82EX/7, 1969.
29 地位勧告の適用・実施状況と定期的監視報告の全体の経緯を整理すると、①通常会議(Ordinary Session)は、1968、1970、1976、1982、1988、1994、2000、2003、2006年の計9回であり、②同上特別部会(Special Session)は、1979、1985、1991、1997年の計4回開かれた。なお、通常会議と特別会議は、2003年から合同し、今日まで3年毎の開催となっている。③他に共同会議(ILO Joint Meeting)が不定期に開かれ、1981、1991、1996年に報告書が出版された。他に、④両機関の個別の関連活動を加えると、全体として活動量の蓄積にはきわめて大きなものがある。
30 UNESCO Doc., 15C/13, Paris, 30 September 1968, Initial special reports by member states on action taken by them on the recommendation concerning the status of teachers. pp21 - 22；CEART/ Ⅰ /1968/7.
31 ILO Doc., CEART/ Ⅱ /1970/421.

32 ILO Doc., CEART/Ⅲ/1976/10.
33 ILO Doc., JMEWCT/1981/8. ILO, Report of the Joint Meeting on Conditions of Work of Teachers, Geneva, 27 October − 4 November 1981.
34 ILO Doc., CEART/SP/79/7.
35 ILO Doc., CEART/SP/85/7.
36 前掲『教師の役割変化を問う』。
37 ILO and UNESCO, The Status of teachers, Joint commentaries by the ILO and UNESCO, 1984.
38 松井芳郎「人権分野における国連の活動の歴史」国際人権法学会1996年報『国際人権』第7号、信山社。
39 ILO Doc., JMEWCT/1991/15.
40 ILO Doc., CEART/Ⅵ/1994/12.
41 ILO Doc., Complaints received from teachers' organizations and submitted to the ILO Committee on Freedom of Association—-cases which have been included in reports published since November 1991, CEART/VI/1994/11.
42 ILO Doc., CEART/SP/1991/12.
43 ILO Doc., CEART/Ⅵ/1994/12.
44 ILO, *Salaried Employees and Professional Working Branch*, Occupational Stress and Burnout of Teachers : A Review, by Tom Cox and Amanda Griffiths. 1995.
45 ILO Doc., Recent development in the education sector, 1996, JMEP/1996/Ⅰ & ILO, Impact of structural adjustment on the employment and training of teachers, 1996, JMEP/1996/Ⅱ.
46 Unesco IBE, International Conference on Education 45th Session, Final Report, Geneva, 30 September − 5 October 1996.
47 ILO Doc., "Recommendation concerning the Changing Role of the Teacher and its Influence on Preparation for the Profession and on In − service Training"
48 ILO Doc., Working document prepared for the Joint ILO/Unesco Committee of Experts, Teacher Indicators : Monitoring Stress and Burnout Issues and Draft Reseach Tool, by Geoff Pike. 1997.
49 ILO Doc., CEART/SP/1997/13.
50 邦訳は、東京高等教育研究所・日本科学者会議編『大学改革論の国際的展開：ユネスコ高等教育勧告宣言集』青木書店、2002年、所収。
51 Yves Daudet & Pierre Michel Eisemann, *Right to Education, Commentary on the Convention against Discrimination in Education*, UNESCO, 2005.
52 ILO Doc., CEART/8/2003/11.

53 ILO Doc., Handbook of good human resource practices in the teaching profession, 2012, p87.
54 ILO Doc., Teachers and international labour standards：A handbook, 1990, Geneva.
55 市川昭午、前掲書、9頁。
56 市川昭午、前掲書、13頁。
57 『宗像誠也著作集』第4巻、青木書店、1975年。所収論文は1959年から1967年。

第9章　教師の評価基準をめぐる国際的合意形成にあらわれた二律背反

　教育権の全体像を把握する上で、教師専門職性に関する ILO/ ユネスコ「教員の地位に関する勧告」（地位勧告）の検討は欠かせない。同勧告の初期の経緯を簡潔に前章でふれたが、次第に教師評価政策問題や教師ストレスの深刻化が焦点的課題のひとつとなってきた。また、同勧告フォローアップを担当するセアート（CEART）の活動は、今世紀に入りいっそう多面的な領域で各国への対応を活発化させている。

　本論でそれらのすべてに言及できないが、第9章では、教員評価に課題を限定し、2008年日本での現地調査をふまえたセアート（CEART）の勧告「1966年及び1997年の教員に関する勧告不遵守に係る教員団体からの申し立てについての中間報告（勧告を含む）」（以下、2008勧告と略）[1] と、その元資料であるセアート報告「日本における教員の地位勧告不遵守に関する申し立てについての調査団報告」[2]（以下、2008報告と略）を具体的な事例研究の素材に取り上げ、教師評価の基準をめぐる二律背反の問題性を分析する。

　本章でいう二律背反とは、実践現場や制度における教員評価（評定）が「客観的」でなくてはならないという評価システムの要請がある一方で、それが本来的に「主観性」を持たざるをえない矛盾する事態をさすものである。本章は2008勧告 / 報告の内容全体を扱うものでなく、2008勧告 / 報告もこの二律背反をめぐる問題性を免れなかった事実を分析する。2008勧告 / 報告の作成過程にみられる OECD 報告や同ワーキングレポートの基準化論議や欧米の研究状況を参照しながら、二律背反のもつ評価論上の意義を明らかにしておきたい。

第1節　勧告にみる教員評価基準の二律背反

　2008勧告／報告の基礎となった中心点はいわゆる「指導力不足教員」の評価をめぐる問題であった。発端は「地位勧告」不遵守に関する2002年時点の教員の申し立てである。その核心は、次のパラグラフに示された教員評価制度の運用システムにある。

　「特別の昇進や直接的な金銭的利益の形をとった業績評価制度の要素をもつ教員評価と職業開発の制度を背景として、一部の都道府県教育委員会が2000年～2002年の期間に『指導力不足教員』・・・を評価、改善あるいは職業的に訓練するための特別な評価制度を試験的に実施したことにある」(2008勧告；パラグラフ8—以下、パラと略)

　そして、提訴側の2002年「『教員の地位に関する勧告』にかかわる申立て」に基づく調査団の実態調査結果では、次のような「恣意的・主観的評価が避けられない」各地の実態把握がなされた。

　「『指導力不足』の定義は曖昧で、具体的な例として①教科に関する知識・技術が不足、②指導方法が不適切、③児童・生徒の心を理解する能力・意欲が欠如、を文部科学省が示したに過ぎず、その実際的基準は都道府県教育委員会に任されている。各県の『指導力不足』の判断基準は統一性を欠き、例えば高知県の場合『楽思考でややこしい仕事を避ける』『異常に華美な印象を受ける』・・省略（引用者）など91の具体例を示している。この中には、教員の人格の評価やプライバシーに係わる事項が含まれており、恣意的・主観的評価が避けられないものとなっている」(パラ3)

　そして、これらの「著しく主観的な評価をおこなう」(同パラ10)基準のあり方に対してセアートは次の批判的勧告を行った。

「共同専門家委員会は、省レベルと県教育委員会を含めて政府が"指導力不足"ないし"指導が不適切"と考えられる教員評価制度への貧しい見方について措置を講じるべきであると勧告する。この措置には国のガイドラインと各県教育委員会による制度運用、特にそれが教室における専門職としての基準、責任、創意、自律性にどのような影響をもたらすかを継続的に検証することで、必要に応じて修正をおこなうことが含まれる」(パラ33)

パラグラフ38でも「主観的、表面的な評価を少なくするため、評価者にその職務遂行のための研修と時間をより多く与える」と、その「主観性」を克服するための条件整備に関する提言を行ったのである。

興味深いことに、他方で2008勧告はあるべき評価基準の多面的なあり方にも言及しており、「多元的な評価基準をより尊重する」(勧告パラ38)と、実践評価のための積極的な論点をも示している。次の記述で明らかなように、学校現場とりわけクラスにおける教育実践に基づく評価を重視する点にその要点がある。

「共同専門家委員会は省レベルと県教育委員会を含めて、政府が教員の給与と意欲に関係する教員評価制度を根本的に再検討すべきであると勧告する。この再検討は教員の受け止め方、動機づけ、教室への影響に関するより包括的な調査に基づいておこなわれるべきである。また、確固とした教員の専門職としての基準、責任、創意、自律性を基礎に、質の高い学習を実現するためには教員評価をどう運用するのが最善かについての広範な専門家からの助言に基づいておこなわれるべきである」(2008勧告パラ37)

すなわち、教員評価で客観性が求められたのは「特に雇用とキャリア、責任と権利、教員の給与、およびこれらの事項に関する協議と交渉を扱った項目」(2008報告；パラ10)を扱う「評定（査定）」局面である。他方で学校や教室での教育実践局面では形成的評価が日常的に行われる。その教員評価と実践評価の両局面で評価の客観性はどのように確保できるのかが問題となる。例えば、学校や教室を基礎とする教師の評価を学力テスト平均点で「客観的」に査

定したとしても、本来の「実践評価（実践的指導力）」では「質の高い実践力」に関する「主観的」な評価を全く排除することは不可能であり、「客観／主観」の二律背反は必然的に抱えることになろう。しかも、日本のような実践力量基準の主観性と非明示性が目立つ制度のもとでは、久冨善之の言う「教職に対する強い情熱」「専門家としての確かな力量」「総合的な人間力」（2005年中教審答申）といった抽象的文言で語られる傾向が強く、[3] そのことがいっそうの教員評価の恣意性や主観性、あるいは教員支配までもたらす結果となっている。ところが、明示的な専門職基準の作成が進むイングランドの場合であってもその基準の中には「態度や資質」の柱が立てられており、評価論一般からみて情意領域にかかわる評価基準の実際の運用で同様の恣意性が告発される実態があることにも注目しておかねばならない。[4]

実はこうした問題群とかかわって、長年にわたるセアートのフォローアップ経緯では66年「地位勧告」44項に関する1984年コンメンタールがこの難問（矛盾）について次のような一定の見解を示したことがある。

「諸国はふつう昇進と昇格を区別していない。同一の基準があてられているのである。それは本当に専門職的といえるのだろうか。大学資格、年功か経験、教育指導の成果といった専門職資格が特に強調されている点ではそうである。しかし、セアートは、教師の性格、人格、態度といった諸要素で客観的な評価が困難なものは、できるだけ明確に定義されることが必要であると考えた」[5]

セアートの整理に従うにせよ、ここでいう「客観的な評価が困難なものはできるだけ明確に定義する」とは具体的にどういう事態をさすものかは定かでない。難問は持ち越されているのであり、2008勧告／報告の二律背反もその延長上にある同様の課題をあらわにしている。

第2節 「基準－評価」論議と二律背反

　2002年に始まるセアートへの提訴内容では、評価論上の「査定評価の客観性」か「実践評価の主観性」かの基準をめぐる二律背反が繰り返されている。「評定」局面に現れる評価の社会的扱いでは、「関心・意欲・態度」の内申書「評定」と同様の人権侵害となる問題群まで孕むものであり、キャリアに影響を与えかねない。

　根拠のない「主観的／恣意的な評価（評定）」に対する批判が2008勧告／報告で示されたのは適切な判断である。しかし、評価システム本来のあり方からみて、それらを「主観／客観」の難問としてみる場合、表面上の対抗軸を二律背反としてのみ捉えるには次のような問題点が残る。

　まず「主観／客観」の問題性を考える時、何もない真空のなかで主観的世界が展開することはありえないのであって、主観的世界もまた客観的世界とのより具体的な関連が問われよう。したがって、それぞれに根拠をもつ「主観」と「客観」の矛盾関係については、不動の二律背反を静的に固定化させるのではなく、どのようなケースでも「動的でリアルな評価実態」をおさえ、「主観／客観」の両極にかかわる文脈とそれらの実態的社会的根拠や、両者の本質的な対立・矛盾を具体的に明らかにすべき作業が必要となる。その評価システムの具体相を明らかにすべき課題からみれば、2008勧告／報告にあらわれた二律背反は仮説的に次のように整理できる。[6]

　そもそも教員評価は教育実践そのものを基盤とする。その意味で次の2008報告5項に注目しなくてはならない。

「調査団報告が示すように、セアートが聴き取り調査をおこなった関係者全員が、日本の学校における授業と学習の水準を高めることを望んでおり、そうした質の高い教育の鍵となる役割を果たすのは教員であると認めていることに留意する。また、このような目的達成に貢献するものとして、効果的な教員評価制度が必要であることは広く受け入れられている」

この専門職性の評価にとって実践現場における「教員の性格、人格、態度」などの「主観性」をどうみるかが課題となる。実践に直接かかわる教員の反省的形成評価では主観性が常に含まれるのであり、客観性が要請される賃金リンクなどの「評定」評価にまで直ちにつながるかどうかは、関連を無視できないとしても一応は別問題である。まずは、厳密な両者（賃金査定と実践力量評価）の区別が前提になる。

　この両者の区別は、2008 報告 71 項における実践の向上（発達にかかわるもの）における形成的評価の意義と賃金査定のような「規範的評定」との厳密な区別に対応する。しかし、この評定と形成の区別がしばしば混同されており、セアートは同 71 項で次のように記述したのである。

　「それ（評価システム）は目標設定や回復措置をとる専門職発達という強力かつ積極的な要素を含むけれども、その評価システムは、形成的 formative（教師で、とりわけ弱い立場にある者の専門性発達を志向するもの）であるより、より規範的 normative（合致させなくてはならない規定基準に基づく）になっており、必ずしも政府や当局が表明しているような資質向上を支持するような子どものニードや基本的な教育原則を反映してはいない」

　教師に対する統制的な規範的評定を批判し教育的な発達を志向する上記 71 項の形成的評価の意義を対置したセアートの判断は適切である。しかし、第 7 章で述べたように目標管理の在り方（PDCA サイクルなど）への教師側の主体的関与が制約された職場環境の下では、その形成的評価でさえ教師の内面に対する抑圧的な作用をすることがある。その意味では、形成的評価の実践評価本来の積極的な役割すらも無条件に是認することはできないのである。

第 3 節　二律背反を超えて（公共圏の構築）

　山崎準二は 2008 年の論文で、上記の論点とほぼ同じ問題群を取り上げて、

次のように述べている。「教職活動の『価値多元性』ゆえにもたらされる測定と確定が不可能である要素が入り交じってくるという困難さと教育的（あるいは最悪の場合は政治的）価値判断という困難さとが壁となり、合理的処理と合意形成などは極めて困難」と指摘し、その泥沼から抜け出す方法は２つしかないと述べた。つまり、「一つの方法は、有無を言わさずトップダウン式に指定する道であり、もう一つは『評価の目的』を『成果を求め測る評価』ではなく『発達を支え促す評価』へと転換していく方法である」というのである。そして、評価法における「客観性」については、「どれくらい客観的であるかというようなことに価値を置くのではなく、評価者と被評価者とが互いに現状認識を共有し、直面している課題と困難さを整理し、そこからの克服法を模索していくというようなことに価値を置く取り組みが求められている」とし、それは「『評価プロセス・手続きの透明性』に価値をおきながら『双方向的討議と合意』形成をめざす評価行為」と同じであると、前述と同趣旨のことを指摘している。[7]

　山崎のいうことを筆者なりにさらに敷衍すれば、工学的で機械的なパフォーマンス評価が直接にはなじまない複雑で固有な教職の性質に鑑み、評価プロセスの民主的手続きを経たすべての局面において、職場内外の日常的な対話と合意の確保が大切になってくる(第７章)。そこで当事者性が常に尊重される様々なレベルの合意形成過程が、主観的評価の客観化を担保する可能性を生み出すと考えることができる。こうしたプロセスを媒介することによって、種々の教育実践レベルの評価の客観性が積み上げられるであろう。

　教室の実践レベルを例にあげるなら、山崎のいう「『双方向的討議と合意』形成をめざす評価行為」が重要な役割を果たす局面があり、教師同士と子ども同士の自由な心の通い合いが確保され、主観のあり様を相互に自由に振り返る反省的評価こそが職能発達において意味を持つという点で、主観性を含む教育実践評価の役割が発揮されることになる。

　「客観／主観」がかかわる難問は教育実践における「公／私」問題としても長年にわたり論じられてきた。たとえば、「公共」概念は対極にある私個人（プライバシー）や家族との連関で捉えられるが、両者は必ずしも形式的に区分け

できる概念ではない。

「私の人格」はいわば何らかの公共的な「私」との連関で生涯にわたり発達するのであり、そのプロセスは先の国家作用や社会関係と相互浸透しダイナミックな教育過程を形づくる弁証法的な関係にある。したがって、「教育の公共性」論議は、前記の「客観的」な制度的枠組みに終始するものではなく、その多様な問題群を根拠づける公共性の本質に言及しておく必要がある。石戸教嗣のいうように、①学校・家庭といった空間概念としての「公／私」、②教師と子どもといった関係概念としての「公／私」、③心理システム（私）とコミュニケーション・システムの間の「公／私」——内面的な「主観／客観」にかかわる——といった次元の違いや「個人や社会制度」の異なるレベルの相互関連からアプローチできる。[8]

子どもの発達について中内敏夫にならっていえば、「子どもの教育的発達の起源は社会的コミュニケーションにある以上」、公教育のみならず「家族のおこなう教育においても社会の関与のもとにはじめて成立する社会的な事がらである」といえる。「私事」とは「個性化的・私化的ヴェクトル」であるといえよう。[9] その意味で、教育における「公」とはいわゆる「官」の世界とは区別される、教育実践に本来そなわる客観世界の「公共性」の謂いでもあろう。

吉田一郎がいうように、子どもの側では「集団づくり」論などにおいて「公としての学級を手がかりとして民主的な組織原則への訓練」が行われてきた実践の蓄積や、生活のリアルな認識にかかわる子どもの真実の表現の自由（コミュニケーション過程）を大切にし「共同・交流」を通じて社会化をめざす生活綴方教育の遺産と到達点がある。90年代以降の新自由主義・市場万能主義的政策の下では、子どもや教師が場を共にする「学級や学校が公としての実態を喪失し、私化が進行する状況」の展開のなかで「『公』と『私』の関係をとらえ直し、新たな公共性を創造する指導の見通しが求められる」新たな段階を迎えているのである。[10]

教室での指導や教員の研修には、「規範による評定」などが直ちになじまない実践本来の「主観」的評価の特殊性がつきまとう。なによりも教育価値に固

有な「精神の自由」の発揮が授業公開や授業研究・研修などのあらゆる場面において要請される。その「心の自由を担保する主観性評価の民主的客観化のプロセス」に関与しうる教師専門職を確立するための実践評価から教育行政のあり方まで、多面的な検討が関係者には課題となる。

総合的な教員評価においては、一方でその「精神の自由」を確保できる「評価プロセス」、つまり筆者のいう「主観性の客観化」としての実践評価の発展方向があり、他方では、採用、昇進、懲戒、給与決定などに連動する特殊な領域の客観化された評定（査定）があるという、厳密に区別すべき評価のレベルの違いがある。公共的（ルール）機能が最大限に発揮される後者の評価（査定）局面においても、何等かの前者の実践評価力量の主観的評価を含まざるをえないという点で、ILO/ユネスコが評価プロセスで重視する社会的対話（social dialogue）の意義はきわめて大きく、民主的なシステムの在り方が常に問われるのである。

以上のように、教師専門職性を前提とする教員評価では、社会的文脈の違いに応じて、それぞれのレベルにおける客観性もまた担保されるものでなければならない。そのことは、教育実践レベルの評価からすべての局面で態度などの主観性を排除することではない。

「主観／客観」問題は、かつて「私事の組織化」を提唱した堀尾輝久自身が「人間の価値と評価基準の問題、とりわけ『客観的』価値尺度と『主観的』尺度の連関の問題は、・・・機会を改めたい」（『』は引用者）と自著で課題に残した宿題でもあった。[11] 堀尾は「評価基準」の問題に関して「優勝劣敗の法則は、劣者を優れたものにする技術の発見、さらに、それ自体の固有の価値の発見によって劣者が人間的に尊重されるようになれば、この法則も無意味になるであろう」と述べたことがあるが、[12] その基準化の観点を身近な教育公共圏の構築という発展的に捉えることのできる方向性において深めていくことも今後の課題として引き継がれよう。

教職評価の基準化もまた社会関係性のレベルの違いにふさわしい「精神の自由」を含む「重層的な対話」という「主観の客観化」をめざすものであり、そ

の意味で、社会的に要請されるいわゆる客観性評価の意義と必ずしも矛盾するものとはいえないのである。

第4節　二項対立を動的に捉える評価論の国際論議

「主観の客観化」という表現が適切かどうかの問題は残るであろうが、「主観/客観」をダイナミックに捉えようとする専門職基準の二項対立に関する以上の整理は、2008勧告の解釈にかかわる筆者なりの見解である。

2008年勧告と直接的関連はなくても同様の問題群（専門職基準の二項対立）にかかわる各国の論議はどのように整理できるのか。膨大な対象領域のカバーはもとより不可能であるため、管見の限り現時点で必要と思われる論点を提示しておきたい。

1）成果主義「客観性」の問題性

国際動向における専門職基準化と運用の背景にある、いわゆる新自由主義・市場万能主義・成果主義にかかわる文脈のなかで、2008勧告が参考資料にしたOECDの2005年報告書は、[13] 成果主義の原理を強く意識したものとなっている。教職のパフォーマンス評定を成果主義報酬に結びつける賛否の論点整理を次のように試みているが、本章の論旨と重なって興味深い。

- 成果主義への賛成

  「すべて平等に扱うより成果を出すものに報酬を与えるほうがよりフェア」「パフォーマンス成果報酬は教師を動機づけ、子どもの達成を促進する」「学校と子どもの成果の明確な連関が公的な支持を得る」

- 反対

  「パフォーマンスは客観的に確定できないので公正で性格な評価は困難」「教師間の協力が損なわれる」「教師は報酬で動機づけられるものではない」「教育指導が運用基準に狭く限定されるようになる」「運営コストがかかる」

実は、OECD報告書に示されたこの賛否の整理とかかわる数値評価の否定的な問題について2008勧告は次のように記した。

　2008報告19項では「報償に連動させる評価は、専門職の自由と責任を衰退させる可能性がある」との所見を述べ、セアートが機関としてそれに同意し、数値で測る目標基準の達成を報償に機械的に結びつけるシステムに対し専門職性の見地から批判的見解を示したのである。それが教師の職能発達を促すのか、などと市場主義的評価管理の問題点に国際機関として初めて踏み込んだ新しさがある。

　また、2008報告74項は「評価制度は、この数十年、民間および公共部門における経営で顕著になっている目標と結果をよりどころとするコンセプトにもとづくが、このコンセプトは教育の特別なニーズや制約を必ずしも反映したものではない」と述べ、ここでも教員評価が教育の原則と専門職発達に基づくべき旨を指摘している。

　関連して、セアートの2008報告76項は数値による客観的な報償評価について、「数値で測れる目標や基準を達成することが数値で測れる報償を生み出す。究極的にはこのことが、1966年「地位勧告」で主張された原則である熟達したやる気のある教員の職業的自由、創意、責任よりも学習成果の方を重視している」と批判的見解を述べた。日本の現地調査によるこれらの記述は、「地位勧告」の専門職性（職業的自由、創意、責任）をふまえた教員の職能発達をめざすセアートの認識を示すものである。

　こうした成果主義的「客観的」評価に対置される米国の関係当事者による自律的な基準化動向の一例を石井英真が報告している。

　石井によれば、NCLB法下の「（子どもの教育）スタンダードに基づく教育」は、「実質的には、評価・数値化しやすい部分を対象としたテストに基づく教育に矮小化」されており、その「アカウンタビリティ・システムは、スタンダードという形で明示される教育的価値の実現ではなく、目標達成という結果の自己目的化に教育活動を向かわせる」という。そうであるなら、専門職スタ

ンダードの運用も同様の傾向があると推測される。

こうした上からのテスト主義への反発から、教師や学校の新たな下からのアカウンタビリティ・システムを志向する動きがあることを石井は次のようにまとめている。

「システムは、市民によるローカルな意思決定を重視する参加型民主主義の理念を具体化するものである一方で、それは専門職である教師の自律性、および教育や教科の専門団体による集約的な仕事を尊重するものでもある。よって、上記の新しいアカウンタビリティ・システムは民主的であると同時に教育的であることによって特徴付けられる」[14]

本章の論旨とかかわって言えば、実態の正確な検証が求められることを前提に、ここでは固定的なスタンダードによる査定で対応できないような（教室における実践評価を軸とする）情意領域を含む教育実践の複雑な性格と、スタンダードの作成主体の民主的で動態的なあり方が想定されているように思われる。

2）国際競争と「主観性」基準

成果主義に対置するこうした専門職基準化動向は、EU 圏も顕著である。[15] そのめざましい動きの背景には、ボロニア宣言その他の経緯にある EU 機関における教員資格標準化の発展があることはいうまでもない。2005 年段階でヨーロッパ諸国に共通の教員資格基準の方向が定められる一方で、国際共同や国際競争のはざまのなかで専門職発達を志向する方向も示されるなど２つの方向の分岐が見られる。

すなわち、EU 機関では、いわゆるコンピテンシー能力の形成に焦点化させた EU レベルの教員資格基準化が進められている。それは、教育への投資が欧州の今後に決定的な意味をもつとした 2000 年以来のリスボン戦略によるものであり、最初から高い質の教員を EU 圏で有することが経済競争に勝ち抜く必須の優先課題とされた背景がある。このコンピテンシー能力の形成は一方では

操作的に測定しうる能力の形成が想定されるが、他方でその実現は「他者との協働」「知識・技術・情報を用いる仕事」「社会における社会との協働」に待つものとされる。例えば「他者との協働」の説明では次のような方向目標的な性格をもつのである。

「教員は、すべての学習者の可能性を社会に包摂して育てるという価値に基づいた専門職として仕事を行う。教員は、人間の成長と発達の知識を有し、他者とかかわる際の自己確信 self-confidence を示す必要がある。教員は、個人として学習者と協働し、彼らが社会の全面的に参加する積極的なメンバーに発達することを援助することが出来るようになる必要がある。また、学習者の集団的知性を増大させるやり方で仕事をし、自身の学習と教授を高めるために同僚と協力・協同することが出来るようならなくてはならない」

以上のように OECD の PISA や IEA の PIRLS に示される体系的な子どものパフォーマンス評価に連動させた教員個人の資質評価（評定・査定）によって、上からの戦略目標の達成をはかる動きが顕著になっている。しかし、教員評価を形成的な発達契機とし、その当事者性 Ownership・関与 Involvement・参加 Participation など、学校組織への教員の主体的関与と条件整備の方向に焦点をあてる傾向もあり、成果主義的な外部圧力とは異なる自律的方向の違いを観察することもできる。

たとえば EU 機関との協働を志向する欧州教師教育会（European Union Committee for Teacher Education）が 2006 年段階で次のような「教員の質の指標の発達・基準・利用に関する勧告」を出しており、国際競争ランキング「評定」のみに終始しない共同行動として次に例示しておく。

「指標の発展
1、略。
2、教員の質確認の指標を作成する各国とヨーロッパの両方のプロセスは、教師の当事者性 ownership と関与 involvement に焦点をあてるべきである。

指標の基準

3、教員の質の指標は、様々な利害関係者の関心事項とパースペクティヴを考慮に入れるべきである（政府・学校リーダー・教員・教師教育・親と生徒）。そのことによってのみ、質の指標は共有しうる言葉として利用される。

4、教育指導は反省的思考、継続的専門職発達・自律性・責任・創造性・研究・個人的な判断、などを含む専門職であるので、教員の質確認の指標はこれらの価値valuesと資質attributesを反映させるべきである。

5、柔軟性・個人的スタイル・多様性といった専門職のプロフィールを確保することによる指標とその利用によって、教育指導の共同的性格を反映させるべきである。

6、略。

指標の利用

7、質の指標はそれ自体が目標ではないが、指標にそって、教員の当事者性ownershipを刺激するような教員の質を高めるシステムの一部とすべきである」[16]

　以上に示す価値や資質を反映させる指標基準（とくに第4項）から明らかなように、欧州教師教育会においても主観性の基準（指標）評価は含まれている。現実の運用実態がどうであるかは別の検証を要するが、しかし、それが当事者性・関与・自律性・責任・創造性・研究・個人的な判断など基準づくりの公正性・妥当性・民主性などを担保するシステムであるなら、セアートへの提訴で問題になった日本の非明示的基準による恣意的運用の問題性と対極に位置する動きとなる可能性もありうる。

3）動的基準化の動向

　2008勧告にみられる評価基準の二律背反を克服する「対話の重層性」の方向は、オーストラリアのSachsやオランダのKoster & Dengerinkなどの動的基準化論議とも重なるように思われる。

　Sachsは、論文「教員専門職基準：教育指導の統制か発展か」の中で「専門職基準は時間を固定化させることはできないし、そうすべきでもない。」

(Sachs,2003) と述べていた。それは Whitty のいう「専門職性の定義は時間と空間の中で多様に変化する」(Whitty,2008)[17] との観点とも重なり、社会構成母体間の合意形成に力点を置いた対話の意義に関する社会学的な見地からの展開であった。双方の論議とも、本来それぞれの基準化の形成過程と基準の実践的基盤が緊密に連関しあって事態を想定するものだが、Sachs の議論では、次のような教員評価の前提をより明確にした論議である点に特徴がある。

① Sachs の批判

まず基準論議の有効性に対する批判点は次のようなものである。第1は、基準が教師のパフォーマンスを促進するという主張について。この立場は目標基準こそが優れた実践を生み出すというものである。それが教員と子どもの最善の利益の精神から実践されるのであれば問題ない。だが、最悪の場合は、基準が監視役として機能し、Andrew が警告するように、授権者や免許授与の権限保持者が教育指導や教師教育を損なうテスト主義教育を広範囲に生み出す。

第2は、基準の適用が教職の地位を高めるという主張について。たとえば、Ingvarson は、基準モデルは専門職基準が自己の課題と専門職発達やアカウンタビリティの見通しを定める基礎になるという。しかし、教員集団に対する地域社会の強力な支持があってこそ教育指導は発展すると批判する。教員バッシングやわずかの「指導力不足教員」を取り上げるメディアは教育指導を高めることにならない。逆に公教育を支える継続的なキャンペーンが必要であり、教員の仕事が正当に評価され、子どもひとりひとりと社会全体への教員の貢献を認めるものでなくてはならない。その理想の姿を、Sachs は「活動的な専門職」(the activist professional) と呼び、自己の継続的学習を行う責務をもち、Wenger が実践共同体 (communities of practice) と名づける環境で働くことになるという。

第3は、基準が教員の継続的学習に貢献するという主張について。基準に導かれる専門職発達は従来の伝統的現職教育モデルの補完物とは異なる選択肢だとする Ingvarson の論点がある。そのロジックには、①長期のキャリアにつ

ながる専門職発達の基本方向を示す基準を専門職が定める、②基準に埋め込まれる知識とスキルを得ることが第1目的である専門職の学習の内的構造、③基準達成のためのインセンティブと認知を提供するキャリアの構造と給与システム、④基準が定義するパフォーマンスレベルの達成や信頼に足る評価に基づく専門職免許の授与システム、などの4要素があるという。この諸要素の中で、①と②がすべての教師の実践規律（コード）として重要であり、教師自身がその基準をコントロールできるかどうかが問題だとSachsはいう。しかし、③と④については、コントロールも役に立たない困難な領域で、労働条件・認知・報酬にかかわる政治的問題であり、教師自身のみならず雇用機関、組合、政府などの受け入れもかかわる問題だという。Hargreavesのいうように、過密労働の強度がスキルアップのための時間をなくし、慢性的な労働加重が教師側の裁量を減じて、自身のコントロール力もなくし、外部依存を高めている。それ故、加重な仕事量の上に専門職基準を強制的にさらに上乗せすることは、教職をはるかに強圧的なものにすると述べた。

　Sachsの議論は、結局、生涯にわたる教員専門職性の発達をめざすストラテジーであり、専門職基準そのものを否定する立場ではない。その基準作成における教師の自律的関与を基本的課題とし、専門職の内的原理から国家統制への警戒を主張するものである。免許制度のあり方を考えるとき、他職に比べた教員専門職の特殊性や独特の文脈を強調し、「教員が自身の仕事、教室の活動、専門職アイデンティティ、などについてまったく異なる基本的かつ一般的なやり方で考察できるよう仕向ける可能性を教員専門職基準はもった。必要なことは、教員が集団的・個人的にそのことを実行できる機会の提供である。」としたのである。[18]

② Koster & Dengerinkらの試行

　オランダのKoster & Dengerinkも同様に教育実践的基盤を明確にした基準論を提案し、以下のように本論のいう「対話の重層性」の趣旨と重なる提案を行った。[19]

彼らによれば、90年代に発展した教員基準論への共通する批判的論点（USのNBPTS、UKのTDA、オーストラリアやオランダの事例など）は、①コンピテンシー・リストの複雑な性格や教授学習の予測不可能性を考慮してないこと、②専門職基準が脱専門職化につながること、③外的規範に依存しすぎること、などにあるというものである。論議の焦点は基準の運用の際に生じる専門職の複雑性と帰属（ownership）にあてられている。つまり、オランダの教員養成者にとっては基準の当事者であるのかどうか、それは如何に教員養成者自身によって用いられるのかが問題だというのである。[20]

オランダの基準とは次の6点であるが、本章との関連で留意すべきは、情意的・主観的な基準が多いことである。それらは①人間関係：安全な仕事の環境をつくる、②教育学：刺激的な環境をつくる、③組織：即席でつくる、④同僚との協同：組織の見通し・政策の発展と実施、⑤広い文脈での作業：意味のあるネットワークと更新、⑥自身の発達：自身の教育学的アプローチと学生・同僚への教授行動についての系統的反省、などである。これらのコンピテンシー基準の要素には、知識・スキル・態度・価値・人格的性格の5つがあげられたように、きわめて主観的かつ方向目標的な指標が基準に用いられたことが特徴的である。オランダ基準の特徴は「教職の複雑性・総合的性格を反映」しており、その基準はチェックリストでなく、「専門職者の対話のための用具（an instrument for professional dialogue）」だという。教職は次第に複雑になりつつあるとも述べて、オランダの基準は4年毎に更新されるとする。

したがって、「以上の基準に基づく評価システムは形成的であり、専門職発達を促進させるのであるが専門職者自身にとっては専門職アカウンタビリティを確保する外的な用具となる。ここに専門職発達システムについての疑念が生じる根拠のひとつがある」とし、オランダ基準は専門職団体自身の作成する自主的基準であり、基準所有者ownershipという帰属感を持って「対話のための用具」にするのか、そうでなければ、単なる管理の道具になるのかが語られる。こうした論議の検証には実態の吟味が不可欠となるが、論理上は評価と評定の違いや情意の扱いにかかわる本章の視点と重なることがわかるであろう。

```
    専門職「アカウンタビリティ」        専門職団体の「発達」
                            ↑
                        ←       →
                            ↓
    個人の「アカウンタビリティ」        個人の専門性「発達」
```

　では、その基準はどのように用いられるのか。そこで、社会的条件の下で基準の作用する機能システムが、①実践の質を明らかにする外部に対する透明性（アカウンタビリティ）、②教員養成者の専門職発達を促進すること（発達）、といった2つのヨコの機能と、①専門職（団体）、②個人、という2つのタテの主体によって、4つの機能布置が上図に示されることになる（上図の矢印は引用者）。[21]

小括

　教員評価における「主観性」基準が教師人生に重大な影響を与えている。その困難な事態を引き起こす、専門職にそぐわない抑圧的な「規範的」評価について国際機関から批判的判断が示された。

　しかし、評価の運用実態における主観の恣意性を強調するあまり、「客観性」だけを対置するには検討すべき問題が残されたのであり、「主観／客観」の二律背反の難問はセアートの2008勧告／報告においても保持された。関連動向を含む以上の分析から、この「主観／客観」問題は次のように発展的に整理することが可能であり引き続き検討すべき課題となっている。

　検討してきた「主観／客観」にかかわる多様な教員評価論議について、前記のKoster & Dengerink論文を参考に、筆者なりに少し敷衍しながら、本章でふれなかった同僚性やパフォーマティビティ[22]の論議も位置づけることのできる仮説的な4つの機能布置を次に図示しておきたい。

　次の布置構図は現実の基準・資格にかかわる論議の実体を直接にあらわすも

のではなく、あくまで形式的な整理にすぎない。そこで各象限の意味は次のような趣旨で位置づける。

象限（1）の「専門職管理」では、国や地方自治体など社会制度上の免許基準に基づく評価が評定（査定）的な評価（基準）制度として明示化される。それを象限（2）における集団組織レベルの専門性発達の領域からみれば、その基準が本章で取り上げた「動的」かつ「形成的」なものと捉えられる。しかし、教育実践がポジティヴな「専門職仲間性」に支えられるかどうか、あるいはネガティヴな「わざとらしい同僚性」[23]であるのかは実態の検証を待って具体的に判断していくことになろう。また、（1）と（2）の象限は社会集団レベルの基準性の枠組みであり、象限（3）と（4）は個人内の基準とする、「集団と個人」の両極を表わしている。制度や管理の側からみる象限（1）（4）は、新自由主義の下で常に実践のパフォーマティビティが強制されるなど、何らかのアカウンタビリティや基準性のあり方が問われるが、象限（2）（3）の発達的視点の側から見れば、個人の「力量発達」や「当事者性」が主な課題となろう。

図：主観／客観（評価）と専門職性（免許）基準論の布置構図

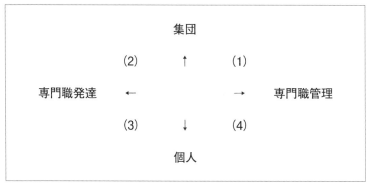

ただし、現実にはいずれの場合も複雑かつ弁証法的な事態であることには違いない。「主観／客観」をめぐる教員評価とは、本質的には社会的諸関係のなかで推移する動的かつ社会（化）的な価値づけ行為（主観の客観化）であり、

関係性の「質とレベル」の違いで価値合意性の具体的な含意が特徴づけられよう。問題は、それらの具体的な評価行為が教育実践過程における形成的評価であると共に「評定評価」として社会的機能を果たす特殊な役割をも兼ね備えており、その「評定評価」機能のレベルの違い（例えば賃金査定と実践評価の違い）で、それぞれの「評価／評定」の意味を区別しなくてはならないことにある。

　これらの複雑な様相と教員評価基準をめぐる論議のすべては、形式的には前記布置構図のいずれか、あるいはいくつかの分類枠の性格を合わせもつと考えることができる。しかし、上図の整理はあくまで形式的なものであり、いずれの場合でも生きた実態の分析に基づき、個々のケースについてその意義を改めて具体的な文脈に沿って検討することになる。すべての基準化の基礎となる個々の教育実践については、その複雑な対象事例を上記布置構図左側の専門職発達を基本とし、それに「民主的専門職」（Whitty 等の提起など）を対置させて考察することになるが、歴史的社会的制約を伴うものであり具体的な意味内容が先験的に確定しているわけではない。[24]

　論旨の類似性という点からみれば、前記の J. Sachs のいう「自律⇔統制」の系を横軸に重ねることができるように、調査研究のための方法概念（関係）図と考えてもよい。近年のイングランド[25] やドイツ[26] など他国の教員評価基準動向における「主観／客観」をめぐる問題群の探求もそれぞれケース毎に行わねばならず、図示の枠組みにかかわる具体的な検討課題は山積しているといわねばならない。「主観／客観」の動態を明らかにすべき現実の事例は、各国・地域の教育行政圏域間の国際的・国内的な合意形成レベル（それも協議なのか交渉なのか）か、地域・学校・学年や教室の実践レベルか、あるいは父母との話し合いか、など社会関係性のレベルの違いによって価値合意性の質的内容と水準が異なるものとなる。

　「主観／客観」の探索を媒介としながら、それぞれの社会（化）関係性における動的な教員評価システムのあり方及び基準の運用実態とかかわる区別と連関（「主観の客観化」や「対話の重層性」のプロセス）を整理し、それぞれの

動的な教員評価の実相を具体的に明らかにしていかねばならない。ひいては、学校・教室レベルの実践や教職の現実をふまえながら、制度・政策レベルとの区別や連関を問い直し、多様な圏域における教員評価の公証システムのあり方、あるいは個人や集団の責任をも明らかにしていくような方法的視点にまでつながるものと考える。

注

1 ILO Doc., CEART/INT/2008/1, Interim report on allegations received from teachers' organizations on non- observance of the Recommendations of 1966 and 1997 concerning teachers, Geneva, September 2008.
2 ILO Doc., Report of the Fact-finding mission to examine allegations of non-application of the Recommendation concerning the Status of Teachers in Japan, 20-28 April 2008.
3 久冨善之『教師の専門性とアイデンティティ』2008 年
4 NUT Doc., NUT Survey: Performance Management, September 2008.
5 ILO Doc., Joint commentaries by the ILO and UNESCO, 1984. *An instrument for its improvement; the international Recommendation of 1966*. p23.
6 2009 年 6 月の国際シンポジウムですでに筆者が報告した内容に加筆した。
7 山崎準二「教師の評価」『教育目標・評価学会紀要第 18 号』2008 年、15 頁〜16 頁。
8 『教育学研究』第 69 巻第 2 号所収論文。
9 中内、前掲、著作集 I
10 吉田一郎「新たな公共性の創造をめざす生活指導」『新教育学』ミネルヴァ書房所収
11 堀尾輝久『現代教育の思想と構造』、岩波書店、1971 年、267 頁。
12 前掲、265 頁。
13 OECD, *Teachers Matter*, 2005.
14 石井英真「NCLB 法を問い直す視座」日本教育学会第 68 回大会：ラウンドテーブル 1、配布資料、2009 年。
15 八木英二「EU 圏にみる教師専門職性の国際標準化」『教員の実践的指導力を担保する教員免許制度の法的枠組みに関する研究』科研費基盤研究（C）報告書 1、代表：蔵原清人、2010 年 3 月。
16 ATEE, Policy Paper "The Quality of Teachers", Recommendations on the development of indicators to identify teacher quality, October 2006. p3.
17 Geoff Whitty, Changing modes of teacher professionalism: traditional, managerial, collaborative and democratic, in '*Exploring Professionalism*', Edited by Bryan Cunningham,

Bedford Way Papers, 2008. p28.
18　Judyth Sachs,Teacher Professional Standards: controlling or developing teaching?, *Teachers and Teaching: theory and practice,Vol.9,No.2,*May 2003.pp.179-184.
19　B.Koster and J.J.Dengerink, Professional standards for teacher educators: how to deal with complexity, ownership and function. *Experiences from the Netherlands, European Journal of Teacher Education Vol.31, No.2,* May 2008. 135-149.
20　オランダの教員養成者と教員の基準論議はほぼ同じである。Cf. Anne Storey, The search for teacher standards, 2006.
21　B.Koster and J.J.Dengerink, op. cit.
22　Stephen J.Ball, Performativity, privatization, professionals and the state, in (ed) *Exploring Professionalism* edited by Bryan Cunningham, Bedford Way Papers, 2008, p51.
23　A. Hargreaves, Contrived Collegiality – in *The Micropolitics of Teacher Collaboration, in The Politics of life in schools*, 1991.
24　前傾 Geoff Whitty
25　西田幸代「イングランドに導入された『教員のためのプロフェッショナル・スタンダード』について―規格化されるイングランドの『教員力』―」『教員養成系大学院の制度と教育実態』科研費基盤研究（C）所収、2008年9月、参照。
26　吉岡真佐樹「ドイツにおける教師教育改革の動向―資料と解題―」前掲『教員の実践的指導力を担保する教員免許制度の法的枠組みに関する研究』所収、2010年3月、参照。

あとがき ― まとめにかえて

　本書は、国連関係諸機関等による「教育権」の関連規定や論議を手がかりとしながら、とくに教育内容（課程）や方法の編成や教育実践の在り方（内外事項など）と編成主体の形成をめぐる教育権とのかかわりを考察してきた。執筆の都合上、教育法的論議も含めたが、しかし、本書は教育実践そのものを法的に論じるものではない。以下、序章で述べた4つの課題設定に即して本書の論述を簡潔にまとめておく。

　第一の課題は、1948年世界人権宣言（第1章）の成立以後の教育権をめぐる言説に焦点をあて、教育実態との「連関」を明らかにすることであった。その意図は、教育学的な「目的・内容・方法・評価」等の単位群で構成される教育実践過程と人格（人権）主体や各主体「間」の関係性に由来する「教育的価値」の生成・基準化プロセスの手続きや制度のあり方との関連で、教育権の意義を明らかにしようとする点にある（第1～9章）。

　確かに教育権を構成する「人格の全面発達」の教育目的規定は曖昧かつ抽象的であって教育実践の具体を直接に規定（規制）するものではない。そもそも教育権規定における目的価値は教育内容（課程）や方法の編成を具体的で詳細に法規制するものであってはならない。第2次大戦直後の世界人権宣言の教育条項をめぐる論議でもそのことが語られた（I.L.Kandelによる教育権の解説―第7章）。60年代～70年代にかけた日本の教育裁判でも兼子仁による「指導助言的基準としての大綱的な学習指導要領」の在り方などが論議されてきた。

　これらの教育内容価値にかかわる「大綱性」論議は、ひとまず指導要領などの内容規定の多寡に関する「大綱性」を意味するが、その拘束力ある規制は教育価値規制でもあり、国家統制が問題視されてきた。教育権の価値規定（「人格の発達」など）はそもそも詳細なものであってはならないが、それがきわめて曖昧であるがゆえに、教育条件整備のための「脇役」を果たしうるという点にも本書は注目している。

その観点は Piaget が大戦後の早い時期から世界人権宣言第 26 条解釈で重視した「人格」の意味づけとも重なり合う。もとより価値の教育法的規定は慎重であらねばならないが、何らかの方向性を示す規定は避けることができない。その意味で、教育権規定の「大綱的基準」とは、内容（課程）編成の多寡に関する「大綱性」と目的価値としての「大綱性」を体現するものである。
　つまり、教育権の目的価値（「人格の発達」等）がたとえ抽象的かつ曖昧であるとはいえ、国家統制とは対極にある「当事者・関係者」による現場実践の自律的で価値的な反省作業（リフレクション）の指針として活かすための「（教育価値の）大綱性」として示すことができるという積極的な意義はもちうるのである。
　また、無差別平等原則を具現化する教育機会の保障が 60 年代以後も進展するなか、教育権保障（教育の自由あるいは権利の実質化）を脅かしかねない教育投資論や教育ニード論のあり方を本書では批判的に取り上げた（第 3 章、第 6 章など）。教育価値を大綱的に示す教育権の教育目的規定は、当事者主体（間）が重層的な「対話・調整・決定」の実践の場で自由かつ自律的な反省を絶えず積み重ね、それを確かめるための自己対話・相互対話に求められる鏡の役割も果たすであろう。
　第二の課題は、国際的合意形成の時代区分の中で教育権論の性格を探求することであった。大戦後の教育権論の歴史的特質は悲惨な人類的体験の反省や緊急の対応によく示されている。起点となる世界人権宣言の成立過程から続く 50 年代の同宣言の条約化過程（後の人権規約）では、ユネスコ 1960 年「教育差別待遇反対条約」や 1966 年 ILO／ユネスコ「教員の地位に関する勧告」（地位勧告）を成立させた意義が大きい。90 年代以降は「人権・民主主義・市場経済」等のキーワードで国際社会の構成に変化が生まれ、教育人権論の領域に困難（格差拡大その他）が派生するなど、教育権論議に質的転換（評価管理などへの）がみられる（第 5 〜 7 章）。
　1989 年「子どもの権利条約」の成立以後は子どもの権利委員会や社会権規約委員会が教育権関連の一般的意見をまとめ、批准諸国との応答を始めた。国

連人権委員会は1998年から新たな教育権論議を開始させ、人権理事会への機構変革後（2006年〜）も継続し今日に至る。そこに、「教育機会均等」と教育権の実質化をめぐり内的事項についての新たな論議も加わった。市場万能主義による「到達目標・評価」の設定・管理によって、人格の内面に対する抑圧をいっそう深める基準化に陥る危険も生まれ、教育権論議にまで反映されるようになったのである。こうして、「目標─評価」の基準化システム自体が現実には歴史的社会的な条件の中にあって「教育における自由と民主主義」を左右するものであることが教育権論の領域でも明らかとなった。

　第三の課題は、教育権の就学アクセスの権利保障にとどまらない実質的保障のための動向を整理し実現の方途を模索することであった。そこで、ユネスコ1960年教育差別待遇反対条約における教育の質と基準化をめぐる萌芽的論議はとくに重要となる（第2章）。その第2条や第5条では「権限のある機関（competent authorities）」で教育の基準を定める旨の規定をしている。その基準を定める「権限のある機関」の用語は小委員会決議にあった原案の「国家（the State）」を修正したものであった。ところが、後年の1966年国際人権（社会権）規約では50年代以来の「国家」とする原案を修正なしで残したまま採択しており、教育差別待遇反対条約とは異なるものとなった。教育差別待遇反対条約には、内的事項の質に関連する「基準」設定手続きの論議を深めようと試みた点に注目すべき特徴があったのである。

　内的事項の論議は教育基準の単なる量的測定だけでなく質を問う。「計画・方法・教材」のあり方まで問題となるだけに、基準化の論議では多大の困難を伴うことが自覚された。そして、「教師の責任の領域などは国と地域の諸条件に規定されること」「各制度の哲学的社会的基礎と運営の様式の両方に多くの変数がある」「様々な発展段階にある」等々、基準化は「複雑で挑戦的な事業」だとした。さらに「有効な合意を準備するためには、その合意が教育にもつ意味や検討すべき諸要因について、それぞれの国で教育専門家による綿密な研究が重要」とも結論づけた。

　1966年社会権規約第13条の「国が定める最低限度の教育上の基準」の規定

の解釈については、「国」の役割に関する多義性によって解釈が分かれる可能性がある。字義どおり教育内容は「国」が定めるとみれば国家統制と解される恐れがあるが、一方ではきわめて重要な「教育の自由」にかかわる教育権規定がある。教育の「質」、つまりグローバルな民主的公共性にかかわる内容の文化性・科学性が如何なる基準化によって担保されるか、といった内容の組織化にかかわる難問がそこに控える。

すなわち、規約教育権についてはただ「国が定める」と一般的に概括しただけでなく、後年（1999年）の「教育権に関する一般的意見13号」では「学問の自由」や「教育の自由」の規定解釈をふまえ、カリキュラムなどの基準化といった内容事項の独自課題を「自由」の視点で捉え直しており、当事者が調整すべきその問題群として発展的に位置づけた事実がきわめて重要である。したがって、社会権規約第13条の「国」による基準化規定が国家による教育内容への直接的な介入を意図するものとはいえない。

第四の課題として、本書では大戦直後以来の教師専門職性に関する国際的合意形成に注目し、教育権の全体像を把握する上で欠かせない教職の教育権限に関する「地位勧告」を検討してきた。

教職は、そもそも①「人間相手の職業である」という点で医師や弁護士等の専門職と同じ一般的性格をもつが、②教師の教育実践には、「子ども（同士）」「教師（同士）」「保護者（同士）」相互の関係性と地域にかかわる教育権や「権限」の主体（同士）の関係性にかかわる複雑な特殊性がある。それゆえ、教育実践の単位群（目標・内容・方法・評価）で規定される学校教育の公共性と子どもの成長発達にかかわる専門職性（自律性と責任）の公証が常に社会的に要請されることになる。

ところが、教職はモノ作りと同じように「思いどおり」に対象（子ども）を作りあげることができず、実践の成果にはローティのいう不確実性（Uncertainties）がつきまとう。医師や弁護士による実践の確実性と比べても大きく異なる点で、専門職基準に基づく教師専門家協会の社会的公証は難しさをかかえてきた。

そこで、本書は「地位勧告」の成立過程における教師の教育権限、とくに教師専門職性（地位勧告の「責任、創意、自律性」など）に注目し、教師の役割変容をめぐる論議の特徴を分析した。教師専門職の公証システムが日本社会で未だに確立した状況とは言えないことからみても、なお死文書でない「地位勧告」をめぐる動向を検討すべき必要性は明らかであろう。

「地位勧告」成立後の経過では専門職性規定に相応する改善課題（とくに教職の権限にかかわる条件整備）が深められない中、とりわけ教師ストレス問題の提起の意義は大きかった（第8章）。90年代に至る経緯では第1回「教員の労働条件共同会議」(1981年)の報告書を特記しておかねばならない。それは、教師のストレス・バーンアウト問題を多面的に提起するところの国際機関における歴史上初めての文書であり、セアートの仕事はその延長上に位置づけられる画期をなしている。すなわち、新たな教師の健康問題やストレス・バーンアウト問題を重視する視点から、教職の労働加（過）重、教育諸条件の改善、学校管理のあり方などの再検討を行うという、専門職をとりまく諸困難に対峙すべき不可欠な課題を提起するものであった。

また、「地位勧告」の規定上、教育課程編成や教科書選択など教育内容・方法の編成・開発に関与する教師の「権限」排除は考えられないが(61項や62項)、一方で論議の経過からその権限に関しては教師の恣意や独断を回避すべく自由で民主的な価値形成のあり方が問われてきた。

「地位勧告」には「教員評価や人事考課」に関する規定があるが、90年代以降の教員をめぐる情勢の激変、教育全般の商品化・選択サービス化が進行し、グローバルな評価国家施策の展開の中で、勤務評定やパフォーマンス評価のあり方などが論議され始めた。「地位勧告」が給与に連動する勤務評定自体を禁止していない問題もある。かねてより関心が広く寄せられてきた曖昧で恣意的な教員評価基準の問題性については、「地位勧告」が1966年に定めた歴史的制約もあって、フォローアップ機関セアートによる現実的な対応が新たに迫られたのである。

調査に基づく2008年セアート報告／勧告では、「主観的評価」による給与

決定で別個の深刻な問題（恣意的な「実践的指導力」評定など）を新自由主義・成果主義的管理の下で派生させた日本の事例が指弾され、情意領域まで勤務評定に入れてしまう教員評価（評定）が「地位勧告」（124項：勤務評定）の規定にてらして問題視された。

内的事項にかかわる教育権保障の点からも、社会や教育行政による教師への対応と支援の在り方は今後の極めて重要な課題となる。第9章では上記セアート報告の教員評価論議にみられる二律背反をとりあげた。その二律背反とは、実践現場や制度における教員評価（評定）が「客観的」でなくてはならないという評価システムの要請がある一方で、それが本来的に「主観性」を持たざるをえないという矛盾する事態をさすものである。

第7章と第9章の要点を繰り返すなら、その動態を明らかにすべき現実の事例は、国内外・各地域の教育行政圏域間の国際的・国内的な合意形成レベル（それも協議なのか交渉なのか）か、地域・学校・学年や教室の実践レベルか、あるいは父母との話し合いか、など社会関係性のレベルの違いによって価値合意性の質的内容と水準が異なるものになる。

そこで、「主観/客観」の探索を媒介としながら、それぞれの社会（化）関係性における動的な評価システムのあり方及び基準の運用実態とかかわる区別と連関（「主観の客観化」や「対話の重層性」のプロセス）を整理し、それぞれの動的な評価の実相を具体的に明らかにすべき課題がある。ひいては、学校・教室レベルの実践や教職の現実をふまえながら、制度・政策レベルとの区別や連関を問い直し、多様な圏域における教員評価の公証システムのあり方、あるいは個人や集団の責任をも明らかにしていく方法的視点にまでつながる問題群である。

本書では、「自由か基準化（規制）か」といった一見矛盾する大戦後の教育権規定をめぐる国際的合意の形成を軸に、基準化の意味を多面的に検証してきた。そこで、内外事項の編成はどのような民主的仕組みと主体で決定されるのか、各内容領域にわたる編成は如何なる当事者主体（間）の組織化によって合意形成がなされていくのか、学校や地域を基盤としつつ対話を深め交流し合う

作業が基本とはいえ、内容（課程）・方法の編成で学会や大学・研究機関との連携を欠かすことはできない。その「多面的で重層的な合意形成過程」を見据えながら「絶えざる再定義のプロセス（対話・調整・決定）」で教育価値を当事者が主体的に生成する方途を如何にすべきかが常に重要な課題となるのである。

　実践的には先験的評価が難しい場合が多いことを強調しておかねばならない。当事者性・関与・自律性・責任・創造性など、教育内容（課程）・方法の編成にかかわる基準づくりの公正性・妥当性・民主性などに関する評価や判断は、個々の運用実態に関する検証が常に求められることになろう。

　なお、最後になったが本書は京都橘大学学術刊行物助成金を受けて刊行されたものであることを付記しておきたい。

2017年2月

八木英二

八木英二（やぎ　ひでじ）
1947 年　岡山市に生まれる
1969 年　京都大学教育学部卒業
1974 年　京都大学教育学研究科博士課程修了
現　在　京都橘大学教授 / 滋賀県立大学名誉教授
主要著書
『国際障害者年』（単著：青木書店）、『保育の原点をさぐる』（編著：ぎんのすず幼教出版）、『子どもの遊びと学力の世界』（単著：法政出版）、『いま人権教育を問う』（編著：大月書店）、『人権教育の実践を問う』（編著：大月書店）、『教師の役割変化を問う』（単著：三学出版）その他

教育権をめぐる第 2 次大戦後の国際的合意
―教育内容は誰がどう決めるのか―

2017 年 3 月 15 日初版印刷
2017 年 3 月 30 日初版発行
　　　著　者　八木英二
　　　発行者　中桐信胤
　　　発行所　三学出版有限会社
　　　　　　〒 520-0013　大津市勧学二丁目 13-3
　　　　　　　　（TEL/FAX 077-525-8476）
　　　　　　　　　http://sangaku.or.tv

ⓒ YAGI Hideji
　　　　　　　　　モリモト印刷（株）印刷・製本